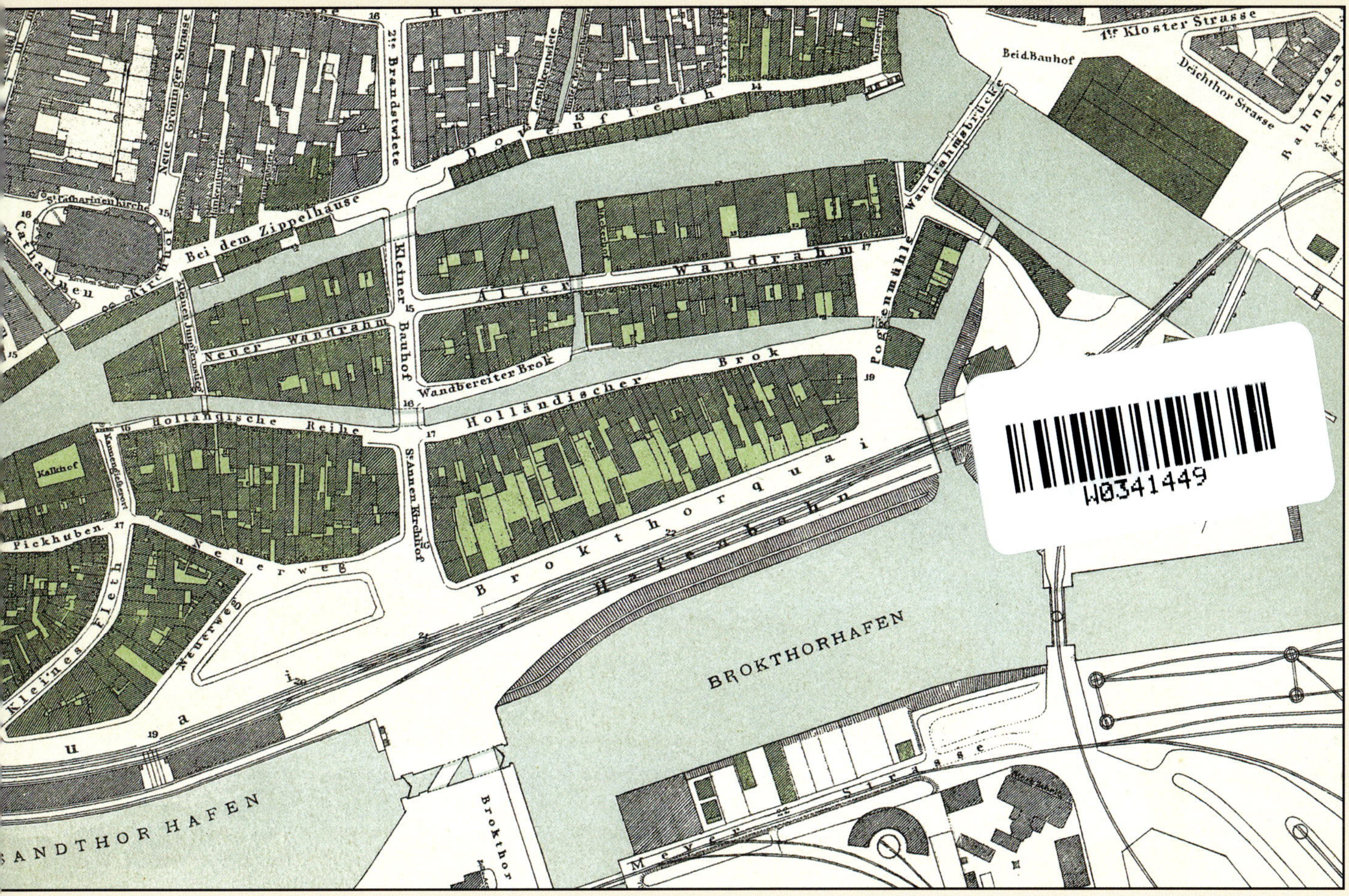
1te Kloster Strasse
Bei d. Bahnhof
Deichthor Strasse
21e Brandstwiete
Dovenfleth
Neue Gröninger Strasse
St. Catharinen Kirche
Bei dem Zippelhause
Kleiner Bauhof
Alter Wandrahm
Neuer Wandrahm
Wandbereiter Brok
Holländischer Brok
Holländische Reihe
Wandrahmsbrücke
Poggenmühle
Kalkhof
Pickhuben
St. Annen Kirchhof
Neuerweg
Kleines Fleth
Brokthorquai
Hafenbahn
BROKTHORHAFEN
SANDTHOR HAFEN
Brokthor
Meyer Strasse



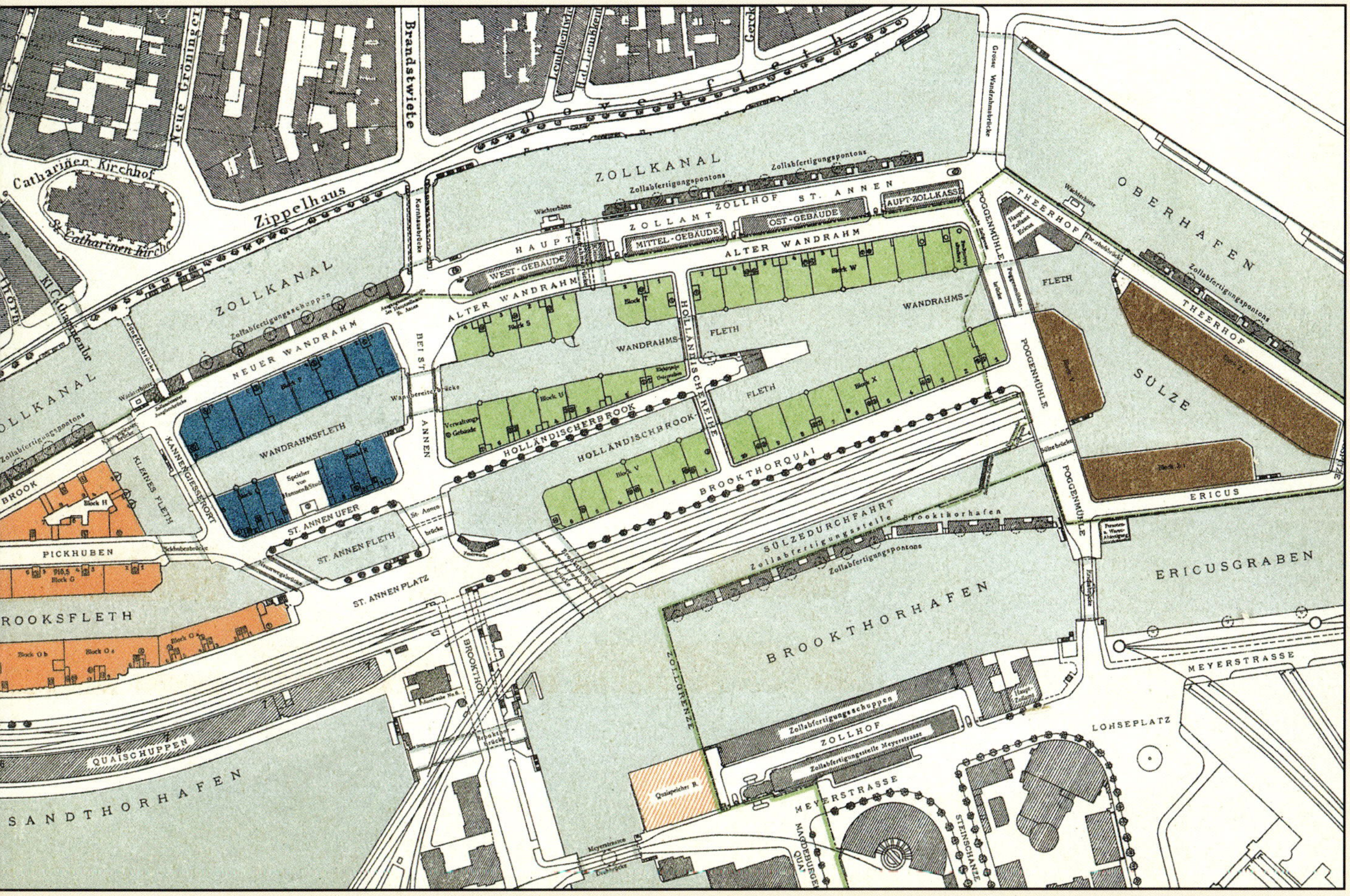
Brandstwiete
Dovenfleth
Catharinen Kirchhof
St. Catharinen Kirche
Zippelhaus
ZOLLKANAL
Zollabfertigungspontons
ZOLLHOF ST. ANNEN
HAUPT ZOLLAMT
WEST-GEBÄUDE
MITTEL-GEBÄUDE
OST-GEBÄUDE
HAUPT-ZOLLKASSE
ALTER WANDRAHM
NEUER WANDRAHM
WANDRAHMSFLETH
HOLLÄNDISCHE REIHE
HOLLÄNDISCHERBROOK
WANDRAHMS-FLETH
BEI ST. ANNEN
POGGENMÜHLE
OBERHAFEN
THEERHOF
SULZE
ERICUS
ERICUSGRABEN
BROOK
PICKHUBEN
ROOKSFLETH
KLEINES FLETH
ST. ANNEN UFER
ST. ANNEN FLETH
ST. ANNEN PLATZ
BROOKTHORQUAI
SÜLZEDURCHFAHRT
Brookthorhafen
BROOKTHORHAFEN
ZOLLGRENZE
Zollabfertigungsschuppen
ZOLLHOF
MEYERSTRASSE
LOHSEPLATZ
QUAISCHUPPEN
SANDTHORHAFEN

K. Heinrich Altstaedt

# Quartiersmann in der Hamburger Speicherstadt

K. Heinrich Altstaedt

# Quartiersmann in der Hamburger Speicherstadt

Koehlers Verlagsgesellschaft mbH · Hamburg

**Bildnachweis:** Alle Bilder ohne Quellenangabe stammen vom Verfasser (KHA).
Schutzumschlag: C. Vornbäumen, KHA
Vorsatz vorne: Entnommen aus:
HFLG 1885–1910
Denkschrift zum 25jährigen Jubiläum
Vorsatz hinten: KHA

Ein Gesamtverzeichnis der lieferbaren Titel der Verlagsgruppe Koehler/Mittler schicken wir Ihnen gern zu. Sie finden es aber auch im Internet unter www.koehler-mittler.de

**Bibliografische Information Der Deutschen Bibliothek**
Die Deutsche Bibliothek verzeichnet diese Publikation in der Deutschen Nationalbibliografie; detaillierte bibliografische Daten sind im Internet über http://dnb.ddb.de abrufbar.

ISBN 3 7822 0870 6

Layout und Produktion: Anita Krumbügel
Druck und Weiterverarbeitung: Druckerei zu Altenburg, Altenburg
Printed in Germany

# *Inhalt*



## Dank an:

Herrn K.-T. Beer, Schwalbach
Herrn Heinz Bretzmann
Herrn Michael Bruhns
in Fa. Werner Bruhns Quartiersmann
Herrn Janssen in Firma Weber & Möller
Herrn Krügel im Hause Eichholtz & Cons. (E&Cons.)
Herrn Papenhagen und Herrn Achilles
in Fa. Kaffee-Lagerei N.H.L. Hinsch & Cons.
Herrn Reinicke in Fa. Jacobsen & Cons.
Herrn Fred Salamon für die Hilfe mit seiner
Sammlung »Anmut des Nordens« und anderer
Hauptpastor ehem. P. Stolt, St. Katharinen
Hamburger Hafen- und Lagerhaus AG,
Herrn Dr. Behn, Herrn Stempels und Herrn Hoppe
Fa. Wilhelm Kelle, Herrn Bertram und Herrn Grawe
Kulturhistorisches Museum Stralsund
Museumshaus Mönchstraße
Landesmedienzentrum, (LMZ)
Frau Christians und Frau Nitsch
Museum am Hafen, Herrn Quaas
Museum der Arbeit, Herrn Lindemann (MDA)
Museum für Hamburgische Geschichte, (MHG)
Frau Rita Hoitz
Museum für Kunst und Gewerbe, (MKG)
Frau Timm, Herrn Dr. Döring und Herrn Berg
Fa. M. J. C. Nagel, Herrn Theisen
Alter Schiffertreff, Frau Schünemann
Speicherstadtmuseum, Herrn Hennig Rademacher
Staats- und Universitätsbibliothek Hamburg
Staatsarchiv Hamburg, (STAH)
Herrn Frank und Herrn Reißmann
Strom- und Hafenbau, (S+H)
Frau Dr. Wolf, Frau Meyer, Herrn Hartwig
Verein Hamburgischer Quartiersleute von 1886 e.V.,
deren Mitglieder und Herrn Gerlach (VHQ)
Verein für Hamburgische Geschichte, (VHG)
Herrn Prof. Dr. Hans-Dieter Loose

# *Einleitung*

Quartiersleute waren nötig für die Arbeit im Speicher und für die Kaufleute, wenn diese keine festen Speicherarbeiter beschäftigten oder sich keinen eigenen Hausküper leisten wollten oder konnten. Sei es, daß der Warenumfang zu klein oder der Lagerdurchsatz zu gering war. Um die Bearbeitung dennoch ordnungsgemäß durchführen zu können, vergaben sie Aufträge an selbständige Lagereispezialisten, die Quartiersleute. Diese Kleingewerbetreibenden besaßen hervorragende Kenntnisse des Lagergeschäfts und besorgten alle mit der Lagerung zusammenhängenden Arbeiten.

Neben den Quartiersleuten waren Böttcher, Kistenmacher, Küper, Bendsnider, Faßholzmacher, Kranzieher, Karrenzieher, Kneveler (Bierführer), Lagerhalter, Packer und Hausküper als Handwerker und Dienstleister für den handelnden Kaufmann tätig. Der Hausküper und Quartiersmann nahm als Treuhänder eine Sonderstellung ein. Er war der Fachmann für Qualitäts- und Quantitätssicherung der ihm anvertrauten Güter.

In der Hamburger Geschäftswelt war er später Vollkaufmann an der Handelskammer.

Im Mittelalter waren die wichtigsten Importgüter Holz zum Heizen und Bauen, Getreide für das Brot, als Exportgut war Bier und Salz von Bedeutung. Größter Berufsstand waren die Böttcher. Durch die Entdeckungen im 16. Jahrhundert verschoben sich die Handelsströme, das Bierbrauen ging zurück. Böttcher, Küper und Kneveler traten in andere Dienste. Die vertriebenen Glaubensflüchtlinge aus den Niederlanden forcierten den Kommissionshandel und nutzten die Brauhäuser als Speicher. Fähige Brauknechte wurden zu Hausküpern oder Speicherarbeitern.

Als Folge taten sich einige Küper und Brauknechte aus bisher nicht geklärten Gründen zu vertrauenswürdigen 4 Personen-Packer-Compagnien zusammen. Vielleicht war dies eine Forderung der sich bildenden Ämter und Brüderschaften.

Dieser Begriff »Compagnie-Packer« taucht in ersten Dokumenten auf (1693, 1699, 1716, 1720, 1750, 1804). Diese Vier (Quartiersleute), einzeln Matten genannt, ergänzten sich durch Einheirat, Erbfolge oder Verkauf des Quartiers (1693 sein Quartier verkaufen).

Durch die damalige Lebenserwartung wechselten die Mitglieder oft, und in den Verträgen wird die Ergänzung genau geregelt. Diese Vereinigungen benötigten also einen Namen, welcher in einem Spitznamen, bei den Quartiersleuten der Ökelname, schnell nach Eigenart oder Spezialisierung gefunden war.

Johs. E. Rabe schreibt in seinem Speicherbuch: »... Der Hamburger Volkswitz im Arbeiterstande versäumt nicht ... mit drastischen Namen zu bezeichnen ... Auch die Quartiersleute können ihrem Schicksal nicht entgehen und erhalten »Ökelnamen«, ... die populär sind und sich vererben. ... Kein Ewerführer würde eine Quartier finden, wenn er nach dem ältesten Inhaber fragt.« – Ewerführer und andere Hafenberufe kennen dagegen keine Ökelnamen! –

Mit Einführung des HGB 1864 mußten sich diese Firmen personengebundene Namen nach den Inhabern geben. Die Ökelnamen traten in den Hintergrund.

Die Namen der Mitglieder wurden in einer Rolle oder den späteren Kontrakten durch Hinzufügen und Streichen auf dem aktuellen Stand gehalten. Jeder der vier Matten (Mitglieder) hatte einen Kontrakt zum Fortschreiben, z. B. gleiche Kontrakte von 1804, laufende No. 759 bis 761 ...

Einen ersten Hinweis auf Kompanien oder Firmen mit »... und Cons.-orten« fand ich unter »1632 kauft ein J. Ledebuhr & Consorten« ein Haus am ...«. Diese Gesellschaftsform »& Cons« gibt es in Hamburg nur bei den Quartiersleuten.

Der Name »Quartiersleute« tauchte wie es scheint erst im 18. Jahrhundert auf. »1766, ... der Ewerführer die Güter an den ... Quartiersmann ...« (Möhring 1965 S. 16), als diese begannen, die Speicher selbst zu betreiben und aus dem Schatten der Kaufleute heraustraten. Verstärkt nach dem Aufbruch nach 1813, dem Ende der napoleonischen Zeit. Selbst Heß spricht noch 1810 in seiner Topographie von »Packhäusern« (S. 202).

Zu der Entstehung der Berufsbezeichnung geben uns die oben genannten Kontrakte und die Briefe der Abgebrannten 1842 folgende Hinweise:

3. Abschnitt … Verdienet wirdt selbiges soll Ihre vierte Portion von Ihre drey andern Matten geliefert werden …

4. Abschnitt … *in unßern Quartier da wier zugegen sindt Lohnen* …

… *hat aber die Wittwe eine Sohn, oder Tochter, den Sie das Quartier über geben, und Laßen will* …

7. Abschnitt Beschließen *wier vier Matten,* so unten Benandt sind … *so soll das Quartier nicht die Matten* … verkauffen.

Die lateinischen Wurzeln helfen uns wenig: »quattuor« gleich vier, »quartarius« gleich Viertel/Stadtviertel.

In den Briefen der Abgebrannten 1842 melden die Quartiersleute verbrannte Arbeitsgeräte an:

J. C. Wiggert, Quartiersmann. *»An Quartiers Sachen sind verbrannt: …«*

Pless & Consorten (Pleß, Vollraht, Gläfke) Quartiersleute *»Im Haus beim Quartier Neueburg Nr. 27«*

Erst Rabe fragt 1913 in seinem Speicherbuch nach der Ableitung des Namens Quartiersleute.

Bei den zur Zeit bekannten Kontrakten finden wir den Namengeber im Zeichnungsteil erst an später folgenden Stellen: Kontrakt von 1720 an 28. C.G.H. Ockelmann (…& Cons), 1805 an 22.

G. Voss (… & Cons).

Aus dem oben gesagten, der Chronik und den Verträgen würde ich zu folgendem Schluß neigen, daß sich der Name Quartiersleute hauptsächlich vom Quartier (örtlich) ableitet. »Wo diese zu finden waren? Wo hielten sich die fliegenden Speicherarbeiter mit ihrem Geschirr auf?«

»… eine schwarze Tafel, die daneben hing … oder sonst die Angabe der Arbeitsstelle …« (Rabe, 1913, S. 41), das war für die tägliche Arbeit wichtig.

Hamburg, 25. Mai 2003

K. Heinrich Altstaedt

# *Vorwort*

Als Mann der Praxis (Hafenmann) habe ich versucht, das Leben und die Geschichte der Quartiersleute so sorgfältig wie möglich darzustellen.

Als gelernter Quartiersmannsgehilfe, der sich im Hafen bis zum Schiffsmaklergehilfen hochgedient hat, ist die Verbindung zum Block, der Speicherstadt, nie abgerissen. Neben sehr vielen »schönen« Bildbänden gibt es kein Buch, welches etwas von der Arbeit und dem Leben in der Speicherstadt erzählt. Gerne wird die Speicherstadt oder der Freihafen als Thema für Promotionen genommen:

Frank M. Hinz arbeitet 1999 über die Planung und Finanzierung der Speicherstadt.

Karin Maak schreibt 1985 über Architektur, Kunst und Bau der Speicherstadt.

Dieter Maas untersucht 1989 die Entwicklung des Freihafens und schließt die Speicherstadt mit ein.

Werner Müller beleuchtet 1935 das Lagerwesen und die Lagerscheine der HFLG.

Jürgen Rath schließt 1989 in seinem Buch über die soziologische Entwicklung und Situation der Hafenberufe die Speicherarbeiter-Quartiersleute mit ein, hat aber den »Charme der Hafenarbeit« nicht verstanden.

Durch seine Funktion und Tracht fand der Quartiersmann im Stadtbild Hamburgs immer besondere Beachtung. Als Treuhänder und Erfüllungsgehilfe des Kaufmannes war er zuständig für das Warenlager und den Speicher, wurde aber fälschlicherweise oft als sekundär im Handelsablauf gesehen. Dies wurde durch die kleingewerbliche, familiäre Struktur unterstrichen. Jeder Kaufmann hatte seinen Quartiersmann. Auf Abbildungen erscheint er würdig, meist mit Zylinder, schwarzer Jacke, Silberknöpfen und blankem, schwarzen Lederplaten, die Verantwortung repräsentiert das Schlüsselbund.

Diese Geschichten eines Quartiersmannes sind eine Fiktion; sie sind allerdings nicht ausschließlich meiner Phantasie entsprungen, sondern gründen sich auf Erlebtes und Gehörtes, welches ich an Ort und Stelle mitbekam. Das verarbeitete Material darf also durchaus als dokumentarisch bezeichnet werden.

Hamburg, im August 2003

K. Heinrich Altstaedt

Lagerbuch Seite ............ Lagerschein Nr. 8519

# N. H. L. HINSCH & CONS.

**LAGEREI UND SPEDITION**

**Hamburg-Freihafen** Kontor: Auf dem Sande 2

Telefon: Sammel-Nummer 36 20 36

## Namenslagerschein

gemäß **Bekanntmachung der Handelskammer Hamburg** vom November 1927. (In der Fassung vom Dezember 1930.)

Ich / Wir lagerte / n ein aufgrund der Hamburger Lagerungsbedingungen in der jeweils neuesten Fassung die auch gegen jeden Erwerber dieses Lagerscheins gelten, für Rechnung und Gefahr der ............

auf meinem / unserem eigenen Lager *) **Kehrwieder 2 – 4, Am Sandtorkai 8 – 31 – 32, Cremon 34** die nachstehend verzeichneten Güter:

| Marke u. Nummer | Zahl u. Art der Kolli | Inhalt **) | Bruttogewicht |
|---|---|---|---|
| | | | |

*) Nicht auf fremdem Lager!

**) Anmerkung: Der Inhalt ist angegeben vom ............ Der Inhalt ist von mir / uns festgestellt. Nicht Zutreffendes durchstreichen.

**N. H. L. Hinsch & Cons.**
(Unterschrift des Lagerhalters)

Ich / Wir erkenne / n insbesondere an, daß es zur Verfügung über die Waren der Vorlegung des Lagerscheins bedarf, und daß ich / wir ohne Vorlegung des Lagerscheins nicht berechtigt bin / sind, die eingelagerte Ware oder einen Teil derselben gegen einen Lieferschein, Auslieferungsschein oder dergl. herauszugeben. Die Bearbeitung der Ware darf nur von dem laut Lagerschein Berechtigten vorgenommen oder veranlaßt werden, soweit es sich nicht um Bearbeitungen handelt, die im Interesse der Erhaltung der Ware notwendig sind oder deren Vornahme im Lagerschein gestattet ist.
Ich / Wir erkenne / n weiter an, daß ich / wir dem aus dem Lagerschein legitimierten Erwerber des Lagerscheins (Eigentümer oder Pfandgläubiger) nur solche Einwendungen oder Einreden entgegenhalten kann / können, die sich aus dem Lagerschein ergeben oder die mir / uns gegen den Erwerber unmittelbar zustehen.
**Versicherungen** besorge / n ich / wir nur, soweit es besonders vereinbart ist.
**Bemerkung:**

Hamburg, den ............ 19 ....

**N. H. L. Hinsch & Cons.**
(Unterschrift des Lagerhalters)

**Kontroll-**

*Oben: Namenslagerschein der Quartiersleute N. H. L. Hinsch & Cons. Dieses alte unbenutzte Dokument zeigt noch die Läger Kehrwieder 2–4, Am Sandtorkai 8, 31, 32 und Cremon 34. Diese Böden und Speicher hat die Firma inzwischen durch Umstrukturierung verlassen.*

*Quelle: Kaffee-Lagerei N.H.L. Hinsch & Cons*

EICHHOLTZ & CONS.
GmbH
Rossweg 20
2000 HAMBURG 11
Ruf Sa.-Nr. 7 40 13 74

**EICHHOLTZ**

**GEWICHTSNOTE**

aus Schiff ............ Schuppen ............
Partie ............ B/L ............
Empfänger: ............
Fahrzeug: ............

| Sack | kg | Sack | kg | Sack | kg |
|---|---|---|---|---|---|
| 5 | | | | | |
| 10 | | | | | |
| 15 | | | | | |
| 20 | | | | | |

Verwiegung / Verladung beendent am ............ 19 ............ Uhr vormittags / nachmittags

Ich versichere, daß ich die oben eingetragenen Gewichte durch Verwiegung selbst ermittelt und die Verladung selbst beaufsichtigt habe.

Hamburg, den ............ 19 ............

**G. Martens & Cons.**

Quartiersleute
Gegründet 1767
**Hamburg, Alter Wandrahm 9 - Tel. 33 33 70**

**Für Firma** ............

**Gewogen:**
**Hamburg,** ............
**Wäger** ............

*Oben rechts: Gewichtsnote der Firma Eichholtz & Cons. gegründet 1934.*
*Quelle: Eichholtz & Cons.*

*Rechts: Wiegenote der Firma G. Martens & Cons. gegründet 1767.*
*Quelle: KHA*

# Montag

**»Wer wird mich denn diese Woche wieder abkochen?«** denke ich, als ich aus dem Haus trete. Die Sonne ist so früh noch nicht am Himmel, als ich mich auf den Weg zur Fähre mache.

Auf dem Schiff nach Hamburg sind nur wenige Frühaufsteher, und so finde ich schnell Platz, um in die Zeitung zu sehen. Bis Landungsbrücken und dann mit der Straßenbahn Linie 31 nach Baumwall und zum Stall 12, will sagen Einteilungsstelle. Dort gebe ich die Arbeitskarte ab und warte zwischen den anderen Kollegen, Speicherarbeitern und Quartiersleuten.

Wir sind nicht so viele wie bei den Schauerleuten und Kaiarbeitern, die wuseln am Montag überall herum.

Bald erscheint der Einteiler und ruft die Anforderung auf: »Amann und Kneesch, Parthel, Rüger, Bürkel, Averhoff, Tiemann, Röhl und Reimers. Die Karten, Reimers.« Reimers erhält die Arbeitskarten, und die Kollegen verlassen den Raum. – Ich bin nicht dabei, schon denke ich: »Gibt es ein Garantieticket?«

Dann höre ich meinen Namen: »Martens'sein, Hein Röhrs.« Das ist mein Job, bei Gustav also. »Hier, dein Ticket«, fügt der Einteiler hinzu. »Ich allein?« frage ich noch den Einteiler, er nickt.

Das ist also meine Heuer heute und ich lande wieder auf der Straße Am Sandtorkai. Draußen wieder die vielen Hafenleute, die heute auch eine Heuer bekommen haben. Martens und Consorten am Alten Wandrahm ist mir bekannt. Gustav, den Seniorchef, kenne ich noch aus der Vorkriegszeit, damals war er noch Vize und war bekannt für das benötigte Braunbier. Das war nicht so stark wie das heutige Bier. Den Durst löschte es sehr gut. Vorbei an den wieder aufgebauten Schuppen 3, 4 und 5 und dem Rest der Blöcke J und K. Über die Brücke Auf dem Sande zum Brook und zum Neuen Wandrahm. Es ist erst halb sieben, als ich an der Kornhausbrücke vorbei komme. Ich habe noch viel Zeit. Der Alten Wandrahm liegt vor mir. Was verbirgt sich hinter all den Namen? Welche Geschichte des Freihafens und der Personen? Heute das Domizil der Quartiersleute. Nummer 9, groß zeigt das Schild: G. Martens und Cons. 3. bis 6. Boden, Büro 3. Boden.

Ich versuche einzutreten, und die Tür ist schon offen. Die Treppe hinauf bis zum 3. Boden.

*Unsere Leute*
*Die Quartiersmannsgehilfen und der Meister am Montagmorgen. Noch sind die Platen oder Schürzen sauber und alle lachen. Viel Arbeit liegt vor ihnen.*

*Der gesiebt Rohkaffee ist wieder in Säcken abgefüllt und muß nur noch verschlossen werden. Sacknähen ist gefordert und ein guter Quartiersmann hat beim Speichermesser eine entsprechende Nadel.*

»Was sind die früh da als Quartiersleute«, denn die dicken Schlösser sind schon abgenommen, und die Tür ist offen. Ich trete ein mit einem lauten »Guten Morgen«, der Gruß wird erwidert, und nach wenigen Schritten bin ich vorne rechts in der Frühstücksbude.

»Guten Morgen, sind Sie der HBV-Mann?« werde ich angesprochen, ich nicke und frage: »Was wirbelst du denn schon so früh hier herum, bist doch noch Stift?« »Ja, der Alte gibt mir die Schlüssel auf dem Bahnhof für den Kaffee und zum Heizen.« Ich nicke dann nur, und schon höre ich das Knistern im Ofen. »Mit dem Chef gut stellen, kann nicht schaden«, fügt der Lehrling noch hinzu. – Cleverer Bursche, denke ich so, als ich mich umziehe. Rucksack ab, Joppe und Tuchhose ausziehen und schwarze Kitteljacke sowie die Latzhose an.

Ein Glockenschlag ertönt, als weitere Kollegen kommen, und die Bude wird voll. Wir begrüßen uns nur mit einem kurzen »Morgen« oder »Moin«. Günther, der Vize, erhält meine Arbeitskarte. Auch nur ein »Moin« ist seine kurze Begrüßung. Von dem fertigen Kaffee nehme ich einen Schluck und warte, wie es weiter gehen soll. Auch der Lehrling Bert, so sein Name, wirbelt nicht mehr herum. Warten, was Vize Günther mit uns vor hat.

Vor der Bude an der Luke des 3. Bodens machen sich die Lehrlinge zu schaffen. Günther verkündet dann die Arbeit heute morgen: »100 Kisten Sardinen vom 4. Boden absetzen, und dann kommt Bruno mit Kaffee.« Wir verlassen die Bude, und draußen hängen die Lehrlinge gerade die Schott'sche Karre an den Haken der Winde. Diese wollen sie absetzen.

Die Glocke schlägt wieder kurz an, als wir durch die Tür ins Treppenhaus treten. Vor der Tür zum 4. Boden hantiert Bert schon mit den Schlüsseln, um zu öffnen. Ich folge Günther, der den Lieferschein in der Hand hat. Auf dem 4. Boden weist er dann auf den Stapel der Ölsardinen-Kisten. Daneben erkenne ich die dunklen Holzkisten mit Glimmer aus Indien – mit denen arbeite ich nicht gerne – schwer, brüchig und immer rieseln Glimmerreste heraus.

Bert öffnet die Luke, indem er die Rolltüren zur Seite schiebt, es wird heller. Günther gibt Heinz den Lieferschein und verschwindet. Mit Heinz arbeite ich immer wieder gerne zusammen. Er ist festangestellt, Quartiersmannsgehilfe und ganz ruhig. Den Lieferschein hat er in die Obertasche seines weißen Platen gesteckt und kommt zu dem bestimmten Stapel. Bert hat eine Kette vom Geschirrhaken genommen und legt diese auf das Taxameter. Dies rollt er vor den Stapel. Unsere, meine Arbeit beginnt. Die Kette liegt in der Mitte zwischen den 4 Holmen und soll die Kisten umschlingen. Wir legen 3 Kisten breit und 4 hoch übereinander, dann werden die letzten 3 Kisten wie ein Dach gestapelt. Die Kette, eine Seite ein Haken, die andere ein Ring, wird zur Schlinge geschlossen, indem die Kette durch den Haken geführt wird, beim Schnüren wird daraus ein fester Block.

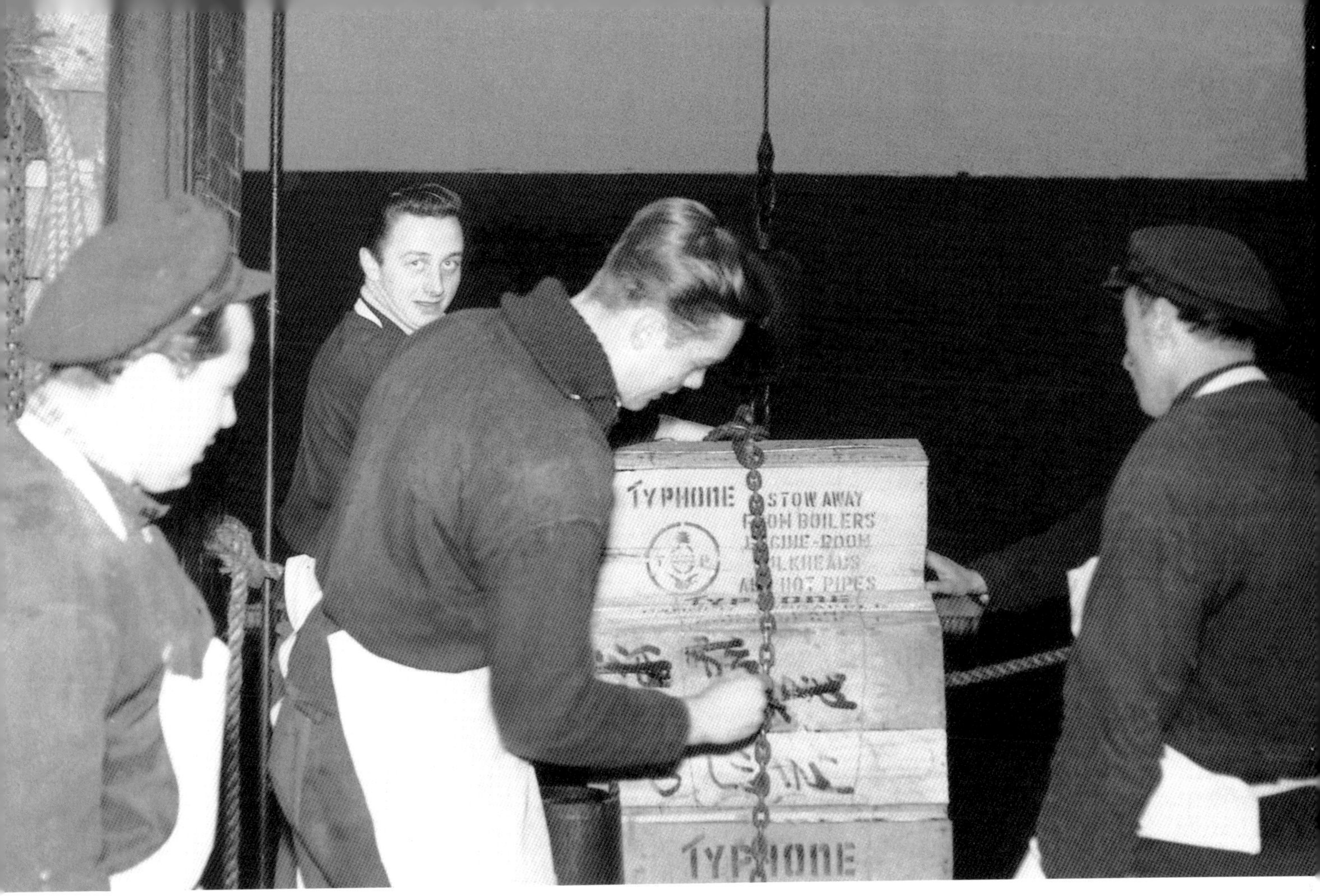


*Thunfisch in Dosen in Holzkisten mit Draht gesichert sollen abgesetzt werden.*
*Eine Eisenkette um die Kisten halten und schnüren die Hieve. Schnell wird noch die Markierung mit dem Pinsel gestrichen.*

– Das werden wir also siebenmal machen, und eine davon mit 10 Kisten. –

Wir, Heinz, Bert und ich, schieben dann das volle Taxameter an die Luke, bis zum Sicherungsbalken. Heinz steht am Druck und fährt die Kugel mit dem Haken heran. Mit einem leichten Stoß bringt er Kugel und Haken in Schwingung und kann den Ring in den Haken einlegen. Er steuert die Winde auf »langsam heben«: »Ünner rut, geiht los«, ruft er noch nach unten, um die Leute unten zu warnen. Ich selber weiß nicht, wer dort unten steht. Ein Fuhrwerk, ein Lkw, ein Waggon? Die Winde schnürt die Kisten zusammen, die Hieve rutscht vom Taxameter unter dem Sicherungsseil durch und schwingt aus der Luke. Bert und ich halten das Taxameter und dann tritt Bert auch in die Luke und bremst mit Heinz den Schwung der Kisten. Das war also Hieve Nummer eins.

Ich nehme eine weitere Kette und rolle mit dem Taxameter zu den Sardinen, Bert folgt mir und wir packen die Hieve Nummer 2. Kette hinlegen und 3mal 5 Kisten stapeln. Mit Kreide schreibt Bert eine große 2 auf den Block.

Vor der Luke müssen wir noch warten. Heinz sagt nur: »Der Lkw muß seine Plane noch aufdecken.« Es gibt immer mal wieder Pausen bei der Arbeit, denke ich so und lehne mich auf den Bügel des Taxameters. Bert dann zu mir: »Sind Sie schon lange beim HBV?« »Ja und nein – vor dem Krieg war ich als gelernter Quartiersmann festangestellt und indirekt beim HBV. Dein Boß war damals Vize. Er wollte immer selber einen Boden haben. Und nach dem Krieg, als es wieder los ging, wollte mich dann keiner mehr fest haben. Da war ich dann im Stall gut aufgehoben. Nur, daß man immer dann gerufen wird, wenn es richtig Arbeit gibt.« Bert nickt nur. Heinz hat inzwischen die Winde weitergefahren, und dann ist der leere Haken wieder vor unserer Luke. Mit einem leichten Fußtritt hat er Kugel und Haken in Schwingung gebracht. Wir haben das Taxameter in die Luke geschoben, und so kann er die Hieve leichter anhaken. Das Sicherungstau ist noch vor der Luke. Die Kette muß Heinz deshalb unter dem Seil durchführen. Beim Hieven hält dann Bert das Tau hoch. Die Kisten schnüren, und die Hieve schwingt aus der Luke, und wieder sind 15 Kisten raus. Die Sicherung wird natürlich so weit wie möglich vor der Luke gelassen. Ich halte das Taxameter fest. Bert legt eilig eine weitere Kette auf das Taxameter, und wir schieben wieder zum Kistenstapel.

Dann überfällt er mich: »Wie war denn unser Chef vorher? Hatte er Ahnung?« »Durst und Ahnung«, rutscht es mir heraus. »Doch, er verstand viel von seinem Job und war wohl oft mit Proben unterwegs. Es ärgerte ihn immer, daß er selber kein Boß war, das hat er nach dem Kriege endlich geschafft. Aber nach all der vielen Arbeit ist er krumm geworden.«

Mit der 3. Hieve sind wir inzwischen an der Luke gelandet, und Heinz zieht die leere Kette der ersten Hieve rein. Die greife ich mir und warte, bis die Hieve rausschwingt. 45 Kisten schon, und ich lege die Kette zwischen die Holme.

Schon auf dem Wege, fragt Bert wieder: »Wie und wo lernte man denn früher?« »Fast wie heute, damals bei Bodenstein am Neuen Wandrahm, immer schön mit Blick auf die Katharinenkirche. Die Arbeitszeit und die Pausen waren länger, das darf man nicht vergessen. Wir als Lehrlinge mußten viel öfter Botengänge machen, aber da konnte man gut verschwinden. Und die Arbeit ging auch langsamer, weil viel mehr Pferdefuhrwerke unterwegs waren. Die Kutscher haben wir immer mit den »lahmen Ziegen« geärgert.«

Die 4. Hieve steht schon in der Luke, und Heinz hakt an, Bert hält das Sicherungsseil und ich das Taxameter. Hieve bremsen durch Bert, und ich ziehe mit Taxameter und Kette zu den Kisten.

»Weiter, bitte«, schiebt Bert mich wieder an. »Bei kleinen Partien bis zu 4, manchmal 5 Säcken mußten wir mit der Schott'schen Karre los, um den Kaffee zu holen. Deshalb hat euer Chef immer noch die Karre, aus Tradition. Die Pferdefuhrwerke waren in der Speicherstadt gut, beweglich, schnell auf- und zugedeckt und benötigten wenig

*Alter Wandrahm, nur Block T wurde zerstört. Viel Verkehr und da Lkws noch knapp und teuer sind, müssen Pferdefuhrwerke noch viele Transporte in der engen Speicherstadt vornehmen.*

Platz. Bei Schnee konnten sich die Gäule auf dem Pflaster festtreten. Die konnten nicht so viel auf einmal mitnehmen und so gab es viele Unterbrechungen. »Mund zu«, fordere ich dann Bert auf, der mir so gespannt zugehört hat. »Und das mit dem Braunbier muß ich auch noch wissen«, läßt er nicht locker.

Heinz schaut nach unten und hat eine Zigarette im Mund – eigentlich verboten –, aber er ist ein Gemütlicher. Bert schreibt groß die 4 auf die Hieve, und dann setzt sie Heinz wie zwischendurch ab.

Am Stapel angekommen, hakt Bert nochmals nach. Ich lege dann los: »Also, daß mit dem Braunbier vor dem Kriege, erstens war es billiger und nicht so alkoholhaltig wie das heutige Starkbier, dann löschte es gut den Durst und war überall zu haben.« »Und wie schmeckte es?« »Ja, wie schmeckte es, nach Frucht, Bier und Brause, es sprudelte etwas, war aber kein Malzbier, das war nur für Frauen und schwangere Mädchen.«

Wir sind zwischendurch wieder an der Luke, Hieve Nummer 5, und Bert läßt nicht locker, »wie ist es denn bei anderen Firmen, als HBV-Mann kommt man doch viel herum, so bei Cotterell und Hinsch?« »Großer oder Kleiner?« muß ich Bert zurückfragen. »Beide«, ist natürlich Berts Antwort. »Bei Cotterell mit seinen Massen an Kakao, da bogen sich Böden durch, und wir mußten immer erst oben rausreißen, um unten ranzukommen. Beim großen Hinsch ist immer die große Abkoche.« »Ja«, hört mir Bert gespannt zu, und wir sind mit der 6. Hieve an der Luke.

»Noch eine«, sagt Heinz, und wir packen nur noch 2 Kisten nebeneinander und 5 hoch, um die 10 in die Kette zu kriegen. »Und wie ist es bei uns?« fragt Bert nach. »Ganz schön happig, da ist noch etwas vom alten Stil«, aber mehr will ich nicht sagen. Als wir Richtung Luke schieben, sehe ich, wie Bert förmlich die obersten Lagen der Stapel absucht, ob sich nicht doch ein Boden darüber durchbiegt. Mit dem Taxameter und den Kisten erreichen wir die Luke.

Heinz klemmt den Lieferschein in die Kette und setzt die Hieve dann ab. »Den Lieferschein unterschreiben und mit den Ketten zurück«, ruft er dem Lkw-Fahrer hinunter

*Lieferschein Nr. 8728 des Wareninhabers, des Kaufmannes. Der Kunde W. Albrecht bekommt einen Sack Rohkaffee aus der Partie »P657« Marke: FB FHG Kat. 47 Uganda. Dies genügt für den Quartiersmann, und der Stempel »Bezahlt« sagt, daß die Lager- und Auslieferkosten geklärt sind.*

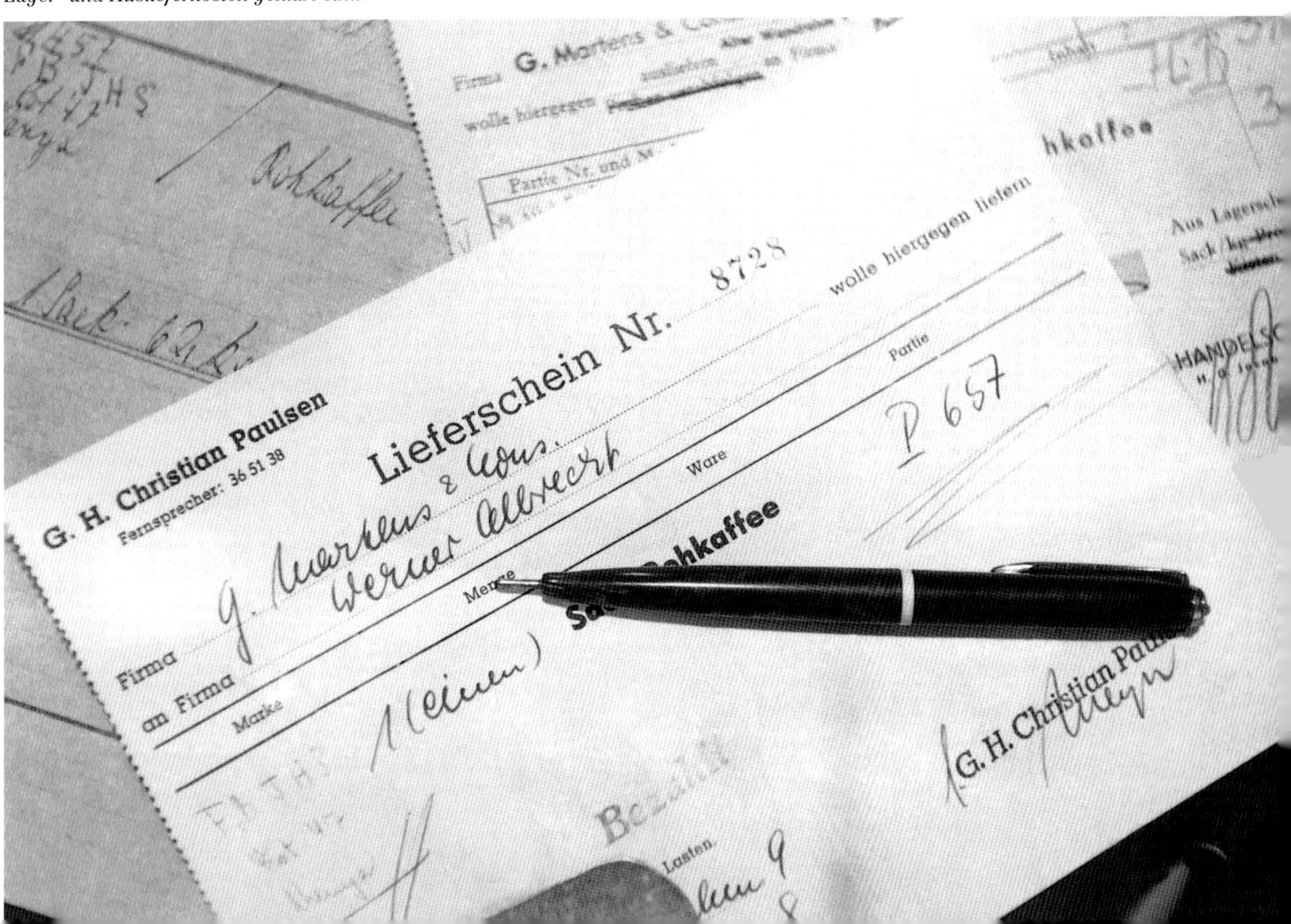

*Kistenreparatur im engen Gang auf dem Speicherboden. Eine Arbeit und Beschäftigung für Lehrlinge, wenn andere Arbeit fehlt. Immer wieder brechen die leichten Bretter auf dem langen Wege und müssen ersetzt werden.*

und steuert die Winde. Wir warten, bis der Haken mit den beiden leeren Ketten und dem unterschriebenen Lieferschein wieder da ist. Schmierig ist der Lieferschein geworden, denn der Fahrer hat ihn genau in die fettige Öse zwischen Haken und Kugel gesteckt.

Wir hängen die Ketten weg und setzen uns auf das Taxameter, Heinz genießt eine weitere Zigarette, und wir haben foftein. Ich gehe zwischendurch »aus der Hose« wie wir so sagen, und habe es nicht weit, denn zwischen allen Böden ist eine Toilette auf halber Treppe. Zurückgekommen, sitzen Heinz und Bert und halten noch immer foftein, ich setze mich dazu.

»Bert hol mal 2 Hämmer und den Nagelkasten, damit wir Kisten reparieren können bis Bruno kommt«, gibt Heinz neue Order. Bert geht los, und wir bleiben weiter sitzen. »Fragt Bert immer soviel?« spreche ich dann Heinz an. »Der interessiert sich noch für diesen Beruf.« »Na ja«, kann ich nur den Kopf schütteln und denke, daß dies immer mehr ein Arbeitsberuf denn ein Lehrberuf wird. Die echte Quartiersmannsarbeit wird immer weniger. »Was ist denn heute noch los?« frage ich Heinz. »Bruno holt 2 Touren Kaffee, die aufnehmen und heute Abend stürzen, die vollen Säcke müssen noch auf den 6. Boden.« Ich nicke und kann mir den Rest des Tages vorstellen.

Bert kommt mit dem Werkzeug und einigen Brettern. Wir schieben mit dem Taxameter zu einem anderen Stapel Sardinenkisten, dort sind einige zerbrochene Kisten.

Eine große Trennwand halbiert den Boden, und ich muß doch mal hinter die Wand schauen. Schiebetür auf und ach … Das Teppichlager für die Perser. Große Stapel mit ausgebreiteten Teppichen nehmen die volle Fläche ein, der neue Zweck der Speicherstadt mit den vielen trockenen Lagerböden im Freihafen.

Ich kehre zu unserem Arbeitsplatz auf dem Taxameter zurück. Bert legt einige heile Kisten auf das Taxameter, und wir öffnen die Seitenbretter, um einige Dosen zu entnehmen. Das fällt nicht am Inhalt und an den Kisten auf. Selbst beim Schütteln der vollen Kisten kann es auch ein Fachmann nicht hören, ob diese wirklich ganz voll sind oder nicht. Mit den gewonnenen oder überzähligen Dosen füllen wir dann die zerbrochenen Kisten auf, sodaß alles schön ordentlich aussieht. – Alles für unseren Kunden oder unseren Magen, denn Sardinen schmecken gut, besonders die in Tomatenmark. –

*Rechts: Erfahrene Quartiersleute unterwegs in der Speicherstadt oder zur Fähre. Elbsegler, dicke Jacke und Pilothose schützen auf der Straße Brook im Freihafen. Das wenige Werkzeug in der Aktentasche weist auf eine Verladungskontrolle für den Kaufmannes hin.*

*Wo gehobelt wird, fallen Späne, und wo verladen wird, fällt Ladung. Grüne Kaffeebohnen sind aus den Säcken gerieselt und liegen auf der Klappe zum Keller, früher kamen Sammler, welche die Bohnen aufhoben.*

*Eine Hieve aus Konservendosen ist abgestürzt, einige Kartons und Dosen sind zerbrochen und wertlos. Der Lkw-Fahrer grinst den Fotografen an, denn so etwas passiert nicht jeden Tag.*

*30% der Speicherstadt wurden während des Zweiten Weltkrieges zerstört. Viele Bomben erschütterten die Mauerwerke der Speicher. Risse und Spannungen kamen in die Wände. Die Hochwassersicherheit war oft nicht mehr gegeben. Hier im Block Q dringt Wasser in den Keller des Blockes Q, St. Annenufer Nr. 5 und bildet erste Pfützen. Der Keller ist ausgeräumt. Der Fotograf hat eine Sackkarre in den Keller gestellt, und diese ist fast vom Wasser bedeckt, nur die Handgriffe sind noch zu sehen. Etwa einen Meter hoch steht das Wasser.*

*Links: Auf gleicher Augenhöhe zwischen Block R und P, es trennt das Wandrahmsfleet. Quartiersleute hüben wie drüben. Die Kollegen dort stehen auf dem 5. Boden und wollen arbeiten. Der Haken ihrer Winde hängt etwas darunter.*

Nicht Rauchen!

*Orientteppiche aus Persien und den umliegenden Ländern lagern im Freihafen. Trocken, sauber und flach liegen die Läufer, Brücken und Bildteppiche auf dem Holzfußboden. Inzwischen das größte Teppichlager der Erde, ein stiller Markt meist in den Händen der Iraner. Die Quartiersleute sind die Lagerhalter der Böden.*

*Tabaklagerung in den Speichern. Der Tabak muß lagern, reifen und fermentieren für einen guten Geschmack. Selten muß umgestapelt werden, nur die Temperaturen und die Feuchtigkeit muß überwacht werden. Waagerechte Bretter sorgen für eine gute Belüftung. Eine einfache Lagerung.*

*Mit der Speicherkarre, einer sehr schmalen Sackkarre mit innenliegenden Rädern, hat der Quartiersmann die Säcke herangerollt und hakt gerade mit dem Greifen in die Maschinennaht. Die Säcke sollen gestürzt werden.*

*Links: Aus Nordafrika sind Kapern in großen Fässern auf Schuppen 22 eingetroffen. Quartiersleute sollen Proben nehmen und die Lake wieder auffüllen. Die großen und gebrauchten Fässer sind oft undicht, und mit Salzwasser wird die Lake ergänzt. Mit einem langen Rohr werden die Kapern per Luftabschluß herausgeholt. Wegen der schmutzigen Fässer wird auf die Tracht verzichtet.*

*Die Prüfung der Naturdärme erfolgt durch Preßluft. Die langen Kuhdärme lassen sich leicht aufblasen, benötigen dann aber viel Platz und müssen wieder eingepackt werden. Hierfür hat der Quartiersmann noch Hilfskräfte.*

*Eine letzte Kontrolle findet durch Personen statt, welche ein Laufband mit den einzelnen Ernuß-Kernen durchschauen, um faule oder zerbrochene Kerne rauszusortieren.*

*Ein Blick ins Wandrahmsfleet auf Höhe der Ewerführer, da wirkt die Speicherstadt erdrückend. Noch herrschen die Deckelschuten vor, auf denen jeder Deckel einzeln angefaßt werden mußte. Im Hintergrund Block H, heute nur noch Bürogebäude.*

*Kleines Bild: Ein sauber gefegter Boden in der Speicherstadt im Block W. Die Kaffeesäcke sind akkurat und gerade gestapelt. In den Pappfässern wartet Granulat. Der Boden ist voll, der Qurtiersmann zufrieden.*

SANTOS

*Links: Ein Quartiersmann im Außendienst bei einer Bordverwiegung. Der Rohkaffee wurde schon vor Ankunft in Hamburg verkauft und wird sofort weiterverladen. Noch auf dem Seeschiff, hier die CAP SAN AUGUSTIN (Schwesterschiff der CAP SAN DIEGO), werden die Säcke gewogen und Proben der Ladung für eventuelle Beweise erstellt.*

Die Uhr geht auf neun, und Heinz signalisiert uns Kaffeepause, Fofteiner. Wir lassen sofort alles liegen und stehen. »Luke auf oder zu?« fragt Bert noch. »Offen und schließ' nur das Schott ab«, kommt von Heinz, und wir verlassen den 4. Boden. Auf dem 3. Boden kommen wieder alle Kollegen in der warmen Frühstücksbude zusammen, wir essen und nehmen den Kaffee aus der großen Kanne. »Eigene Pfannenröstung«, sagt Bert dann zu mir, um auf das nicht so Wichtige hinzuweisen, was man so als Stift auch lernt. Ich kann nur schmunzeln.

Ein Hupton macht uns munter, und Günther verläßt den Raum. Als er wieder reinkommt: »Bruno ist da mit den ersten 10 Tons, 5. Boden und Bert, du fährst das 2. Mal mit«, weist er uns an. Wir nehmen es still zur Kenntnis, noch ist Pause, und alle wissen Bescheid. Kaffee und Zigarette vor der neuen Arbeit.

Viertel nach neun stehen wir dann auf. »Die Schlüssel?« fragt Heinz, und wir folgen ihm auf den 5. Boden. Es wird aufgeschlossen, und diesmal geht Claus an den Druck. Ich schaue noch aus der offenen Luke. Unten, 20 Meter unter mir, steht der Lkw – Bruno – und hat die Plane geöffnet. Claus fährt die leeren Stropps hinunter. Ich sehe, wie Bruno die Stropps abhakt und den ersten hinlegt. In die offene Bucht legt er die ersten Kaffeesäcke. Dann schließt er den Stropp zu einer Schlinge, und Claus fährt den Haken zu der Schlinge hinab, indem er die Druckstange auf »langsam ab« steuert. Bruno hängt die Hieve an, Claus steuert auf »langsam heben«, und die Winde hebt die Säcke. Claus stoppt, und Bruno schlägt die Kausch nach, und dann kann Claus voll hieven. Bruno baut die Hieven immer sehr sorgfältig zusammen, um seiner eigenen Sicherheit willen. Da kann man immer mit guten Hieven rechnen.

Die Winde heult über uns aus dem Windenboden. Wir hören, wie das Seil über der Rolle unter dem Winden-

*Alles sauber gestapelt zur Repräsentation. 2 Quartiersleute zeigen eine schöne Orientbrücke.*

giebel ächzt. Dann erscheint die Hieve vor unserer Luke, und Claus stoppt den Hub. Er löst das Sicherungsseil, und wir stehen frei an der offenen Luke. Claus links, er hält sich an der Windenstange fest, und ich rechts. Mein Halt ist mit der rechten Hand an dem Sicherungsgriff in der Mauer. Wir stützen uns mit den Füßen am Sicherungsbalken ab. Jetzt steht uns die ganze Lukenöffnung zum Hereinnehmen zur Verfügung. Von hinten wird ein leeres Taxameter in die Luke geschoben, bis an den querliegenden Sicherungsbalken. Heinz und Bert stehen hinter uns am Taxameter, und Claus schaut rüber zu mir. »Alles klar?« Ich nicke. Wir greifen aus der Luke hinaus und fassen mit unseren Sackgreifen das Bündel Säcke, die Hieve, und führen sie noch etwas weiter aus der Luke, um Schwung zu holen. Als die Hieve in die Luke schwingt, setzen wir die Sackgreifen noch etwas weiter in die Mitte der Hieve, und von hinten greifen zusätzlich Heinz und Bert die Hieve, um sie auf das Taxameter zu ziehen. »Ja«, sagen Heinz, Bert und ich. Claus kann die Hieve landen, und langsam lagern sich die gebündelten 7 Säcke auf dem Taxameter ab. Heinz und Bert rollen damit fort. Claus bleibt an der Luke, und ich folge den anderen.

Durch meine Neugierde bin ich nebenbei 2. Mann an der Luke geworden, – auch gut, denke ich. Wir schieben in die Tiefe des Speicherbodens und biegen dann mit dem Taxameter ab bis zur Trenn- und Feuerschutzwand zum nächsten Lukengang. »Freies Tear«, sagt Heinz dann nur und beginnt mit Bert den ersten Sack an die Wand zu stapeln, indem er diesen mit dem Greifen anfaßt. »Freies Tear« bedeutet, daß sich die Säcke nur an die Hinterwand und nicht seitlich anlehnen dürfen. Um den Stapel und die Säcke richtig zu legen, drückt Heinz fast bei jeden Sack auf den Bau und hebt mit den Sackgreifen die vier Enden hoch, dadurch laufen die Bohnen richtig in die Ecken der Säcke. Dann liegt der Stapel schön still und fällt nicht um. Diese Mühe ist bei kleinen Partien und engen Stapeln immer wichtig, sonst fallen die Säcke um.

Ich halte solange das Taxameter fest. Als alle Säcke liegen, legt Bert den leeren Stropp auf das Taxameter, und ich ziehe es aus dem tiefen Loch. Die Helligkeit der Luke

*Alter Wandrahm 9, Kaffeesäcke in einer Hieve sollen aufgenommen werden.*
*Die beiden Quartiersleute ziehen an der offenen Luke (ohne Sicherungsseil) die geschnürten Säcke in die Luke.*
*Die Hieve wird auf dem Taxameter landen und eingelagert.*

*4 Leute am Stapel, die Säcke sollen hoch gestapelt werden, so daß viele Leute notwendig sind. Quartiersmannsarbeit in der Speicherstadt ist personalaufwendig.*

säcke«, füge ich dem kurzen Wortwechsel hinzu. Schon wieder sind wir am Stapel, um das Taxameter zu leeren. Bei den Brasilsäcken fällt mir immer das angenehme und leichte 60 Kilo Gewicht und das glatte Jutematerial auf. Solche Säcke kommen auch aus Afrika. Die Beutel aus Mittelamerika haben dagegen 70 Kilo und sind aus dem kratzigen Stramaymaterial. Schlimmer wird es bei den Gewürzen mit 80 Kilo und den scharfen Gerüchen oder die prallen Haselnußsäcke, welche immer so gerne rutschen. Spitze sind die Rohzuckersäcke aus Kuba, 100 Kilo jeder Sack und klebrig, da macht die Arbeit keinen Spaß mehr. Glücklicherweise kommen diese kaum noch vor.

blendet uns ein wenig. Bert übernimmt das Taxameter, und ich gehe wieder auf die rechte Seite der Luke. Das Heulen der Winde signalisiert uns, daß wieder eine Hieve auf dem Wege nach oben ist. Als die Hieve dann in der Luke hängt, schiebt Bert das Taxameter bis an den Sicherungsbalken. Wir vier ziehen die Hieve rein und landen die Säcke auf dem Taxameter. Wieder der gleiche Weg. Dann schaut auch Vize Günther vorbei, und Heinz bestätigt ihm mit einem kurzen »läuft alles«, daß die Arbeit wie geplant vonstatten geht. Diesmal schiebt Bert das Taxameter in den Gang des zukünftigen Stapels, und ich werde mit Heinz die Säcke abladen. Alles läuft wie gewohnt, – wie oft habe ich in meinem Leben schon Kaffeesäcke bewegt?

Eigentlich warte ich darauf, daß Bert mich wieder mit seinen Fragen bestürmt, aber er ist wohl mit den Gedanken woanders – Freundin oder die Ansage von Günther, 2. Tour mit Bruno!

Wir haben schon wieder eine neue Hieve auf dem Taxameter und diesmal müssen die Säcke hoch hinauf. Bert und ich heben die Säcke an den Stapel hoch bis auf Schulterhöhe, dann klappt und wälzt Heinz den jeweiligen Sack auf die anderen Säcke. So geht es, bis der Stapel unter der Decke ankommt. »Von welchem Schuppen holt Bruno die Säcke?« frage ich dann Heinz. Er kommt nur zögerlich: »Ich glaube 50.« »Ja, die angenehmen Brasil-

Inzwischen ist Ernst hinzugekommen, denn mit 3 Mann ist das hoch Aufbringen der Säcke sehr mühsam. Bert und Ernst sind vorne am Stapel wegen der Größe, von hinten klappen dann Heinz und ich die Säcke nach dem Signal »hepp« von Ernst auf die anderen. So geht es gut voran. Und schnell sind die 14 Säcke übereinander in dem Tear gelandet. Wieder beginnen Ernst und Bert einen neuen Stapel, bis das Taxameter leer ist. Gemeinsam schieben wir schweigend zur Luke. Montags sind fast alle wortkarg oder sprechen vom Fußball. Ich muß nun mit in die Luke als 2. Mann beim Reinholen.

Es geht Hieve um Hieve, Landen, Stapeln, Stropp runter und neue Hieve hochholen. Immer wieder heult die Winde, wenn die 7 Säcke mit gesamt 420 Kilogramm hochgehoben werden. Was sagt Günther? 10 Tons? Bei 60 Kilo hat Bruno also 166 Säcke auf dem Wagen. Wir können 7 Säcke in der Hieve fahren, also 24 Hub.

Wenn am Stapel die Säcke nur abgeladen und nicht gehoben werden brauchen, bleibe ich an der Luke und genieße mit Claus die schöne Luft und den Ausblick zum Meßberg und Winser Baum.

Im Sommer ist es angenehm an der offenen Luke, vorne warm und hinten frisch. Bei Regen fallen die Tropfen vom Süll über mir in den Nacken, da hört der Spaß auf. Und im Winter? Wer im Winter Winde fährt, darf auch im Sommer am Druck stehen. Im Winter ist es dann von hinten aus dem Boden warm und von vorne kalt. Durch die Dicke der

*Der Speicherstadt und den Quartiersleuten ist nach dem Kriege nur eine kurze Blüte beschieden. Wieder sind die Quartiersleute am Stapeln der Kaffeesäcke, diesmal in der letzten Tracht: Elbsegler, schwarze Tuchjacke und weiße Schürze.*
*Quelle: E. & Cons.*

Wände und die vollgestapelten Böden ist immer ein angenehmes Klima in den Speichern, – gut für die Kaufmannsgüter. Heute ist die Luft wieder sehr angenehm an der Luke. Es macht Spaß, Quartiersmann zu sein.

»Foftein«, ruft uns dann Claus zu, »der Lkw muß sich langziehen«. Er bremst die Winde und legt sofort das Lukensicherungsseil vor die Luke. Von unten hören wir das Motorengeräusch. Diesmal gehen die Raucher ins Treppenhaus, dort ist es nicht verboten.

»Bert, kennst du die Eisentüren im Treppenhaus und was sich dahinter versteckt?« frage ich ihn gleich sehr provozierend. »Ja«, antwortet er strahlend, »da liefen früher die Wasserzylinder für die Windenseile drin, glaube ich, deshalb heißt es immer noch »am Druck stehen«, wenn man die Winde fährt.« Und ich füge noch hinzu: »Bis nach dem Krieg gab es das Druckwassersystem. Schrittweise wurde alles auf E umgestellt. Mit 50 atü wurde vom Sandtorkai gedrückt, trotzdem durfte zuerst nur mit einer Winde gearbeitet werden, Wasser- oder Landseite.« In Gedanken sehe ich vor mir das kriegsbeschädigte Maschinenhaus an der Ecke Auf dem Sande. »Manchmal rauschten die Wasserzylinder wie ein Spülklo, wenn sich Luft angesammelt hatte«, füge ich für Bert hinzu, da ruft aber Claus schon: »Geit wieder los.« Wir eilen auf den Boden. Claus läßt die Winde heulen, und wieder läuft die Arbeit im gewohnten Trott. Das Tear wächst und Heinz schaut hinab zum Lkw. »Bruno, wieviel noch?« ruft er hinunter, denn der Wagen muß wohl bald leer sein. Heinz dreht sich zu uns: »Noch 2 Hieven von unten. Bert, nimm nach der nächsten deine Jacke und dann zu Bruno. Pause machst du später.« Wir sind wieder zu dritt am Stapel.

Die nächsten Säcke sind auch schnell auf ihren Plätzen, und schon verschwinden die Raucher im Treppenhaus. Claus sichert noch die Luke. »Claus, warum fährt denn Bert mit Bruno?« frage ich. »Um Bruno zu helfen, und damit die Jungs mal was anderes sehen wie nur Speicherstadt. Auch soll Bert mit auf Beschädigung achten und auf die Schale ein Auge haben.« »Ja, ja, die Speicherstadt war schon immer eng und einsilbig, heute wie vor dem Kriege, und oft nur eine Warenart. Nur damals etwas gemütlicher.« Claus fügt dann noch hinzu: »Und ihr immer mit eurem Pferd und Wagen. Die Gäule kannten den Weg von selbst zurück mit Zollkontrolle.« Da müssen wir dann doch lachen.

Im Treppenhaus treffen wir alle zusammen. »Mahlzeit«, signalisieren wir uns. Heinz geht nochmal auf den Boden und schließt ab. Der Lehrling ist weg, und so muß er es selbst machen. »Ist gleich Pause«, und so warten wir im Treppenhaus. Kurz vor Elf traben wir dann gemächlich zum 3. Boden und treffen im Pausenraum den Rest der Quartiersmannskollegen und Hilfskräfte, diesmal ich. Halbe, 30 Minuten Pause und wir können essen und uns ausruhen. Einige lesen oder spielen Karten, sonst ist Ruhe.

Dann kommt Günther wieder: »Heute Zweite, stürzen, wer kann nicht?« Keiner antwortet, und Günther hat seine Leute heute und für die 2. Schicht voll. »Halbe vorbei«, treibt Günther wieder an und zu Heinz: »Ihr fangt an und nehmt die Säcke vom 5. zum 6. Boden Wasserseite auf.« Heinz nickt nur, und wir wissen, was es zu tun gibt.

Als ich dann aus der Bude trete, steht da mein alter Vize und heutiger Chef Gustav an der Luke: »Morgen, Gustav, wie geht's?« Er dreht sich um: »Morgen, Hein, auch mal wieder bei mir«, grüßt er freundlich. »Ja, ich muß doch immer mal wieder sehen, wie es dir geht.« »Wie soll es so gehen, genug Arbeit zur Zeit, die Böden sind voll, man kriegt keine dazu, aber die Kinder und die Zähne, da merkt man, daß wir alt werden.« Ich nicke ihm zu und lasse ihn mit seinen Sorgen alleine. Auf dem 5. Boden wartet Heinz schon auf mich.

Wir sind diesmal zu zweit, und vom Aufnehmen vorhin steht noch alles herum. Heinz schließt die Luke an der Landseite und nimmt das leere Taxameter mit einigen leeren Stropps. Er schiebt über den Boden und ruft dann: »Hier«, und legt die Hand auf eine Reihe Kaffeesäcke. »Die sollen auf den 6. Boden und heute in der Zweiten gestürzt werden, aber bitte nur kleine Hieven wegen des 6. Bodens.« Also lege ich den leeren Stropp auf das Taxameter. Heinz steckt den Arbeitsauftrag in den Platen, und wir stapeln die ersten 5 Säcke in die Hieve. Dann schieben wir damit zur Wasserseite, und Heinz öffnet die Luke. Mit dem Druck fährt er den Haken heran, und ich schlage noch eine Verkürzung in den Stropp. Unter der Windenhaube ist nicht genug Platz für einen langen Stropp bis zur Umlenkscheibe. Dann hänge ich den Doppelschlag des Stropps an den Haken, und Heinz hievt die Säcke aus der Luke. Die Windensteuerstange schiebt er auf »Stopp«. Dann tritt er mit der Hacke mächtig gegen die Stange, so daß sie durch alle Stockwerke scheppert. – Der Weckruf für die Kollegen auf dem 6. Boden, die Hieve ist fertig.

Nichts passiert. Dann hole ich wieder einen leeren Stropp, wir packen eine neue Hieve und schieben diese an die Luke. Nichts passiert. »Die oben haben wohl noch Pause«, sagt Heinz zu mir, und ich zucke mit den Achseln. Er traktiert den Druck wieder mit der Hacke. Wieder passiert nichts.

»Ich geh mal rauf«, sagt er zu mir und verschwindet dann in der Ecke, wo die Feuerschutztreppe alle Böden miteinander verbindet. Ich höre Schlüssel drehen, eine Tür knarren und Schritte auf dem Treppenumgang. Dann ist Ruhe, bis ich vom 6. Boden Schritte über mir höre.

Ich kann von der Luke aus auf die Teilung des Wandrahm- und Holländisch-Brookfleetes schauen. Vor mir die Werkstatt der HHLA mit dem wunderschönen Gebäude aus Backstein und Fliesen. Von dort kommen immer die Handwerker, wenn die Winde aussetzt; meist, wenn wir die Kugel aufsetzen und das Windenseil die Spannung verliert. Ich las einmal, daß es als Zollamt für die Preußische Zollverwaltung geplant war. Dahinter das scheußliche Teilelager der Werkstatt. Nach dem Kriege aus Restbacksteinen hingehauen. Wieder so ein Stilbruch in der Speicherstadt. Und dazwischen der Handkran als historische Reminiszenz.

Wenn ich mich etwas aus der Luke lehne, kann ich am Schluß des Blockes R die Holzwerkstatt sehen, auch so ein interessant gestaltetes Gebäude, das nicht als Speicher geplant wurde.

Dann stören Schritte über mir die Gedanken und Blicke. Ich höre rollen, und dann heult plötzlich die Winde los und zieht unsere erste Hieve hoch zum 6. Boden. Laut hallt das Heulen in den Fleetraum zwischen unserem Block W und dem Block X am Brooktor. Zwischen den Klinkern kann der Ton hin und her laufen.

Ich schaue hinüber, einige Böden sind hell erleuchtet und Teppiche sind darin zu erkennen. Letzte Woche war ich auch in dem Block und mußte Konserven aufnehmen. – Heute auf der anderen Seite des Fleetes. Als Quartiersmann bewegt man sich meist in seinem Quartier der Speicherstadt.

Die Winde läuft wieder und dann erscheint Heinz und ich höre, wie er die Feuertür sofort wieder abschließt. Er durchquert den freien Platz, wo das Fallrohr vom 6. Boden hängt und die Rappelmaschine steht. Hier sollen wir heute Nachmittag und Abend die Kaffeebohnen mischen. Wie sagt Gustav immer: »Kaffee, der wird in Hamburg gemacht.« »Was war denn oben los, daß die nicht in Gang kamen, Heinz?« frage ich. »Die mußten vorne noch 'was wegräumen.« Heinz fährt den Windenhaken wieder vor unsere Luke und wir heben die 2. Hieve aus der Luke. Dann planen wir, die 3. Hieve auf das Taxameter zu laden. »Heinz, wie sieht denn deine Kitteljacke aus, ganz staubig?« Er sieht seinen Kittel an und sagt: »Aus dem Treppenhaus, da sind nur Mäuse und Spinnen unterwegs, deshalb der viele Staub.« Dann klopft er erstmal die Jacke sauber.

Inzwischen wurde die 3. Hieve oben aufgenommen und wir müssen uns beeilen, die Nächste rauszuhängen. Taxameter schieben, Stropp, Säcke packen, vor die Luke, Verkürzungsschlag und schon läuft die Winde. Der Haken zieht die Hieve raus und diese schwingt etwas. Um den Schwung zu stoppen, fiert Heinz die Hieve etwas, und die

Säcke prallen an das untere Lukensüll. Der Schwung wird gebremst, und die Hieve hängt still. Heinz traktiert den Druck, und oben hören wir Schritte. Dann ziehen wir wieder mit dem Taxameter los.

»Wie viele Säcke von hier, Heinz?« Er schaut auf den Auftrag: »30 Säcke hier von Columbia, dann noch 5 Säcke Robusta, die schäbigen Säcke dort, und zum Schluß noch 25 Beutel Santos.« Also 60 Säcke insgesamt, macht 12 Hieven. Wieder eine weitere Hieve fertigmachen und Signal durch den Druck nach oben. Diese Säcke mit Rohkaffee aus Mittelamerika sind schwerer, 70 Kilo, die anderen haben nur 60 Kilo.

Aber ich habe gar nicht genug Zeit, um den Gedanken zu folgen, denn jetzt läuft es gut und schnell. Heinz schiebt das leere Taxameter vor die Robustasäcke, gleich merke ich das geringere Gewicht. An der Luke angekommen, lehnt sich Heinz rückwärts am Sicherungsseil hinaus und sagt den Kollegen, daß dies die 2. Sorte ist, mit dem geringsten Anteil. Dann sind auch diese 5 Säcke aus Ostafrika auf dem Wege zum Mischen. »Die werden nur zum Verlängern der Mischung genommen«, fügt Heinz hinzu. Ich stehe mit dem Taxameter und dem leeren Stropp und warte. Heinz sieht dies und zeigt nur, wo es weitergehen soll. Mit dem Auftrag in der Hand, vergleicht er die Partienummer und den Schiffsnamen. Alles wurde mit dem Markpott auf die vorderen Säcke markiert. Zusätzlich vergleicht er nochmals die Markierung aus dem Herstellungsland auf den Säcken. Und dann läßt er mich beginnen wie vorher. Immer 5 Säcke in die Hieve. Mit diesen leichten Säcken geht es flott voran, und zwischendurch schaue ich zur Uhr. Ein Uhr, die Zeit läuft doch nicht so recht.

Und wieder ballert die Windenstange, diesmal von der Landseite. Heinz erschrickt fast und sagt nur: »Moment mal.« Er geht zur Landseite und öffnet die Luke. Ein starker Windzug bläst durch den Speicherboden und wirbelt den Staub auf.

Er lehnt sich hinaus nach unten, und ich höre nur etwas von »noch 2 Hieven«. Schnell schiebt er die Luke zu, und es ist wieder still. Dann sagt er zu mir: »Bruno ist wieder da, und wir geben noch die 2 Hieven hoch.« Das ist also der Rest dieser Arbeit.

Währenddessen habe ich wieder einen Stropp aufgelegt, und die letzten 10 Säcke sind umgelagert.

»Mach das Schott bloß zu, sonst zieht es so.« Er geht um die Ecke zur Feuertür und schließt diese auf. Die Kollegen kommen mit den leeren Stroppen über dem Arm herunter. Gewissenhaft schließt Heinz wieder ab. – Da war und ist Boß Gustav furchtbar eigen, daß immer alles richtig abgeschlossen ist.

Auf der Landseite hat Claus das Lukenschott aufgeschoben und einige der leeren Stropps angehängt. Mit dem Druck fährt er den Windenhaken hinunter. Wir, Heinz, Ernst und ich, warten, Lehrling Bert hat noch Halbe. Laut jault die Winde, als Claus mit »voll heben« hievt. Bald hängt die Hieve vor unsere Luke, und Claus löst das Sicherungsseil auf meiner Seite. »Dein Auftritt, Hein!« ruft er mir zu, und ich darf wieder als 2. Mann auf der rechten Seite stehen. Von hinten wird das Taxameter herangeschoben. Als wir vier dann die Hieve reingezogen haben und diese still hängt, sagt Claus nur: »Los«, und fiert. Die Hieve landet auf dem Taxameter, das ist der spannendste Moment, damit kein Sack hinunterstürzt, denn die Zeit zum Weglaufen ist unten sehr knapp. Ich folge den anderen zum Stapel, und Claus bleibt am Druck. Nach einer halben Stunde kommt dann auch Bert von der Pause.

»Wieder frisch«, wird er gleich angemacht. »Ja.« »Dann kannst du jetzt alles reißen«, sagt Ernst zu seiner Antwort, und Bert rutscht noch ein »jo, jo« heraus. »Weißt du, was »ja, ja« heißt?« hakt Ernst nach, aber Bert nickt nur. – Das ist auch das Beste. Zu Heinz sagt Bert dann, daß unten auf dem Auto 5 schlappe und 4 beschädigte Säcke sind. »Auch gut«, kommt von Heinz.

Wir nehmen weiter auf, die ersten 8 Säcke stapeln nur 2 Mann, und dann geht es mit 4 Mann weiter. Die Säcke werden aufeinander geklappt. Die Zeit geht dahin, und das Tear wächst.

Der Schatten des Kranes am Zollkanal wird länger. Irgendwann höre ich dann Rufe von unten und sehe nur, wie Claus nickt und sofort das Sicherungsseil in der Luke befestigt. Er hebt eine Hieve vor die Luke. – Die schlappen Beutel. Das Taxameter wird nicht benötigt, denn wir landen die Säcke direkt auf dem Boden in der Luke. »Gleich auf die Schale«, ordert Heinz und legt mit Bert den ersten Sack auf die Dezimalwaage. Er raschelt mit dem Notenblock, als er Blaupapier einlegt. Nummer 1 = 45,5 Kilo. Er notiert das Gewicht und Bert markiert eine 1 auf den Sack. Dann fragt mich Bert: »Habe ich die Säcke nicht ordentlich auf dem Schuppen abgenäht?« und ich kann ihn nur nach Hafenmanier loben: »Bist ein großer Sack- und Hafennäher.« Es folgen die weiteren 4 Säcke, und als ich dann auf die Wiegenote schaue, ergeben die 5 schlappen Säcke 182,4 Kilo, also ein Manko von 118 Kilo. Inzwischen hängen schon die 4 beschädigten Beutel vor der Luke, und Claus landet die 4 prallen und aufgedunsenen Säcke auf dem Fußboden.

Heinz hat dann die eingelagerten Säcke gezählt und sagt zu Claus: »Alles korrekt, Bruno kann abfahren.« Claus signalisiert es dann Bruno, und seine Arbeit ist fertig. Dann kommt Heinz mit einem ganz anderen Gedanken und fragt die Lehrlinge: »Wer geht einkaufen für die 2. Schicht? Sag' mal Thomas Bescheid.« Bert ist der einzige Lehrling hier, und er informiert Thomas. Es dauert, bis Thomas dann mit dem Zettel kommt und alle fragt.

Claus stoppt die Winde endgültig und hängt alle leere Stropps neben der Luke bei der Schale auf. Dort steht und hängt das Geschirr: Stropps, Ketten, Vorläufer, Schreibpult, Notenblock, Blaupapier, Nähgarn, Markpott, Probenbeutel, Müllkasten, Fegselsack, Besen und Schaufel. Boß Gustav liebt die Akkuratesse, wie schon vor dem Kriege als Vize.

Einige Kollegen gehen ins Treppenhaus zum Rauchen, so daß Bert und ich an der Schale bleiben. »Wo wart ihr denn?« frage ich Bert. »Schuppen 50, HHLA, war mächtig was los.« »Was für Schiffe?« »Britische Flagge, aber den Namen konnte ich nicht sehen.« Und nach einer Pause: »Bruno hat mich dann in die Klappe eingeladen, toll da, der große Raum in dem alten Gebäude, was die alles dort anbieten für die Hafenarbeiter.« Er fragt gleich weiter: »Wo ist denn für uns eine Klappe?« »Nur die an 22, das ist aber für die normale Pause zu weit, auch noch ein alter Bau, sonst gibt es für uns nur die Läden an der Küste gegenüber.« »Schade«, entfährt es Bert.

»Wenn du zur HHLA als Speicherarbeiter vermittelt bist, dann kannst du in deren Kantine gehen, aber dahin werden wir nur selten vermittelt.«

Inzwischen dringt der muffige Geruch der verdorbenen Bohnen in unsere Nasen. Vor dem Schott zum Treppenhaus wird es laut, und Günther erscheint mit 2 weiteren Lehrlingen. »Laßt uns gleich die Beschädigung bearbeiten«, und fährt fort: »es ist hell, wer holt 6 leere Säcke und die Kehrschaufel?« Peter holt die Teile. Günther signalisiert mir, daß wir den ersten Sack vor die Luke legen und ihn drehen. Die Seite mit der größten Beschädigung nach oben. Für die Lehrlinge erzählt er dann: »Wir legen die stärkste Beschädigung nach oben und schneiden dann den Sack auf. Die beschädigten Bohnen werden abgenommen.« Mit dem Messer schneidet Günther dann den Sack diagonal kreuzweise auf. Die Sackteile werden nach außen gelegt, und die Bohnen fallen auseinander. »Einen leeren Sack«, ordert Günther, und mit der Schaufel nimmt er vorsichtig Lage für Lage ab. Die schwärzesten Bohnen liegen oben, und dann wird es heller. Nach der Hälfte treten die ersten gesunden, hellgrünen Bohnen auf. Aber er schaufelt weiter, bis nur noch gesunde Ware zu sehen ist. Dann greift er mit beiden Händen in die Bohnen und nimmt 2 Hände voll heraus, die hält Günther sich vor die Nase und nickt. »Wer will noch riechen?« Und die Probe wandert von Nase zu Nase. Den Rest schaufelt er in einen weiteren Sack, für gesunde Bohnen. Der Sack ist leer, und das zerschnittene Material wandert in die Müllkiste.

2. Sack, die Lehrlinge dürfen die Seite aussuchen und mit dem Speichermesser schneiden. Nach dem Kreuzschnitt laufen die Bohnen wieder auseinander. »Die schwarzen Bohnen sind verfault, nur noch zum Verfeuern, als Dünger oder Müll, die weißen und helleren Bohnen haben meist nur Schweißwasser abbekommen, sind also nur feucht geworden. Die in den Bohnen verbleibende Feuchtigkeit bringt das Gewicht. Oft sind sie nur noch als Futtermittel zu verwenden, muß sich aber mit der ganzen Zollabfertigung lohnen. Unsere Menge ist zu klein«, erzählt Günther und nimmt wieder eine Hand voll Bohnen für die Nase. Alle schnuppern und der Unterschied wird klar. Das ist echte Quartiersmannsarbeit, wenn die Pflege der Ware für den Kaufmann übernommen wird. Danach wird der 3. und 4. Sack aufgeschnitten und gute und schlechte Bohnen getrennt. Dann wieder das ewige Wiegen, 2 gesunde Säcke 131,0 Kilo, 1 schlapper Sack 19,0 Kilo. Die Säcke mit den guten Bohnen werden mit Nadel und Faden richtig zugenäht.

Dann die Säcke mit der Beschädigung, 3 Stück mit 155,0 Kilo, diese Säcke werden nur zugebunden. Als ich auf die Wiegenote von Günther schaue, sehe ich:

Auftraggeber: FHG, Hamburg, Ordernummer und dann Schiff. OXFORDSHIRE Ankunft 25.05.53, Schuppen 50, dann die lange Marke: BRASIL usw.

Danach die Details unserer Arbeit: 3 Säcke gesund 60,5, 60,5 und 19,0 Kilo, macht 140,0 Kilo.

Beschädigung: 3 Sack 155,0 Kilo. Diese von 4 originalen Säcken mit je 60,5 Kilo haben nach Bearbeitung ergeben: 295,0 Kilo, 53,0 Kilo durch Verderb und Feuchtigkeit zugenommen.

Unterschrift, alles für das Freihafenamt zur Nachkontrolle. Die Beschädigung wird auf die Wasserseite nahe der Feuertür gebracht, während die gesunde Ware am Stapel landet.

Günther geht wieder zu der eingelagerten Partie und nimmt eine Probe aus den Säcken. Mit dem Probenstecher, einem schräg angeschnittenen Metallrohr, bohrt er in die Säcke. Dann laufen die Bohnen von alleine in die Tüten. Ich hatte gar nicht bemerkt, daß er schon die fertigen Tüten in dem Platen hatte.

»Pause, wer schließt ab?« fragt Günther, und dies wiederholt er im Treppenhaus. Ich gehe mit ihm runter, und die Lehrlinge folgen. Auf dem dritten Boden, wo auch das Büro ist, klopfe ich an. »Herein«, und frage dann, ob ich telefonieren darf. Gustav nickt natürlich, und ich rufe zu Hause an. Meine Frau weiß jetzt, daß es heute noch spät wird. »Alles Gute, Hein!« wünscht sie mir. Dann sitzen wir wieder in der Frühstücksbude ... Frischer Kaffee dampft, und die Augen werden schwer. Bald ist auch Thomas mit den Bestellungen zurück, Brötchen, Würstchen, Bier und Zigaretten. Nach seinem Zettel kassiert er das Geld.

Alle essen und trinken in Ruhe, bevor es wieder los geht. 20 nach drei unterbricht Günther die Pause und teilt ein: »2 Mann auf den 6. Boden, Thomas und Claus, der Rest zum fünften«, dazu gehöre ich heute Nachmittag. – Nach welchen Plänen Günther einteilt, habe ich nie verstanden, vielleicht weiß er es oft selber nicht.

Die Lehrlinge gehen vorweg, schließen auf, und wir treten ein. Ernst schließt sofort die Luke an der Landseite und greift gleich eine Fisse Nähgarn. Alle gehen auf die Wasserseite. Heinz ordert dann: »Schale unter das Rohr, wo sind die leeren Säcke?« »Dort«, wird er hingewiesen. Er rückt alles bereit und legt auch schon die Rundschaufel bereit.

»Holt euch schon die Steckkarren«, schiebt Heinz die Arbeit weiter an. Von oben hören wir Hin- und Herlaufen, Schurren und dann fallen einige Bohnen in das Stürzrohr. Wieder Schurren und Kratzen von oben. Durch das Rohr ertönt ein: »Öh, geht los.« Plötzlich rauschen dann die ersten Bohnen von oben in das Fallrohr aus Metall. Das Rohrende wird durch Sackleinen verlängert und ist zugebunden. Wieder rauschen Bohnen von oben in das Rohr, jeweils ein Schaufelzug. Dann ist das Rohr voll und Heinz legt noch Gewichte für 6,0 Kilo und 50 Gramm auf den Bummel der Dezimalwaage. Jetzt greift er einen leeren Sack und bindet die Verlängerung auf. Die Bohnen

*Auf den Sieben der Rappelmaschine tanzen die Kaffeebohnen. Die Bleche vibrieren nicht genug und mit Händekraft müssen die Bohnen verteilt werden. Dann erst sieht man, wie viele Bohnen 60 Kilogramm Rohkaffee ergeben.*

rauschen in den Sack, und er beult aus. Bert steht dabei und hält den Sack fest, bis dieser am Rücken der Schale anlehnt. Heinz hat inzwischen das Sackleinen mit beiden Händen gegriffen und reduziert den Strom der Bohnen. Mit der linken Hand dosiert er die Menge, und mit der rechten fühlt er die Zungen der Waage. Dann hält er die Verlängerung zu und nickt. Bert nimmt den Sack von der Waage und stellt diesen neben sich. Ernst kommt sofort mit der Steckkarre und rollt den vollen Sack weg. Heinz hat einen weiteren Sack gegriffen, und die Bohnen rauschen hinein. Mir bleibt nur noch wenig Zeit.

Eigentlich eine altertümliche Art zu stürzen, keine Nähmaschine, keine automatische Waage, keine Sackaufhängung, kein Trichter – noch viel Handarbeit, aber das ist Gustavs Weg.

Dann setzt Bert mir den Sack vor die Karre, ich schiebe den Löffel darunter, und los geht's über den Boden zu Ernst. Er ist auf einem freien Platz an der Landseite gelandet und näht den Sack zu.

Günther ist in der Nähe, schaut und weist an: »Nur 8 hoch stapeln, wird morgen gleich wieder abgesetzt, Theo muß auch noch marken.« Ernst wirft den Sack um, und Theo kommt mit Schablone und Markpinsel, er pinselt einen neuen Begriff auf den Sack, und dann rückt Ernst den Sack hin.

Ich habe bei Ernst zugeschaut wie er näht, damit ich die richtige Naht erwische, aber Theo kann mir auch helfen und sagt: »Rollnaht, nicht zu grob.« Ich greife mir eine Sacknadel, dazu einen Faden Garn und lege die Jutesäume des Sackes aufeinander. Etwas umkippen, und dann mit großen Stichen da herum. Als ich am Faden ziehe, sitzt die Jute fest aufeinander. Das den ganzen Kopf des Sackes entlang. Langsam geht es, und schon kommt Peter mit einem vollen Sack. Er beginnt zu nähen, während ich erst den Sack umwerfen muß und Theo die Schablone auflegt. Mit dem Pinsel streicht er die Farbe auf, dann kann ich lesen: »Highlandcrop« – Hochlandernte. Toll, denke ich, als wir den Sack aufstapeln.

Dann wieder über den Gang zur Wasserseite. Ernst hat gerade wieder einen vollen Sack und Bert wartet schon auf mich. Das geht ja zügig ab, nur daß ich noch zu langsam nähe. Aufladen und mit Karre und Sack rüber, dort packen gerade Theo und Peter den genähten und markierten Sack weg. Und Ernst hat schon die halbe Naht

*Speicherboden im Nachkriegsbau eines Speichers. Block O.*
*Die Böden sind stabiler, und es können Paletten und Gabelstapler eingesetzt werden. Doch viel Handarbeit verbleibt noch für den Quartiersmann beim Umsacken, Beschädigung bearbeiten oder stürzen.* *Quelle: Kaffee-Lagerei N.H.L. Hinsch & Cons.*

fertig. Ich zögere nicht, meinen Teil beizutragen. Immer hin und her. Dann muß ich aber doch bei Bert und Heinz warten. Zu viele Bohnen sind im Sack gelandet, mehr als 60,5 Kilo. Bert hält jetzt das Rohrende zu, und Heinz greift mit der Rundschaufel die nötige Menge heraus. »Stimmt«, sagt Heinz nur und füllt die Menge der Schaufel in den nächsten Sack, dann nimmt er wieder den Verschluß, und Bert versorgt mich mit Arbeit.

Inzwischen sind meine Füße vom Laufen und die Hände vom Nähen richtig warm geworden, und die Arbeit läuft. Günther hat eine Handlampe für Heinz aufgehängt und vorne eine Deckenleuchte umgebogen. So können wir arbeiten. Hinter den Scheiben der Luken ist es dunkel, nur die Fenster der Büros am Dovenfleet und Meßberg sind hell. Vize Günther ist immer unterwegs und legt uns Nähgarn hin, hilft einen Sack mit aufstapeln. Dann nimmt er mit dem Probenstecher ein Muster der gemischten Ware und fragt plötzlich: »Richtige Pause, oder nur Koffeetime?« Ich entscheide mich für Koffeetime, denn die Chance ist günstig. Alle wollen, wie ich, nach Hause. Dann schleppt er den Sack mit dem Fegsel auf den 6. Boden. Der wird auch noch beigemischt. »Alle wollen nur 'ne Smoketime, also sechs Uhr kleine Pause«, und das spornt uns wieder an.

Ich habe gar nicht zur Uhr geschaut, als es an der Windenstange scheppert. »Halbe«, ruft Günther hinauf. Ich sehe nur, wie Heinz und Bert den Verschluß zubinden, und dann gehen wir alle runter.

Die Schott'sche Karre steht wieder auf dem 3. Boden vor der Luke, wie heute morgen. Überall ist es leise, und im Büro ist das Licht auch aus. Wir sind allein im Speicher.

In der Bude sehe ich schon mein Ticket mit 2 Schichten. Schnell einen Becher Kaffee und den Rest Brot. Zur Ruhe will keiner kommen. Alle wollen nach Hause. Im Block wird selten 2. Schicht gemacht. »Noch 'ne Zigarette«, gibt Claus als Zeitmaß vor, und alle nicken.

»Hier dein Ticket und morgen wieder hier«, sagt Günther und gibt mir den Arbeitsnachweis. Den stecke ich gut weg. »Danke.« So, das Geld habe ich in der Tasche, nur noch das bißchen Arbeit. Claus drückt die Zigarette aus und: »Los, den Rest machen.« Wir erheben uns. Auf dem Weg nach oben überlege ich weiter. Wir haben 60 Säcke raufgelangt und füllen 65. Ja, 30 Säcke mit 60 Kilo macht 1.800 Kilo, und 30mal mit 70 Kilo macht 2.100 Kilo, zusammen 3.900 Kilo, und die in 60 Kilo-Säcke gefüllt, ergibt 65 Beutel. Also, nun los auf Feierabend zu.

Die Türen zum Boden wurden nicht erst verschlossen, der Chef ist nicht da, und ich greife meine Karre auf der Wasserseite. Der nächste Sack ist meiner. Das Fallrohr wird geöffnet, und die Bohnen rauschen los. Der Stapel der leeren Säcke ist sehr klein geworden, der Rest ist schon zum Greifen nahe. Zwischendurch leert Heinz die Rundschaufel, und dann lädt Bert den Sack auf meine Karre. Als ich wieder loslaufe, rauschen hinter mir schon wieder die Bohnen. »Voll«, ruft dann Bert, und Peter ist gemeint. Er rennt mit seiner Karre los, alle sind wie elektrisiert. Ich nähe den Kaffeesack zu und lege ihn um. Theo versieht ihn mit der Highlandcrop und dann auf den Stapel. Zurück zum Stürzrohr über den Mittelgang, dann wieder warten, Sack aufnehmen, zurück, nähen, markieren und stapeln. Beim nächsten Mal am Stürzrohr frage ich dann Heinz: »Wie viel noch nach?« »12 bis 15«, seine Antwort und für uns höchstens noch 5mal Laufen und Nähen. Aber bei diesem Gedanken bin ich schon wieder unterwegs, und wieder ist eine Tour erledigt. Dann schaue ich doch mal zur Uhr, schon Sieben, und ein Ende ist in Sicht. Heinz hat immer noch volle Säcke für uns zum Nähen. Als ich wieder an der Waage bei Heinz und Bert warte, höre ich, wie oben die Schaufelstöße kürzer werden, und dann liegen nur noch 2 leere Säcke dort. Der Strom der Kaffeebohnen wird auch schon geringer. Jetzt geht es auf den Rest. Auch Bert grinst mich an, doch sagen mag keiner 'was, sonst hat Vize Günther noch irgendeine Arbeit in der Tasche. Ich schiebe den Sack rüber, Nähen, Markieren und Stapeln. Dann kommt Ernst auch schon. »Letzter Sack«, verkündet er. Schnell wird genäht, markiert und gestapelt. Dann aufräumen, Karren weg, Nähgarn aufhängen, Markport zur Waage und die Schablone zum Trocknen. Von der Wasserseite hören wir Fegen und Schurren, Heinz und Bert räumen auch auf. Beide kommen den Gang runter, und ohne zu stoppen von Heinz: »Jungs, sind die Fenster, Luken und Schotten zu, wer schließt ab?« Ich folge ihm zum 3. Boden. Im Treppenhaus ist dann das Drehen der Schlüssel zu hören, und in der Frühstücksbude wird der Stapel der Schlüssel größer. Wir ziehen uns um.

»Kann es morgen Stunden geben?« frage ich noch Günther, und von ihm: »Vielleicht eine, Sardinen aus der Schute.« Ich weiß also für morgen Bescheid. Das Arbeitszeug und Geschirr hänge ich auf und habe nur den leichten Rucksack.

Wir treten alle ins Treppenhaus, und Günther dreht als letzter die Vorhangschlösser zum Boden, er fragt noch:

»Alle raus?« Keine Antwort. Wir stapfen im schwach beleuchteten Treppenhaus hinunter. 2. Boden, dann 1. Boden, Raum und auf die Straße. Günther verschließt dann auch das Treppenhaus.

Frisch ist die Abendluft. Die meisten gehen, wie ich, zur Kornhausbrücke. Im Alten Wandrahm scheinen nur wenige Lampen, und unsere Schritte hallen auf dem Kopfsteinpflaster, Die meisten Blöcke sind dunkel, in einigen wurde das Licht vergessen. Wir gehen Richtung St. Annen und am Zolldurchlaß wird es heller. Dort werden wir vielleicht kontrolliert, aber heute hat keiner ein Interesse an uns. Entweder sehen wir so harmlos aus oder die Kollegen beim Zoll sind auch müde wie wir. Unter der Kornhausbrücke plätschert das Wasser, durch Wind und Tide ist immer Bewegung.

Dann verteilen wir uns in verschiedene Richtungen, nur ich habe noch einen langen Weg vor mir. Zur Straßenbahn Linie 31 am Rödingsmarkt, dann bis Landungsbrücken und noch eine halbe Stunde oder mehr mit der Fähre nach Finkenwerder. Früher fuhr mal die Straßenbahn Linie 26 an der Küste, am ganzen Hafenrand entlang, das war für uns Quartiersleute angenehmer.

Zu Hause leuchtet wie immer ein Licht, die Familie und Gretchen warten. Eintreten und Küßchen.

Dann tauschen wir uns über den Tag aus, und ich berichte, daß ich morgen etwas länger schlafen darf. Wir lächeln uns an.

P8087 P94918 (P34)

EICHHOLTZ & CONS.
EICHHOLTZ & BEHN
KONTROLLBETRIEBE · LAGEREI · UMSCHLAG
ROSSWEG 20 · 20457 HAMBURG
TELEFON 040/74 11 51-0 · TELEFAX 040/74 11 51-21

## Orderlagerschein
### Warrant

Gemäß Genehmigung der Behörde für Wirtschaft, Verkehr und Landwirtschaft Amt für Hafen, Schiffahrt und Verkehr vom 8. April 1983
Empowered to issue order warrants in accordance with notice of the Behörde für Wirtschaft, Verkehr und Landwirtschaft Amt für Hafen, Schiffahrt und Verkehr of the 8th, April 1983

Lagerschein Nr. 17186 (zugleich Nr. der Lagerscheinkartei) Warrant Number / Warrant Index Number — Lagerbuch Fol. 17186 Stock Book reference

Wir lagerten ein für / We warehoused for
Herr / Firma BEARER oder Order / or order
auf unserem Lager / in our warehouse Rossweg 20, 20457 Hamburg am / on 19.11.1996

| Marke und Nummer / Marks and Numbers | Zahl u. Art der Packstücke / Quantity and Description of packages | Inhalt / Contents | Rohgewicht oder Maß / Grossweight |
|---|---|---|---|
| 35-600-25266 -25277 | 86 bags (eighty six) | raw coffee, Uganda | 5079 kgs |

ALTERATION APPROVED UCC (UK) LTD
FOR AND ON BEHALF OF MURCOTT (UK) LTD.

Inhalt und Gewicht sind angegeben von us
Contents and weight have been given to us by

Wir verpflichten uns, das Gut nur gegen Rückgabe dieses Lagerscheins nach Maßgabe der aus dem Schein ersichtlichen Bedingungen an den Einlagerer oder dessen Order auszuliefern. Bei Teilauslieferungen ist der Lagerschein zwecks Abschreibung vorzulegen. Die Rechtsbeziehungen aus diesem Lagerschein richten sich nach der Verordnung über Orderlagerscheine vom 16. Dezember 1931 und der von der Behörde für Wirtschaft, Verkehr und Landwirtschaft. Amt für Hafen, Schiffahrt und Verkehr – genehmigten Lagerordnung vom 8. April 1983.
Wir sind zur Vornahme von Erhaltungs- oder Pflegearbeiten am Gut nicht verpflichtet. Das Gut ist von uns nicht gegen Feuer versichert.
Wir haften gemäß § 12 Abs. III der Lagerordnung für keinerlei Feuerschäden.
Die Kosten richten sich nach dem Lagervertrag.

We guarantee to deliver the goods only against return of this warrant in accordance with the regulations visible on the warrant to the firm mentioned or their order. For part deliveries the warrant is to be presented for writing-off.
The rights in law of this warrant are in accordance with the regulations concerning order warrants dated 16th December, 1931 and the warrant regulations authorised by the Deputation Behörde für Wirtschaft, Verkehr und Landwirtschaft – Amt für Hafen, Schiffahrt und Verkehr, dated 8th, April 1983.
We are not responsible for care and maintenance work on the goods.
The goods are not insured by us against fire. In accordance with paragraph 12 subsection 3 of the warehouse regulations, we are not responsible for fire damage.
The charges are in accordance with the warehousing contract.

Bemerkungen / Remarks: warehouse rent commencing 1. December 1996

EICHHOLTZ & CONS.
EICHHOLTZ & BEHN

Hamburg, den / Date 26.11. 1996

(Unterschrift des Lagerleiters) (Signature)

Kontrolliert: / Checked by: — Eingetragen: / Entered by:

Die Lagerordnung liegt bei der Handelskammer und in unserem Büro zur Einsicht aus.
The warehousing regulations have been deposited with and can be seen at the Chamber of Commerce.

Rechtsverbindlich ist die deutsche Fassung dieses Orderlagerscheines.
In case of disputs the German text of this Warrant is to apply

Kontroll-№ 0547

*Orderlagerschein der Firma Eichholtz & Cons. über eingelagerten Rohkaffee. Kopie des Originals der Firma Eichholtz & Cons.*

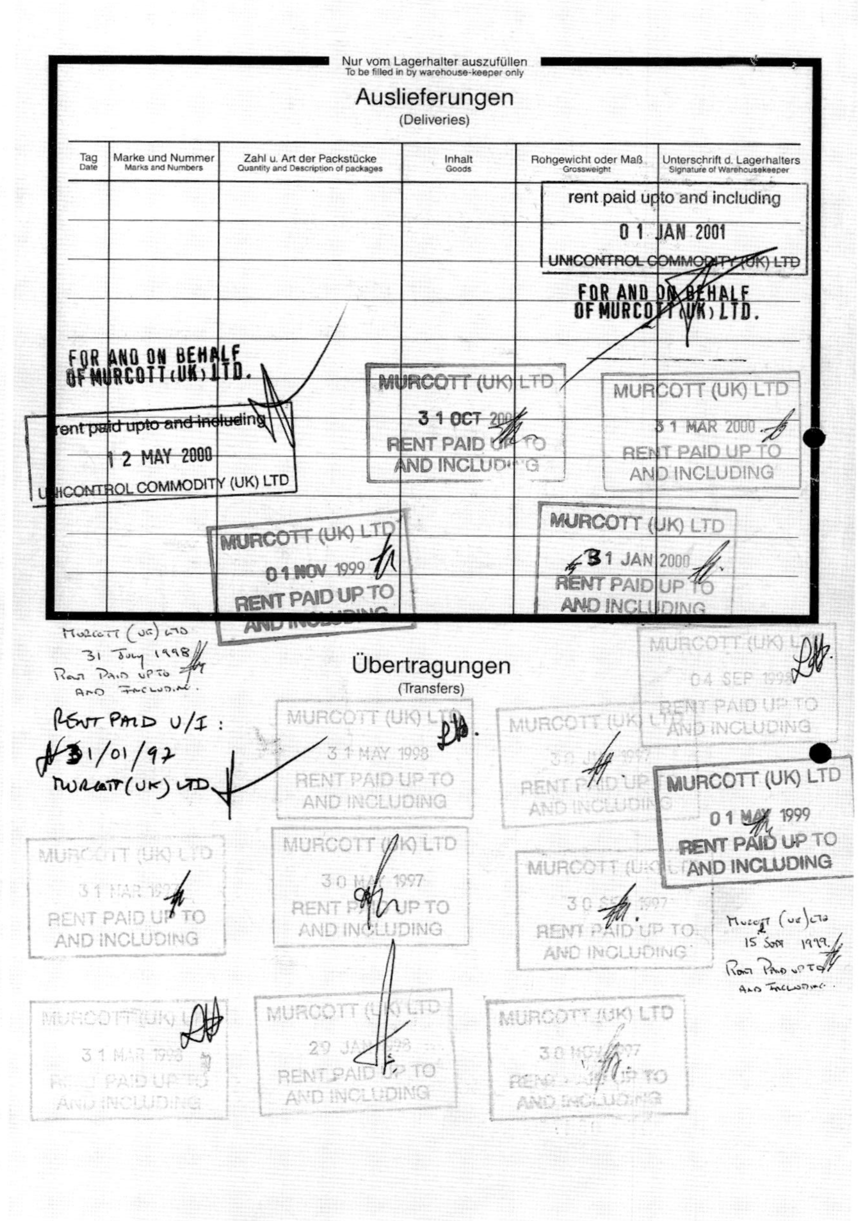

Nur vom Lagerhalter auszufüllen
To be filled in by warehouse-keeper only

### Auslieferungen
(Deliveries)

| Tag / Date | Marke und Nummer / Marks and Numbers | Zahl u. Art der Packstücke / Quantity and Description of packages | Inhalt / Goods | Rohgewicht oder Maß / Grossweight | Unterschrift d. Lagerhalters / Signature of Warehousekeeper |
|---|---|---|---|---|---|

rent paid upto and including 01 JAN 2001 UNICONTROL COMMODITY (UK) LTD
FOR AND ON BEHALF OF MURCOTT (UK) LTD.
rent paid upto and including 12 MAY 2000 UNICONTROL COMMODITY (UK) LTD
MURCOTT (UK) LTD 31 OCT 2000 RENT PAID UP TO AND INCLUDING
MURCOTT (UK) LTD 31 MAR 2000 RENT PAID UP TO AND INCLUDING
MURCOTT (UK) LTD 01 NOV 1999 RENT PAID UP TO AND INCLUDING
MURCOTT (UK) LTD 31 JAN 2000 RENT PAID UP TO AND INCLUDING

### Übertragungen
(Transfers)

MURCOTT (UK) LTD 04 SEP 1998 RENT PAID UP TO AND INCLUDING
MURCOTT (UK) LTD 31 MAY 1998 RENT PAID UP TO AND INCLUDING
MURCOTT (UK) LTD 30 JUN 1997 RENT PAID UP TO AND INCLUDING
MURCOTT (UK) LTD 01 MAY 1999 RENT PAID UP TO AND INCLUDING
MURCOTT (UK) LTD 31 MAR 1997 RENT PAID UP TO AND INCLUDING
MURCOTT (UK) LTD 30 MAY 1997 RENT PAID UP TO AND INCLUDING
MURCOTT (UK) LTD 30 SEP 1997 RENT PAID UP TO AND INCLUDING
MURCOTT (UK) LTD 31 MAR 1998 RENT PAID UP TO AND INCLUDING
MURCOTT (UK) LTD 29 JAN 1998 RENT PAID UP TO AND INCLUDING
MURCOTT (UK) LTD 30 NOV 1997 RENT PAID UP TO AND INCLUDING

Murcott (UK) Ltd 31 July 1998 Rent Paid up to and Including
RENT PAID U/I: 31/01/97 MURCOTT (UK) LTD
Murcott (UK) Ltd 15 Sept 1999 Rent Paid up to and Including

*Rückseite mit Bestätigung für bezahlte Miete bei dem Agenten des Quartiersmannes in London. Die Partie Kaffee war über fünf Jahre in seinem Gewahrsam.*

# Dienstag

**Gegen fünf Uhr wache ich wie gewohnt auf** und blicke zum Wecker, doch dann fällt mir ein: heute wieder zu Gustav, und ich drehe mich um. Halb sechs dann, wie gewohnt, aufstehen, waschen, anziehen und einen ersten Blick nach draußen – wie es scheint Nieselregen. Dann das Übliche. Ich nehme mein Bündel, und mit einem großen Kuß und »Tschüs, Gretchen, bis dann«, verabschiede ich mich.

In die Regenjacke gehüllt, geht es zur Fähre. Um diese Zeit strömen erheblich mehr Leute zum Dampfer, und auf dem Ponton gibt es das erste Gedränge. Einigen bekannten Gesichtern nicke ich zu. Leicht schaukelt die Fähre Richtung Hamburg. Auf der Elbe sehe ich in dem regenverhangenen Bild einige Seeschiffe von und nach Brunsbüttel und viele kleinere Hafenfahrzeuge. Alles sieht schon richtig nach Arbeit aus. Und ich strebe ihr auch zu. Landungsbrücken raus und mit der Straßenbahn weiter. Immer volle Dreiwagenzüge rollen heran. Menschen strömen hin und her, hier, wo die Arbeitswege sich kreuzen: Elbtunnel, U-Bahn, Fähren, Straßenbahn. Doch alle kennen ihr Ziel, kein Fragen, nur Warten oder Eilen. – Was für ein zielstrebiges und fleißiges Völkchen sind wir doch.

Ich zwänge mich in die Linie 31 bis Rödingsmarkt Süd, und schon quietschen die Wagen los. Alles glänzt durch die regennassen Jacken. Von der Station sind es noch 10 Minuten bis zum Ziel. Vom Zippelhaus biege ich dann über die Kornhausbrücke in den Alten Wandrahm, viele Hafenleute sind heute morgen unterwegs zu den Blocks. Die Straßen glitzern durch den Regen, und oft schmieren Ladungsreste unter den Lukengängen. Die Autoreifen quatschen durch die Pfützen, und selten erklingt das Knarren und Trappeln von Pferdefuhrwerken. Einige sind noch unterwegs. Im Alten Wandrahm, nahe meinem Ziel, sehe ich, wie gerade die Schott'sche Karre abgesetzt wird. Oben steht schon wieder Bert am Druck und schaut, ob ein Kollege die Karre abhängt. Mich erkennt er an dem Regenzeug nicht, doch als ich unter der Luke bin und »dool« rufe, reagiert er sofort. Langsam senkt sich Karre und Haken. »Danke, nur auf die andre Seite«, ruft er mir zu. Ich lege die Tasche auf die Karre, und dann schiebe ich sie breitarmig über die Straße. Mir wird fast wehmütig, und meine Gedanken gehen zurück, in die Zeit vor dem Kriege. Wie oft waren wir früher mit der Karre unterwegs, als Lehrlinge oder als Gehilfen. In der Stadt, zum Bahnhof, zwischen den Speichern für alle Kleintransporte. Dann geht es hinauf zum 3. Boden, und Bert bedankt sich nochmals. Kein Lehrling muß zusätzlich hinunterlaufen.

Ich gehe in die Frühstücksbude, der Kaffee ist fertig, und der Ofen knistert, dort ziehe ich mich um und denke an die heutige Arbeit; Sardinen aus der Schute zum 6. Boden, und das bei dem Nieselregen. Es läuft mir kalt über den Rücken.

Kurz vor sieben Uhr teilt dann Günther wieder ein: »Claus, Ernst, Otto, Peter und du zum 6. Boden, die Sardinen aufnehmen, der Rest zum 4. Boden.«

– Gustavs kleiner Betrieb hat nur wenige Leute, deshalb fordert er dann immer wieder Kräfte beim HBV an, wenn es mehr Arbeit gibt. –

Wir stehen auf, aber ich gehe ganz langsam zum Schott, um die anderen vorzulassen, diesmal will ich nicht an der Luke stehen. Claus geht voran, schließt das Schott zum 6. Boden auf und schaltet das Licht an. Er biegt zur Landseite und holt von dort einige Ketten. »Wir brauchen noch 'ne Handlampe, Peter«, sagt er dann, und auf dem Wege zur Wasserseite weist er auf die tiefe Lücke zwischen den anderen großen und kleinen Kisten. »Da sollen die Kisten hin, zwei breite«, und Erst fragt noch Claus: »Sollen wir fegen?« »Tut wohl nicht not.« Ernst nimmt dann Peter die Handlampe ab, und wir legen Licht in das tiefe Loch bis zur Feuerwand.

Inzwischen ist Claus schon auf der Wasserseite in Gang, denn wir hören die Winde über uns laufen und das Rollen des Taxameters zur Luke. »Der Ewerführer muß noch aufdecken«, ruft uns Claus zu.

– Also Pause, und einige Raucher gehen ins Treppenhaus. Ich warte in dem Loch an der Feuerwand. Vor der Arbeit an der Luke des 6. Bodens will ich mich unbedingt drücken. Ernst hat trotzdem inzwischen einen Besen geholt, und wir täuschen Fegen vor, denn, wie mir scheint, will er auch nicht an die Luke des 6. Bodens.

»Mistwetter heute«, fängt Ernst an. »Und dann kein Anbiß, und nur diese blöden Kisten«, erwidere ich. »Nachher sind die alle glitschig«, fügt Ernst hinzu, und wir lassen uns erstmal über diese Arbeit aus. »Hoffentlich packen die Schutenschieber ordentliche Hieven, aber das ist wohl zu erwarten, denn sonst fallen denen die Kisten auf den Kopf.« »Das wirkt bei der Höhe gleich richtig«, ab da brechen wir ab, denn dem Gedanken eines Unfalls wollen wir nicht folgen.

»Wir bleiben erst mal im Versteck«, schlägt Ernst vor, und ich nicke ihm zu. Die Winde ist inzwischen mehrmals gelaufen, und so scheint die Arbeit zu beginnen.

Doch plötzlich heult der Motor der Winde über uns laut auf und läuft und läuft. Allem Anschein nach eine volle Hieve. Ich sehe um die Ecke, und da steht Peter schon mit dem Taxameter. Die Winde bremst, und dann schwingen Claus und Otto die Hieve hin und her, um sie reinzunehmen. Peter hilft, und dann läuft die Winde langsam, die Hieve wird über das Taxameter gehalten und die Kisten landen darauf. Ich sehe, daß Claus und Otto einen Sicherheitsgurt angelegt haben, denn hier oben mit dem kurzen Windendraht ist es besonders gefährlich.

Peter rollt uns die Hieve zu, und dann sind wir am Zuge. Zügig packen Ernst und ich die Kisten vom Taxameter auf den Lagerplatz. Schnell ist das Taxameter leer, und Peter rollt es zurück. Wir hören über uns die Winde laufen, noch ist alles kalt und steif, deshalb jault das Getriebe so laut. Schon wieder hören wir langsam, stopp, langsam und das laute, lange Heulen der Winde, eine neue Hieve für uns. »Ein vierter Mann mit an die Luke«, ruft Claus dann in den Boden, und einer von uns muß beim Landen mit anfassen. Eigentlich verständlich, aber wir haben es erstmal versucht, uns zu verstecken.

Ich bin mit an die Luke gegangen. Claus und Otto vorne, mit Sicherheitsgurt, Peter und ich hinten, und schon knarren die Kisten auf das Taxameter, der spannendste Moment ist vorbei. Ich gehe in das Loch zurück, und Peter schiebt das Taxameter hinterher. Das Abladen ist schnell gemacht, denn noch können wir die 21 Kisten ohne zu heben stapeln. Wieder zeigt uns das Windengeräusch, daß die nächste Hieve kommt.

Inzwischen läuft auch die 2. Winde der Landseite über uns, die anderen Kollegen auf dem 4. Boden. Sie sind jetzt auch fleißig. Wenn beide Winden dann voll laufen und hieven, macht es schon mächtig Krach. Die nächste volle Hieve wird unter der Hilfe von Ernst gelandet, und ich habe Pause. Wir müssen bis unter die Decke stapeln, aber da wir nicht so hoch reichen können, bauen wir uns eine Treppe, indem wir 4 Kisten davor stapeln und darauf treten. Hiermit reichen wir bis oben. Dann ist das Taxameter leer, die lose Kette rauscht darauf, und Peter zieht ab. Die laut heulende Winde ruft mich zur Luke. Natürlich ist das Sicherungsseil beim Aufnehmen entfernt, und Claus schaut gelassen hinaus.

*Links: Blick vom Block W in den Holländischen Brook auf Block V von 1903 + Block U. Vorne die HHLA Werkstatt und rechts die Zimmerei. Viele Holzteile mußten immer wieder repariert werden. Feuerschutztreppenhäuser befinden sich auf der Wasserseite mit Balkons, welche die Böden miteinander verbinden. Hier die Geländer der Balkons.*

Jetzt höre ich wieder, wie das Heulen der schwer hebenden Winde in das Fleet hinaus schreit. Besonders die regenschwangere Luft trägt das Jaulen zwischen den Blöcken hin und her. Das klingt richtig nach Arbeit. – Was mag das früher für ein Lärm gewesen sein, als noch viele Schuten die Waren über die Fleete bewegten?

Als die Winde dann leiser wird, ist die Hieve da, ich muß wieder arbeiten und die Hieve landen. Es geht in normale gewohnte Arbeit über.

Wieder stehen wir am Stapel und packen die Kisten. Nach dem Öffnen der Kette ist die Schlinge aufgehoben, und dann können wir die Kisten mit den Handschuhen greifen, mal von oben, mal bücken. Dann eine Drehung, und vor uns der Stapel. Mal müssen die Kisten nach unten, mal nach oben. Die leichten Kisten lassen wir locker in ihre Lagerposition fallen, und dann ist das vollbracht. Sind nasse Kisten dabei, müssen wir schon ordentlich zugreifen, denn sonst können wir diese nicht mit den Lederhandschuhen halten.

Wir hören unsere Winde und die von der Landseite. Drüben ist die Winde leiser, denn dort müssen die Kaffeesäcke von gestern abgesetzt werden. Besonders hier auf dem 6. Boden unter dem Windenboden hört man den Krach der 2 Motoren.

Dann ist die Hieve da, und ich ziehe die Hieve mit auf das Taxameter. Wieder das übliche Fahren zum Stapel und Abladen. Auch diesmal geht es zügig, denn wir sind richtig in Schwung gekommen.

Dann ruft Claus: »Umdecker«, und wir wissen, daß die Ewerführer ihre Schute verholen und die Abdeckung ändern müssen. Einige gehen rauchen oder verlassen den Boden. Ich nutze die Gelegenheit und gehe an die Luke. Claus hat das Sicherungsseil vorgelegt. Danach haben sich Claus und Otto mit den Sicherungsgurten ausgeklinkt. Trotzdem nähere ich mich vorsichtig der offenen Luke und taste nach dem Sicherungsgriff.

Ein Blick hinunter. Wie durch eine weiche Wolke sehe ich die Schute mit den Ewerführern und Kisten. Alles wirkt so klein und niedlich. Unter mir 6 Böden, der Raum und der Keller, das macht fast 25 Meter Höhe, ich mag gar nicht weiter denken. Da hinunterstürzen, das überlebt

*Ballen mit Orientteppichen sind eingetroffen und werden ausgepackt. Hilfskräfte von der GHBG sind zur Aushilfe mit am Werk. Die ausgelegten Teppiche werden vermessen und mit neuen Nummern versehen.*

keiner. Leider passiert es immer wieder. Bleiern liegt das Wasser im Fleet, kein Wind, keine Welle, alles sieht so friedlich aus, nur die Winden heulen ihren und unseren Fleiß zwischen die Klinkerbauten. Die Feuchtigkeit taucht die rötlich braunen Bauten in eine friedlich glänzende Umgebung. Alles wirkt richtig schön und glitzert, die Dächer, die Straßen, die Lukenpersenning und auch die Feuertreppenumgänge. Plötzlich wirken fast alle Scheiben wie geputzt.

Nur die Fotografen fehlen, denn diese Südseite des Blocks W wurde fast zuletzt gebaut und ist ein beliebtes Motiv zur Mittagszeit. Manche versuchen auch noch die Werkstatt von gegenüber mit aufs Bild zu kriegen, aber heute läßt sich keiner sehen. Sind wir nicht hübsch genug?

Dann fallen mir einige Regentropfen in den Nacken, denn der Regen und die Feuchtigkeit sammeln sich an der Südseite der Blöcke. Dieser fließt den Stein hinab und tropft in die Luke. Ich stehe gerade recht für solches Wasser. Später sehe ich, daß Claus und Otto aus einem Probenbeutel eine Kaputze gefaltet und über den Nacken gestülpt haben, um die Regentropfen abzufangen.

Ich verdrücke mich wieder auf dem Boden und warte. Claus kommt dann vorbei und schaut. »Geht gleich wieder los«, ruft er in den Gang und holt die Kollegen aus dem Treppenhaus.

Ich gehe nochmals an die Luke, noch durch das Sicherungsseil versperrt. Unten haben die Ewerführer ihre Schute verholt und ein neues Compart aufgedeckt.

Gerade haben sie die lose Kette zwischen 2 Pallhölzer gelegt und stapeln die 21 Kisten auf. Danach schließen sie die Kette und prüfen den Verlauf, das ist ihre Sicherheit. Claus fährt die leere Kette hinunter, und mit dieser ziehen die Ewerführer den Haken und die Kugel in die Schute zur Hieve. Anhaken und ein Nicken von unten. Langsam hievt Claus. Windenseil, Kugel, Haken und Kette spannen sich und die Schute wird etwas an die Mauer des Speichers gezogen. Claus hievt weiter, und die Kisten lösen sich vom Schutenboden. Dann halten die Ewerführer die Hieve weiter fest, und die Kisten rutschen am Lukensüll aufwärts. Da muß Claus höllisch aufpassen, damit nichts hakt oder bricht. Die Ewerführer leiten noch die Hieve und passen auf. Dann sind die Kisten frei von der Schute.

Claus stoppt die Winde, und die Hieve schwingt gegen die Speichermauer. Es knackt ein wenig hölzern. Die Hieve ist frei, und Claus hievt voll. Ich verschwinde, als Claus dann den Sicherheitsgurt festmacht und das Sicherungsseil von der Luke nimmt.

Als ich dann bei Ernst bin: »Ekliges Wetter draußen, laß uns man in unserem Loch bleiben und alleine weitermachen.« Er nickt, Ernst kann sich auch gut verstecken. Als dann die Winde stoppt, muß er zur Luke, um als 4. Mann mit anzufassen. So geht die Arbeit weiter, und die Winden heulen, unser Stapel wächst, nur das Wetter ändert sich kaum, doch davon sehen wir wenig.

»Halbe«, ruft dann Claus hinunter zu den Schutenleuten, und auch wir wissen sofort Bescheid. Nur die Luke wird gesichert, und dann strömen wir in die Frühstücksbude. Nach einer halben Stunde jagt uns Günther fast aus der Frühstücksbude. Er schreckt uns richtig hoch.

Dann teilt er noch ein: »Ihr, Franz, Harry und Peter auf den 4. Boden, Teppiche legen!« Immer hat Günther als Vize noch Arbeit, um alle zu beschäftigen. Bei der Order »Teppiche auf dem 4. Boden« spüre ich, wie die Lust der drei merklich sinkt, denn Teppiche sind staubig und die Böden sehr trocken.

Wir stiefeln wieder auf den 6. Boden. Alles ist, wie wir es verlassen haben. »Willst du an den Druck?« fragt mich dann Claus. »Keine Übung«, kann ich ihm nur antworten und verkrieche mich bei Ernst. »Jetzt durch bis drei Uhr«, sage ich zu ihm, aber er schüttelt den Kopf: »Wir müssen auf Stundenbasis die Schute noch leermachen.«

Deshalb läßt bei Ernst der Schwung nach. Erst läuft die Winde langsam, stoppt wieder, langsam und dann heult sie los. Unsere Arbeit kommt. Reinnehmen der Kisten und zum Stapel, 21mal hoch. Diese ersten Kisten nach der Pause haben viel Nässe abbekommen. Denn die Ewerführer haben sie nicht genügend abgedeckt.

Keine sorgfältige Arbeit, denke ich so, aber soll ich mir darüber Gedanken machen, weiß ich, ob ich morgen noch hier bin?

Als ich dann nochmal die Möglichkeit habe, schaue ich aus der Luke: Es ist nebliger geworden, und die Fliesen am Block W glänzen durch die milchige Luft. Diese dicke Luft trägt auch die Geräusche andere Winden von anderen Blocks zu uns herüber, es ist erste Schicht, und alle sind fleißig. Das hört man nur selten in der Speicherstadt.

Die Ewerführer in ihrer Schute werden unschärfer, und ich bin froh, nicht an der Winde stehen zu müssen. Beim Blick ins Wandrahmsfleet verschwindet alles im Nebel, so richtige Hafenstimmung.

*Teppiche sind angekommen in Ballen aus dem Iran. Die einzelnen Stücke werden vermessen und in langen Listen notiert. Jeder Teppich bekommt ein Ticket mit Nummer und wird ausgebreitet zum Ausliegen, da müssen Bürokräfte mithelfen.*

Dann aber hievt Claus wieder voll, und ich bleibe gleich an der Luke, um die Kisten mit reinzuziehen. So geht es dann Stunde um Stunde weiter. Ernst und ich wechseln uns ab, wer mit beim Landen der Kisten hilft. »Na, wie sieht es draußen aus?« fragt mich Ernst. »Neblig, sehr neblig wird es«, meine Antwort. Er nimmt es gleichmütig, »Hauptsache, wir kriegen noch viel weg, damit es heute nicht so spät wird«, aber daß hat er mir auch schon ähnlich erzählt. Wir stehen im Warmen und Trocknen und machen unsere Arbeit.

Das Doppeltear ist inzwischen bis zum Mittelgang gewachsen, also müßte bald Schluß sein. Plötzlich erscheint dann auch Günther und sieht unser Tear. Er eilt zur Luke und schaut in die Tiefe. Dann ruft er hinunter: »Pause, Rest auf Stunden.« Für uns ist natürlich dann auch alles klar, nur ich weiß noch nicht, wie es weitergehen wird. Aber er wendet sich noch zu mir: »Du gehst nach Hause.« »Und morgen?« meine Frage. »Nichts, das müssen wir alleine machen, du kennst doch unseren Chef«, da kann ich nur nicken, denn knauserig ist er geblieben. »Deine Karte und Ticket liegen in der Bude, Tschüs bis zum nächsten Mal«, und »Tschüs«, antworte ich Günther. Inzwischen sind wir auf dem 3. Boden angelangt, und ich ziehe mich unverzüglich um, sammle mein Arbeitszeug, das Werkzeug und die Frühstücksdose ein. Dann greife ich meine Papiere, und mit »Tschüs« bin ich weg.

Treppe runter und Richtung Zolldurchlaß Kornhausbrücke. Diesmal kommen überall Speicher- oder Quartiersleute aus den Treppenhäusern und drängen nach Hause. Wieder hat der Zollbeamte kein Interesse an mir, und ich ärgere mich, daß ich nicht, wie geplant, einige Sardinendosen eingesteckt habe. Wieder der 15-Minutenweg zur Straßenbahn und dann nach Landungsbrücken. Hier ist es jetzt nicht so quirlig wie heute morgen, aber jetzt spüre ich das feuchte und neblige Wetter richtig.

Auf dem Fährdampfer nach Finkenwerder sehe ich dann den dicken Nebel, aber inzwischen höre ich von allen Seiten die Nebelhörner der Hafenfahrzeuge. Ein richtiges Hafenkonzert. Mit uns verlassen noch 3 andere Schiffe den Ponton, die Fähre VII und die Dampfer nach Blankenese und Harburg. Alle tuten bei diesem Wetter. Da schrecke ich dann doch hoch.

Nur verschwommen sehe ich noch den Turm der Landungsbrücken, und dann wechseln die Bilder schnell im Nebel, die Weitsicht ist weg. Altona wird noch angelegt, dann Tollerort, Neumühlen, Athabaskarhöft und Bubendeyufer. Dann stößt die Fähre an meiner Heimatstation an, und ich bin fast zu Hause.

*Ein anderer Boden: Es gibt nicht nur Kaffee, sondern auch leichte und schwere Kisten, Kartons und Rollen. Hier ist alles sauber gestapelt.*

# Mittwoch

**Um fünf Uhr klingelt der Wecker,** denn ich muß beim Stall vorbei und nach einer neuen Heuer fragen. Die Familie schläft, und so wasche und ziehe ich mich leise an. Ich bereite mein Brot und koche den Kaffee. Gegen halb sechs versuche ich, aus dem Haus zu schleichen, aber meine liebe Frau hat es doch gemerkt und gibt mir einen großen Kuß mit auf den Weg.

Um diese frühe Zeit sind, wie üblich, wenige unterwegs, und ich finde sofort einen Sitzplatz auf der Fähre. Alle scheinen, wie ich, noch müde zu sein.

Gegen Viertel nach sechs betrete ich den Einteilungsraum und gebe meine Karte ab. Heute am Mittwoch sind nur wenig Kollegen der Branche Quartiersleute versammelt und stellen sich zur Arbeit. Die meisten sind wohl bei ihrem Montagsjob geblieben. Es dauert nicht lange, und der Einteiler tritt auf das Podest und ruft dann: »Heinrich, eh Hein Röhrs und du, Peter Röhl, zu Amann und Kneesch, Alter Wandrahm.« Er langt mir unsere Karten herunter. »Danke, tschüs«, und alles ist erledigt. Peter Röhl schaut zu mir rüber, und dann verlassen wir gemeinsam die Einteilung. Er fragt dann: »Laufen oder fahren?« »Immer Laufen, die Bahn bringt nichts in dieser Richtung«, ist mein Vorschlag. Und wir gehen, wie ich am Montag, den Brook und Neuen Wandrahm entlang. Auf dem Wege frage ich dann Peter, wo er vorher war, und er erzählt: bei Firma Cotterell. – Das sagt mir genug, denn Cotterell bedeutet Kakao bis zum Abwinken.

Im Alten Wandrahm war ich die beiden Tage vorher bei Martens, 3 Luken dahinter. Noch schläft die Speicherstadt um diese Zeit. Der Zolldurchlaß ist erleuchtet, und wir passieren die Blöcke der HHLA, von Glimmann und die Keller von Storz. Im Block W sind die Fenster des 1. Bodens bei Amann und Kneesch schon hell erleuchtet. Das sind die Rohgummi-Spezialisten, was mögen die für uns heute haben. Einige Luken weiter sehe ich bei Martens, wo ich gestern und vorgestern war, wie die Schott'sche Karre abgesetzt wird, aber heute hake ich sie nicht ab.

Blankgeputzt weist ein Messingschild auf die Firma hin. Peter und ich treten ins Treppenhaus und gehen hinauf zum 1. Boden. Dort empfängt uns gleich Vize Hermann: »Morgen.« »Guten Morgen, hier die Karten«, lautet unsere Begrüßung. »Ihr kennt das ja alles, hier eure Platen. Probenschneiden an 69 mit Gerd, kann auch Stunden geben«, klärt er uns gleich auf, was er heute mit uns vor hat. Nach dem Morgen wollen wir aber noch nicht fragen.

A + K legt Wert auf repräsentatives Auftreten, und so tragen alle die neue Quartiersmannskluft, blaugestreifte Pilothose, schwarze Kitteljacke und einen weißen Platen. Wir HBV-Leute bekommen die Schürze für den jeweiligen Tag. Im Umkleideraum ist ein Spind für uns, und mit meiner schwarzen Kitteljacke sehe ich fast wie ein Mann von A + K aus. Dann greife ich das Werkzeug, heute nur das Speichermesser und Verpflegung für den Tag. Im Frühstücksraum warten wir dann, wie es weitergeht. »Morgen, wer fährt mit nach 69?« ruft dann Gerd. Peter, ich und 2 weitere Kollegen melden sich. Als er merkt, daß seine Truppe da ist, fährt er fort: »Hebamme, Werkzeug, Messer, Garn, Papiere, Eimer und Label brauchen wir … und leere Säcke nicht vergessen.« Die 2 festen Leute, Bernd und Theo, gehen los, um alles zusammenzusuchen. Peter und ich warten. Dann wird alles herangeschleppt und wir versuchen, es in tragbare Einheiten zusammenzufassen. Viel wandert in den Eimer und die leeren Säcke.

Gerd kommt mit den Kaipapieren, den Labeln für die Muster und treibt weiter an: »Wir fahren mit dem Bus und los dann.« Das Werkzeug wird aufgenommen, und wieder runter auf die Straße. Schon beginnen die ersten Winden zu heulen, denn es ist inzwischen sieben Uhr.

Wir laden alles in den Bus und steigen auch ein. Gerd dann als erstes: »Wo wollen wir was trinken, 48, 50 oder 73?« Wir einigen uns auf 48, weil die Kaffeeklappe einen guten Parkplatz hat. Gerd braucht, wenn es geht, vor der Arbeit immer noch eine extra Pause. Die neue Kaffeeklappe am Schuppen 48 ist zu dieser Zeit noch leer, und wir bestellen, jeder nach seiner Vorstellung. Ich habe Appetit auf eine heiße Milch. Gerd dagegen trinkt auch eine heiße Milch und danach ein kühles Bier. Als ich das sehe, kann ich nur mit dem Kopf schütteln. Theo drängt dann wieder los, und die Strecke ist schnell abgefahren. Direkt vor Schuppen 69 finden wir einen Parkplatz, wohl von einem Hafenmann aus der Nachtschicht, sonst sind alle guten Parkplätze weg.

Gerd springt aus dem Wagen und eilt mit den Kaipapieren in den Schuppen. Bernd verteilt Werkzeug und Hilfsmittel auf uns alle. Dann steigen wir die 5 Stufen hoch und gehen in den Schuppen. Theo hat schon eine Brustklemmer, sprich Sackkarre besorgt, auf die wir das Werkzeug legen. Dort warten wir auf Gerd. Sofort empfängt

*Hamburg, Freihafen, Speicherstadt, Alter Wandrahm, Blick aus der Luke in die Straße. Die alten Lkws haben noch alle einen langen Kühler.*

uns der klassische Geruch eines Kaischuppens: Frisches Holz der Kisten, Kakao, Pfeffer und andere Gewürze, Felle, Öle, Ammoniak vom Kühlhaus. Mit jedem Luftzug umspielt uns ein anderes Aroma.

Wir mit unseren weißen Platen wirken etwas fremd hier, aber wir sind Quartiersleute, vom Inhaber der gelöschten Ladung, dem Kaufmann, direkt beauftragt. Ein Schuppenvize erscheint mit Gerd, und wir folgen beiden auf den Schuppen. »Das sind eure beiden Partien«, zeigt uns der Schuppenmann und verschwindet. Theo erhält dann den 2. Arbeitsauftrag, und jeder versucht, die Markierung der Gummiballen zu vergleichen, ob die richtige Partie vorliegt. Bei Rohgummiballen ist die Markierung durch den Druck während der Seereise schwer zu erkennen.

Ich bleibe bei Theo, und er rollt dann einen Ballen in den Weg und wieder an den Rand. »25 Ballen bemustern«, und er sucht die entsprechenden Label. Markierung der Ballen, Auftrag und Label werden verglichen. Peter hat inzwischen den leeren Eimer mit Wasser gefüllt und stellt ihn zwischen uns.

Den ersten Ballen drehe ich noch mal hin und her, bis ich die laufende Nummer gefunden habe. »82«, sage ich zu Theo, und er schreibt die Nummer auf das Label, das legt er mir dann hin. Von der Karre hole ich ein langes Messer, und mit dem Pinsel streiche ich Wasser aus dem Eimer auf das Messer. Dann den linken Fuß auf den Ballen, und schon schiebe ich das Messer hin und her. Langsam dringt es in das Gummi, und je tiefer desto schwerer werden die Messerzüge in dem Gummi. 25 cm tief muß ich schneiden. Endlich fertig und wieder Wasser auf das Messer und ein neuer Schnitt daneben. Das Musterstück muß die Größe einer Zigarrenkiste haben.

Theo kommt mit dem Handhaken und reißt die Seiten auf. Mit einem kleineren Messer trennt er das Stück heraus. – Geschafft, denke ich, aber nun bohrt Theo ein Loch durch den Gummiblock. Band durch und Label dran – jetzt erst fertig. Die fehlende Ecke am Gummiballen sieht wie eine große Wunde aus, er hat seine Schuldigkeit getan, und wir können ihn wegrollen.

Mit dem Handhaken hole ich einen weiteren Ballen und versuche, die Marke zu entziffern. Die Marke stimmt, und nun die laufende Nummer des Ballens? Nichts zu erkennen, drehen und suchen, nichts, ärgerlich rolle ich die 200 Kilo zur Seite und hole einen weiteren Ballen. Wieder Vergleichen der Marken, und dann ist auch eine Nummer sichtbar. »64«, rufe ich Theo zu, und er macht das Label fertig.

Wieder das große lange Messer zur Hand, naß machen und linken Fuß auf den Ballen. Mit langen Säge- oder Schneidezügen und Schüben treibe ich die Klinge in das Rohgummi. Die Klinge durchtrennt Lage um Lage des Rohgummis. Langsam nähert sich das Messer den geforderten 25 cm, und schon habe ich Schweiß auf der Stirn.

2. Schnitt, um die Probe sauber herauszutrennen. Theo ist auch an einem Ballen am Schneiden, aber für den Querschnitt unter der Probe hilft er mir. Beim Auseinanderreißen müssen wir sehr aufpassen, denn wir ziehen kräftig, und wenn sich das Gummi plötzlich löst, wollen wir nicht umfallen. Dann habe ich das Muster aus Ballen 64 in der Hand und durchbohre das Gummi für Faden und Label. Rüber zu Theo, denn er will auch sein Muster herausschneiden, und ich helfe ihm. 3. Probe von 25 fertig.

Für einen weiteren Ballen gehe ich um den Stapel herum und versuche gleich, die laufende Nummer zu finden. »52«, rufe ich Theo zu, der Ballen liegt etwas höher im Stapel. Den muß ich herunterholen, aber erst einmal alle Kollegen mit: »Vorsicht, einer von oben« warnen, denn diese 200 Kilo Rohgummiballen springen fürchterlich, wenn sie richtig auf den Boden treffen. Mit dem Handhaken dirigiere ich ihn an den Rand, und er fällt in den Gang. Kein großer Sprung, und schnell habe ich ihn vor mir. »Was war das?« fragt Theo nach. »52«, wiederhole ich, und er präpariert das Label. Ich lege wieder mit dem langen Messer los. Theo hilft jetzt bei meinem Ballen 52 mit, und wir führen zusammen das Messer. Das geht schneller, und ich brauche nicht beim Herausschneiden auf ihn zu warten, dafür hat er dann auch noch eine Zange mit. Alles dies Spezialwerkzeug, denke ich, als ich das viele verschiedene Geschirr sehe. Die Probe versieht Theo mit Faden und Label, während ich den Ballen wegrolle.

»Pause«, ruft dann Gerd: »Geschirr gut verstecken«, fügt er hinzu, und wir legen alles zusammen. 3 Gummiballen rollen wir davor, damit nichts wegkommt. Nicht nur wir sind auf dem Schuppen und strömen zur Pause. »Wohin?« fragt dann Theo. »Bleiben wir hier und holen uns was vom Kalfaktor, Würstchen oder Bier? Ich schließe den Bus auf«, gibt Gerd dann die Richtung vor, er ist so ein richtiger

*Der Kaufmann ist mit auf den Schuppen gekommen und schaut die Gummiprobe sofort an. Verunreinigungen im Rohkautschuk bestimmen die Qualität.* *Quelle: Amann & Kneesch, Museum der Arbeit*

Organisierer und weiß sich fast immer zu helfen. Wir sind auf dem Weg zum Ausgang und hören, wie die Luken des Schuppens geschlossen werden. Andere Hafenarbeiter strömen mit uns zur Tür. Dort teilen wir uns auf. Gerd hat Theo den Schlüssel gegeben und öffnet unser Pausenlokal, den Bus vor dem Schuppen. Ich gehe mit den anderen die Treppe hinauf zur kleinen Küche.

So selten oder oft ich hier auf 69 bin, dieser lange Gang quer über den Schuppen ist immer schmuddelig und düster, das ist »Lagerspe«.

2 Flaschen Bier kaufe ich, und dann den Weg zurück zu unserem Bus. Hinein, und dann ist Pause, das Brot schmeckt, das Bier noch besser. Den Rülpser nach dem langen Schluck muß ich unterdrücken, um den Unterschied zwischen Hafenarbeiter und Quartiersmann zu zeigen. »Zier dich nicht so«, klopft mir dann Bernd auf die Schulter.

Essen, Trinken, Rauchen und Lesen, alles in diesem kleinen Bus, aber er ist sauber, und wir sind unter uns. Gerd ist eingenickt und schnarcht vor sich hin. »Der ist zuviel Nachts unterwegs, aber keiner weiß wohin«, flicht Theo ein. »Schon verheiratet?« »Noch nicht.« »Aber wir als Kollegen wissen auch nicht, was er will.« »Trotzdem kann man gut mit ihm zusammenarbeiten, der kann richtig wühlen«, geht das Gespräch über den Schläfer hin und her. Wir gönnen ihm den Schlaf. Als die Pause vorbei ist und die Schuppentore wieder aufgeschoben werden, haut Theo Gerd auf die Schulter. »Aufwachen, Kleiner, deine Nummer geht weiter«, ist der Weckruf.

Gerd ist schnell da und springt aus dem Auto, wir gehen wieder in den Schuppen und zu unseren Ballen. Das Werkzeug wird wieder herausgeholt, und die Arbeit geht weiter. Immer die Suche nach den laufenden Nummern der Ballen, oft müssen wir 3 Ballen bewegen und drehen, um sicher eine Nummer zu erkennen. Jetzt haben wir einen mit einer 2, oder es könnte eine 22, eine 32 oder 20 sein. Wir drehen und schauen, aber bleiben dann bei der »2« und Theo ergänzt das Label. Wieder Messer raus und schneiden.

Langsam sickert das Bier durch meinen Körper, und dann muß ich aus der Hose. Bei Theo melde ich mich ab,

*Ein Tisch mit verschiedenen Kautschuk-Proben ist im Speicherstadtmuseum vorhanden, um einiges über die Arbeit der Quartiersleute zu erklären. Die verschiedenen Sorten kommen dann zum Ausdruck.*
*Quelle: Speicherstadtmuseum*

will aber diesmal noch an der Wasserseite vorbei, einen Blick in das Hafenbecken. Welches war das noch? Kuhwerderhafen. Ich trete auf die schmale Rampe, davor Waggons. Die Sicht ist versperrt, und ich kann wenig vom Hafenbecken und Schiff sehen. Rechts steht das Getreidesilo, da bin ich noch nicht drin gewesen, wieder eine andere Welt des Hafens. Die Rampe entlang liegt das Kühlhaus, dort erkenne ich die Schlachter in den weißen Kitteln. Die arbeiten auch mit Messern, aber nicht so lange wie unsere, und stochern in dem Fleisch herum, ist wohl die erste Gesundheitsuntersuchung. Ich suche die Toilette und eile zu den Rohgummiballen zurück. Theo hat den Ballen 37 unter dem Messer, wie ich auf dem Label erkenne, und ich fasse sofort mit an. Schnell sind die 2 Schnitte ausgeführt, und wir reißen und schneiden die Probe heraus. Theo macht sie fertig, und ich rolle den Ballen weg. Die Reihe der bemusterten Ballen wird größer. Viele Proben haben sich angesammelt, aber 25 sind noch nicht voll.

Theo steigt auf den Stapel, um nach einem weiteren Ballen von ganz hinten und oben zu suchen. Ich sehe, wie er einen Ballen rollt und dann darüber steigt. Alles sehr wackelig. Er ruft mir zu: »Nummer 9«, und plötzlich jammert er: »Au, so'n Mist, au, eingeklemmt.« Gerd und ich schauen auf und begreifen dann, daß Theo mit einem Bein zwischen die Ballen geraten ist und das andere vielleicht verbogen hat. Wir klettern behende zu ihm, und ich rolle die Nummer 9 an den Rand. Gerd schreit: »Vorsicht, wir lassen einen Ballen springen«, und ich schiebe ihn über den Rand. Der Ballen fällt und springt in hohem Bogen um die Ecke in eine ganz andere Richtung. Der Wassereimer wird getroffen, und Peter muß zur Seite eilen. Von unten höre ich nur Fluchen.

Oben ist jetzt Platz, und Theo spürt, das wir ihn gleich befreien. Gerd zieht einen Ballen in der Lage zur Seite, und dann kann Theo das eine Bein bewegen. Langsam zieht er das Bein aus der Lücke. Wir ziehen ihn noch etwas mit hoch, und er setzt sich hin. Erstmal beide Beine zusammen. »Sieht wohl nicht so schlimm aus«, beruhigt er uns und steht dann auf dem schwankenden Stapel. Unsicher tappt er an den Rand und klettert von den Ballen. Wir leihen ihm eine Hand, um ihm Sicherheit zu geben. Ein Unfall schafft immer viel Ärger und Verzögerung, Unfallwagen, Polizei, Sicherheitsbeauftragter, Amt für Arbeitsschutz und die Chefs. Gerd sagt nur: »Ich werde die Firma informieren«, und geht zur Telefonzelle. Unten humpelt Theo herum, um seine Glieder zu bewegen. Ich suche den Ballen Nummer 9, und Peter versucht, den Eimer wieder hinzubiegen. Dann muß er auch noch neues Wasser holen. Den Ballen finde ich weit weg vom Stapel und hole mir die Karre, um ihn wieder heranzuschaffen. Das ist immer der Mist mit dem Gummiballen, das Gewicht und die Sprungkraft, die sich entfalten kann. Diesmal ging es gerade noch gut.

Peter arbeitet jetzt mir mir zusammen, anstelle Theos, und wir müssen erstmal das Label ausfüllen und nochmals die Markierung unseres Wunderballens prüfen. Langsam kommen wir wieder in Gang, und Theo legt dann auch wieder mit Hand an. Gerd erscheint: »Alle informiert, Theo morgen noch mal zum Kurzrapport ins Büro.« Er nickt. Wir schneiden weiter, und dann ertönt die Hupe des Schuppens.

Schichtwechsel, und ich zähle unsere Muster. 19 Proben wohl geschnitten und gebunden.

Wir verstecken wieder das Geschirr und eilen zum Bus. Ich habe noch etwas Brot und ein Bier. Das schmeckt mir.

Bevor es wieder los geht, steige ich noch aus dem Bus und schaue zum gegenüberliegenden Hafenbecken. Kaiser-Wilhelm-Hafen, HAPAG, Schuppen 71 und 72, viele schwärmen davon, alles modern und schnell. Nur Schuppen 73 ist noch eine Ruine. Die Stirngebäude stehen noch, zum Teil ausgebrannt. Ich überschreite die Gleise und die Straße. Jetzt, zum Schichtwechsel, sind auch wie-

*Gummiproben werden auf dem Schuppen genommen, mit schwerem Geschirr wird an den Ballen geschnitten und gerissen. Da richtet man sich gerne auf, um den Rücken zu entlasten. Jedesmal ein kleiner Sieg.* *Quelle: Amann & Kneesch, Museum der Arbeit*

der viele Lkws unterwegs. An der Wasserseite sehe ich die eingestürzte Kaimauer. Deshalb passiert hier noch nichts. Am Schuppen 72 fremde Schiffe: WINDHOEK, kein HAPAG-Dampfer. Zeit zum Hingehen habe ich nicht, denn vom Bus winken schon die Kollegen und warten auf meine Arbeitskraft.

Wir müssen noch etwas vor der Schuppentür warten, bis wir eingelassen werden. Gerd will wieder organisieren und fragt: »Wieviel habt ich noch nach?« »Wohl 6«, antworte ich. »Wir noch 5mal, das muß bis fünf Uhr zu schaffen sein und dann haben wir 3 Stunden.« Bis wir wieder richtig in Schwung sind, ist es schon halb vier. Theo kann glücklicherweise wieder gut mitarbeiten. Jetzt suchen wir nicht so lange nach einem Ballen, Hauptsache Marke und Nummer stimmen. Die Reihe der angeschnittenen und verstümmelten Ballen ist lang, und unser Platz wird geringer. Es stört nicht, denn in der 2. Schicht sind nicht so viele Leute auf den Schuppen, die Landseite wird kaum bedient.

»So, wir haben die 25 Proben fertig; Gerd, wo ist ein leerer Sack?« fragt Theo. »Dort, und sammelt das Geschirr ein, hier, der Autoschlüssel«, seine Antwort. »Ich sage Bescheid, daß wir fertig sind, wegen der Aufsicht«, fügt Gerd hinzu und verschwindet. Wir räumen die bemusterten Ballen vor die Stapel, aber von Aufräumen kann nicht die Rede sein, denn sonst müßten wir mit der Karre noch hin und her rennen, wir wollen nach Hause! »Theo, möchtest du den Eimer als Erinnerung?« fragt Bernd, der aber antwortet nur: »Sehr schlechter Witz.« Wir sehen, daß er immer noch etwas humpelt. Die 2 Säcke mit den Proben laden wir auf die Sackkarre und das Werkzeug dazu. Damit ziehen wir zur Schuppentür und tragen alles zum Bus. Die Karre wird nur um die Ecke geschoben, morgen ist ein neuer Tag, ohne uns. Schnell ist alles verladen.

Ohne viel Reden fahren wir in die Speicherstadt. Alles ist still und leer. Nur bei A + K ist noch viel Licht, wir werden erwartet, und Gerd kurvt gleich unter die Luke. »Öh, Öh«, ruft er nach oben. Wir greifen das Werkzeug und tragen alles hinauf. Dort steht Hermann am Druck und holt die 2 Säcke mit den Proben hoch. Dann stürmt auch Gerd herein. Alle sind zurück. »Was macht das Bein?« fragt Hermann Theo, der nur: »müssen mal morgen abwarten« antwortet. Dann kommt Vize Hermann zu Peter und mir: »Das war's für heute, leider haben wir nicht mehr, hier die Tickets.« Trotzdem von uns ein: »Danke.« Ich schaue auf das Ticket, 1. Schicht und 3 Stunden. Wir ziehen uns um, geben die weißen Platen zurück und verlassen mit: »Tschüs, tschüs« den Boden. Treppe runter, und Peter biegt gleich nach rechts zur Wandrahmsbrücke ab, doch ich muß erst wieder zur Straßenbahn und Fähre.

Während ich so an der Küste entlang gehe, schaue ich über den Zollkanal. Groß und dunkel stehen dort die Klinkerbauten der Speicherstadt. Die Giebel und Feuerwände zacken die Dachlinie in Stücke, als wäre es eine Burgmauer aus dem Mittelalter. Einige Lampen erhellen die Straße davor, und in den wenigen Büros erlöschen die Lichter. Zwischendurch geistern die Scheinwerfer der Autos, wie Nachtwächter vor der Silhouette eines Schlosses.

Dann bin ich wieder in Gedanken an diese Woche und das frühe Aufstehen Morgen, denn ich muß wieder im Stall nach Arbeit fragen. Beute habe ich diese Woche auch noch nicht gemacht.

Kurz vor acht bin ich dann auch zu Hause und spüre meine Füße vom Laufen auf dem Schuppen, dort ist ein anderer Fußboden als im Block.

# Donnerstag

**Ärgerlich stoppe ich das Klingeln des Weckers,** wieder so früh raus, fast jeden Tag ein anderer Job und ein anderer Laden. Aufstehen, waschen, anziehen, Frühstück, Tschüs und los.

Draußen ist es frisch, wie fast immer um diese Zeit, und ich bin schnell bei der Fähre. Über die Elbe und mit der Straßenbahn zum Stall. Karte abgeben und warten.

Wir sind nur zu dritt an solch einem Tag mitten in der Woche und fühlen uns verloren in dem großen Raum. Was war hier für Leben am Montag. Wir warten weiter, es ist halb sieben, noch nichts, weiter warten, und die Uhr läuft.

Dann öffnet sich Viertel vor sieben die Tür: »Männers, Moment noch, aber wie es aussieht, gibt es heute nichts«, und wieder ist der Einteiler verschwunden.

Doch er läßt nicht lange auf sich warten und hat die Karten in der Hand. »Hein Röhrs, Karte und Garantieticket, 14 Uhr anrufen«, ich nicke und haue ab, als er dann die anderen aufruft. Das Warten kann ich nicht ab. Wieder den Weg mit Straßenbahn und Fähre zurück nach Hause.

– Also heute frei und mittags telefonieren. – Zur 2. Schicht wird man als Quartiersmann selten aufgerufen. Zu einem anderen Hafenjob oder anderen Stall will ich mich nicht melden, dann ist man fast immer 2 Schichten unterwegs. Gegen acht Uhr bin ich wieder zu Hause, und die Freude ist groß für den geschenkten Tag. »Und was machen wir heute?« ist gleich Gretchens Frage.

»14 Uhr anrufen«, ist meine dümmliche Anwort, und wir frühstücken noch mal in aller Ruhe. Diesen Tag wollen wir genießen. Wie bestellt, rufe ich gegen 14 Uhr in der Einteilungsstelle an, aber, wie zu erwarten, ist für mich als Quartiersmann keine Arbeit da. Also morgen wieder.

*Arbeit macht durstig, und über das ganze Jahr bis Silvester staut sich viel Durst auf, da darf dann Bier und Korn mal genossen werden.*

# *Freitag*

**Wieder so früh aufstehen.** Diese Woche läuft nicht gut, aber gestern hatte ich frei.

Kurz nach sechs lege ich meine Arbeitskarte in der Einteilungsstelle vor. Wieder sind es fast die gleichen Kollegen wie gestern, die auf Arbeit hoffen. Trotzdem war der eine freie Tag dazwischen erholsam, aber nicht zu viele bitte.

Es dauert nicht zu lange, und dann ruft der Einteiler: »Franz Meier und Heinrich, eh Hein Röhrs zu Storz, Neuer Wandrahm 2, hier die Karten.« Franz nimmt die Karten, und wir schauen uns nur an. Ich glaube, jeder von uns denkt das gleiche: Storz und Cons., das heißt Därme, schwere Fässer, feuchte Keller, Gestank, aber auch Schietgeld. Darauf kann ich eigentlich am Freitag verzichten, denn die ganze Woche bisher sind wir sauber geblieben. Da sauen wir uns wieder schön ein.

Inzwischen sind wir auf der Straße und auf dem Weg zu Storz. Wieder die gleichen Wege durch die Speicherstadt. Schweigend gehen wir unserem Ziel entgegen und erreichen den Eingang, Büro oben, Leuteräume, sprich Aufenthaltsraum im Keller. Der Lagervize erwartet uns schon: »Morgen«, und nimmt die Karten entgegen. Den Weg zu den Pausen- und Umkleideräumen kennen wir, denn Storz braucht oft HBV-Leute, und so sind uns die Wege vertraut. Franz und ich ziehen uns um, wir schauen uns nur an und denken wohl beide: unser Arbeitszeug ist für Rohdärme zu gut, hilft nichts.

Von den festen Leuten von Storz erbitten wir noch zwei leere Säcke, aus denen wir uns zusätzliche Platen nähen. Die oberen Ecken umlegen, dann ein Band um den Hals und ein Band um den Bauch. Sieht nicht schön aus, aber es soll ja schützen.

Wir stecken noch die Handschuhe ein, diese auf keinen Fall vergessen. Wir warten. »Morgen, ich bin Ludwig, wie sind eure Namen?« fragt er. »Hein und Franz«, antwortet Franz. Ludwig dann weiter: »Wir müssen rüber zum Sandtorkai, Darmlängen raussuchen. Wegen des Weges machen wir gleich bis zur Halben durch und hängen dann dran.« Es erscheinen noch zwei feste Kollegen, welche die Werkzeuge zusammensuchen. Schwer bepackt ziehen wir fünf dann los. Ludwig gibt auf der Straße sofort bekannt: »Likendrägergang«, und wir reduzieren unsere Gangart.

*Trotz moderner Technik sind die Gleise vor dem Speicher erhalten. Eine alte Forderung für den Bau der neuen Speicherstadt. Aber der direkte Anschluß ist unterbrochen, und nur noch selten bringt der Culemeyer (Waggontransporter) einen Eisenbahnwagen, der in die Schienen gelassen wird. Leider gibt es davon kein Foto. Quelle: Kaffee-Lagerei N.H.L. Hinsch & Cons.*

Gemessenen Schrittes schreiten wir unserem heutigen Werke entgegen, heute abend sind wir natürlich schneller, wenn es nach Hause geht.

Wir biegen gerade in die Straße Am Sandtorkai ein, als der riesige Culemeyer, mit einem leeren Eisenbahnwaggon beladen, die gleiche Richtung nimmt. Der leere, überhohe Wagen scheppert bei jeder Unebenheit. Wir wirken klein dagegen. Die große Kaelble Zugmaschine fährt Richtung Kaffee-Lagerei. Meist lassen die Männer von der Bahn den Waggon in die dort vorhandenen Schienen des Speichers zur Beladung rollen.

Wir sind inzwischen am Ziel, dem Keller Am Sandtorkai, angekommen. Der Geruch der Därme zieht uns entgegen, und Ludwig schließt auf, Licht an, und wir treten in den Keller ein. Es ist schwül und dumpf, die ungeputzten Lampen spenden wenig Licht, überall schimmert und glänzt die Feuchtigkeit. Der Keller ist voller Fässer, alle atmen den Geruch der gesalzenen Därme. Die Lake dringt oft aus dem Holz der Fässer. Langsam suppt ein schmaler Faden Salzwasser auf den Fußboden. Der Betonboden ist oft schmierig, aber das ist hier immer so. Speicherstadt von unten.

Storz hat viele der Keller in der Speicherstadt gemietet, denn für die Lagerung der Holzfässer ist das Klima ideal. Das Holz trocknet nicht so schnell aus, und die Fässer lecken seltener. Quartiersleute, die sich auf Faßlagerung, speziell Holzfässer, eingerichtet haben, nutzen die Keller gerne. Kapern, Därme und Wein werden noch immer in Holzfässern transportiert. Storz und Cons. zeichnet sich durch den Geruch aus.

Im Sommer zieht ein Duft aus dem Keller in die Böden darüber, besonders wenn mal ein Kellerfenster offen bleibt. Bald haben sich unsere Nasen an den Geruch gewöhnt, und es stört kaum noch.

Ludwig sucht die zu bearbeitende Partie und zwängt sich zwischen die Fässer, trotzdem weiß ich immer noch nicht, was ich hier tun soll. Doch dann bleibt Ludwig stehen: »Hier, aus dieser Partie«, und Ludwig zeigt auf einen Block mit Holzfässern: »Alle sehr kurzen Därme raussuchen, ein Längenmuster habe ich hier.«

Es ist besonders dunkel, und dann merke ich, wie Ludwig eine Glühbirne besorgt und diese eindreht. Endlich wird es heller für die Arbeit. Der feste Kollege Otto kommt mit sauberem Ölpapier und breitet es auf den Fässern aus. Damit schafft er einen sauberen Arbeitsplatz. Platz für das Muster, die sortierten Därme und das Werkzeug. Kollege Max rollt ein volles Faß aus dem Block und nickt uns zu. Auch wir sollen uns eines holen.

Handschuh anlegen und an den Rand greifen, alles feucht und rutschig. Erst mit viel Ziehen bewegt sich das Faß und läßt sich kippen. In dieser Waagestellung wird es leichter, und ich kann es in den Gang rollen. Ich muß Otto und Max erst noch zuschauen, wie ihre Technik ist, denn hundertprozentige Spezialisten, wie die Festen, sind wir nicht. Ludwig kommt noch mit dem Auftrag und vergleicht die Marken und Nummern auf den Fässern. Damit er überhaupt etwas lesen kann, muß er mit einem Lappen den Deckel trockenwischen. Dann erst ist etwas zu erkennen.

Max nimmt die Stahlbürste und reinigt die oberen beiden Stahlreifen. Otto schlägt mit den Schlaghammer auf die Kopfreifen, um diese zu lösen. Dann zieht er den Lederhandschuh aus und streicht mit dem Finger um die Ränder der Reifen, ob ein Nagel das Lösen versperrt. Er setzt dann den Setzhammer unter den äußeren Kopfreifen. Mit dem Schläger schlägt er dann auf bzw. unter den Setzhammer und wandert Schlag um Schlag um das Faß. Mit jedem Schlag kommt der Kopfreifen höher und bald ist der Reifen frei. Der gleiche Arbeitsvorgang mit dem inneren Kopfreifen. Franz und ich haben in gleicher Weise begonnen. Stahlbürste, dann Setzhammer und Schläger, aber bei uns geht es viel langsamer. Wieder ein Blick rüber zu Otto, der meisterhaft mit den Fässern und dem Geschirr umgehen kann. Mit vorsichtigen Schlägen löst er noch den oberen Mittelreif etwas. Das ist schon Hohe Schule. Das ist hundertprozentige Küper- oder Böttcherarbeit. Dann einige Schläge auf den Deckel, um diesen zu lösen. Er greift den Bodenheber und treibt diesen in den Rand zwischen Deckel und Daube. Die Dauben ohne Halt lassen sich leicht nach außen treiben, und dann hebt er den Deckel mit dem Bodenheber aus dem Faß. Durch die Spalten der entspannten Dauben tropft Salzlake. Wieder wird satter Geruch produziert.

Wir haben den ersten Kopfreifen gelöst und versuchen uns am zweiten. Als dieser vom Faß gleitet, fällt er scheppernd zu Boden. Hell klingt das Blech durch den Keller. Ludwig ist mit dem Lappen da und kontrolliert nochmal Marke und Nummer, dann bleibt er bei uns und will wohl mithelfen. Wir machen mit dem Bodenheber weiter. Wieder ein Blick hinüber, was Otto und Max als Nächstes machen. Gummihandschuhe an, und dann greifen sie die Bündel der Därme aus der Faßöffnung und legen diese auf das Ölpapier. Einzeln nehmen sie die Saitlinge und halten sie an das Längenmuster. Selten finden sie einen kurzen Darm und der Stapel der durchsuchten Ware wird größer.

Franz versucht den Bodenheber zwischen Deckel und Daube zu treiben, aber so gezielt und sicher können wir es nicht. Es sollen ja weder Deckel noch Daube zerbrochen werden. »Das Holz ist gut, draufhauen«, ruft Otto, als er unser vorsichtiges Hantieren sieht. Franz löffelt den Deckel auf der einen Seite aus dem Kopf des Fasses und hat ihn in der Hand. Zufriedenheit strahlt er aus.

Wir haben keine Gummihandschuhe mit, und so müssen wir mit den ungeschützten Händen die Därme greifen. – Wir wissen, daß es den Fingern nicht schadet und diese sehr sauber werden, aber der Geruch hält auch etwas länger.

Also holen wir die Bündel aus dem Faß und legen diese auf das Ölpapier. Ludwig, Franz und wir halten die kurzen Saitlinge an das Muster, aber es sind nur wenige dazwischen, die der Vorgabe entsprechen. Auch Ludwig ist von dieser lahmen Arbeit wenig entzückt, denn es finden sich nur wenige passende Därme. »Gleich mitzählen«, sagt er zu uns, denn so oft wollen wir die glitschigen Saitlinge nicht anfassen. Wir müssen alle Bündel aus dem Faß herausholen, und so muß ich mich tief ins Innere beugen, um alle zu erfassen. Das erfreut natürlich meine Nase, Salz pur. Der durchsortierte Stapel auf dem Ölpapier wird groß und größer. Aber auf dem Ölpapier daneben sammeln sich nur wenige Saitlinge.

Otto am anderen Faß läßt die Naturdärme wieder in das Leere fallen. Dann ist sein Ölpapier wieder frei. Ich lasse Franz alleine an unserem Faß, um bei Otto mein Wissen aufzufrischen, wie der Deckel eingesetzt wird und solch ein Faß verschließt. Otto nimmt den inneren Kopfring und streicht mit dem Lederhandschuh einmal innen durch. Setzt ihn auf das Faß, und mit Hammerschlägen treibt er die Dauben durch den Ring zusammen. Kaum sichtbar verengt sich die Öffnung. Nun nimmt er den Deckel, streicht auch noch einmal um den Rand, und legt ihn auf die Öffnung. An einer Seite setzt er den Bodenheber an. Auf die andere Seite schlägt er mit dem Hammer, die Öffnung wird in ein leichtes Oval gedrückt, und der Deckel rutscht in die Kerbe der Dauben. Dann löst er den Bodenheber. Weiter Schläge auf den Deckel, und dann sitzt er. Mit den beiden Hämmern geht er schlagend um das Faß, um den inneren Kopfreifen und dann den äußeren Kopfreifen festzutreiben. Zuletzt bringt er den Bauchreifen wieder in die alte Position. Das Faß ist fertig.

Inzwischen hat Franz die Därme in das Faß fallen lassen, und ich darf die Küperarbeit, die Faßarbeit vollenden.

Also, wie gesehen, den inneren Kopfreifen ansetzen und anziehen, Deckel abwischen und auflegen. Bodenheber unterhaken, und leicht auf den Deckel schlagen. Der Deckel bewegt sich und flop, liegt er im Faß auf den Därmen. »Pech gehabt«, sagen Franz und Ludwig zugleich. Otto hat dann auch rübergeschaut: »Etwas enger, und schön ins Oval trimmen«, sein fachmännischer Rat.

Mit dem Bodenheber stelle ich den Deckel hochkant und ziehe ihn durch die Öffnung heraus. 2. Anlauf, und diesmal springt der Deckel in die vorgesehene Nut. Festschlagen der Reifen, und Franz rollt es zur Seite. Ludwig hat uns ein weiteres Faß herangeschoben, und wir öffnen es wie gehabt. Wieder beginnt die qualifizierte Quartiersmannsarbeit, keine Hafenarbeit. Die anderen beiden haben auch schon wieder ein neues Faß geöffnet und messen die Därme ab.

Sonst ist es still hier unten, und reden mögen wir bei diesen Gerüchen nur wenig. Ludwig ist auf die Wasserseite gegangen und hat die Luke geöffnet. Der frische Windhauch vom Fleet tut gut. Viel Licht bringt es nicht, denn die Öffnung ist nicht groß. 2 Reihen Holzbalken mit Lehm dazwischen sollen das Hochwasser abhalten und geben nur eine Lukenöffnung von ca. 80 cm frei. Da kann nicht gearbeitet werden. Dies ist nur selten nötig, denn die Darmfässer lagern lange, und der Transport findet meist über die Straße statt.

Wieder lege ich einen Stapel mit kurzen Saitlingen an, und Franz vermeldet: »Leer, alles zurück.« Die Därme klatschen in das Faß. Und wir beginnen mit dem Verschließen. Zu Ludwig dann: »Was soll das Sortieren bloß?« »Wie ich hörte, will der Kunde nur Därme, die länger sind als unser Muster, deshalb sollen wir in den nächsten Tagen die kurzen raussortieren.« »Auch morgen?« und Ludwig versteht meine Frage; »Ich glaube nicht, Sonnabends machen auch wir nur halblang.«

Ludwig hat wieder einen Deckel saubergewischt und uns das Faß zugerollt. Wir öffnen wieder und sortieren.

Um etwas Unterhaltung zu entfachen, kommt Franz mit der üblichen Frage: »Wo warst du denn zuletzt, Hein?« Ich zähle nur auf: »Martens, Amann und gestern gefeiert, wie du.« Er nickt. »Hatte Amann nicht so viel?« »Nur eine Bemusterung am Schuppen, sonst nix.« »Ist ja zum Ver-

*Prüfung bestanden, »Herzlichen Glückwunsch und alles Gute.«*
*Darauf ein Bier zum Feierabend. Die alten und neuen Quartiersmannsgehilfen haben schon die Platen abgelegt.*

schen, salzigen, schmierigen und sauberen Därme anschaue und sortiere. Ich kann sowieso nichts mehr daran ändern. Sonst ist die Arbeit Routine geworden. Das Öffnen und Schließen der Fässer haben wir auch wieder gut drauf. Es geht mit der Küperarbeit und dem Sortieren schneller. Ludwig ist zufrieden.

»Halbe«, ruft uns Ludwig zu und schließt die Luke an der Wasserseite. Es ist erst Viertel vor elf, aber die Frühstückspause wird jetzt nachgeholt. Wir legen unsere Hilfsschürzen ab und sehen, wieviel Schmiere daran klebengeblieben ist. Wie mögen unsere Hosen von hinten aussehen?

Wir lassen alles liegen und stehen, Ludwig schließt ab und dann schnellen Schrittes zum Pausenraum. Die frische Luft tut gut, aber im Pausenraum bei Storz holt uns der mildsalzige Geruch sofort wieder ein. Storz und Cons. und Därme, das ist ein Begriff in der Speicherstadt bei den Quartiersleuten.

Ich wasche mir die Finger, das Gesicht, die Hände und Unterarme gründlich, einmal, zweimal, aber irgendwo bleibt immer der Geruch. Es bringt wenig.

rücktwerden diese Woche, jeden Morgen zum Stall«, läßt sich Franz aus. »Darum haben wir gestern gefeiert, war doch schön so'n freier Tag«, füge ich hinzu, und Franz dann etwas leiser: »Und heute am Freitag dieser Mist und Gestank und das zum Wochenende auf den Rest.« Er putzt sich die Nase: »Immer haben die beim HBV solche Dinger auf der Pfanne«, will Franz seinen Ärger loswerden. Dann aber spürt er, daß ich lieber die weißen, glitschigen, fri-

*Teppichboden Nr. 4 im Block W. Der Kunde des Quartiersmanns, der Kaufmann aus dem Iran mit seinen Kunden, hat Teppiche besichtigt. Alles sieht wie ein Trümmerhaufen aus, und die Quartiersleute dürfen wieder Ordnung schaffen. Der Quartiersmann, Besitzer der Firma, freut sich, daß genug Arbeit da ist.*

Der Kaffee im Pausenraum schmeckt sehr gut, und das Brot von zu Hause hat noch keinen anderen Geschmack oder meine Nase ist wieder frei. Die festen Kollegen wollen uns beim Essen gerne auf den Arm nehmen: »Stellt euch nicht so an, wir sind immer hier.« Und Franz fügt hinzu: »Besonders heute, am Freitag, gibt das die besondere Note.« »Und Schietgeld obendrauf.« »Ja und dann nur Erste, darauf kann ich dann verzichten.« »Wird doch nur erste Schicht heute«, fügt Ludwig dann hinzu. Franz und ich wissen damit Bescheid, also nur bis 15 Uhr, und morgen wieder früh aufstehen. »Und dann heute alles in die Wäsche«, setzt Franz wieder ein. »Wir sind hier eben Spezialisten, als Küper, Böttcher, Faßmacher, Sortierer und Quartiersleute, freue dich, daß du bei uns bist«, kommt von Otto, und Franz hält immer noch nicht inne: »Dufteblumen, sollte man euch nennen«, aber der Witz kommt nicht an. Franz muß seinen weiteren Ärger bei sich behalten. Noch einen Kaffee, mehr für die Nase, denn für den Magen.

Ludwig signalisiert den Aufbruch, und wir ziehen wieder los. »Likendrägergang zur Arbeit«. Als ich wieder auftrete, spüre ich meine Füße, heute der Betonfußboden im Keller, sonst immer der gute Holzbelag. Aber es hilft nichts, durch unser Klagen wird es auch nicht besser.

Besonders jetzt spüren wir, wie herrlich es hier in der Speicherstadt ist, Luft, Wind, Sonne und Schatten. Die Mittagssonne bestrahlt die rötlichen und bräunlichen Mauern. Die lavierten Steine leuchten besonders hell, und von den Giebeln, Türmchen, Helmen und Mauern fallen die kurzen Schatten auf das Pflaster. Alle Muster werden auf dem Kopfsteinpflaster kleingehackt. In einigen Luken haben die Perser ihre Orientteppiche aufgehängt. Diese leuchten richtig, wenn die Sonne die farbigen Muster bescheint. Aus anderen Luken dringt der starke Duft von Gewürzen. Überall ist Leben und Bewegung in der Speicherstadt. Ein herrliches Bild von diesem Teil des Hamburger Hafens. Und dann ertönt plötzlich unter uns eine Stimme, eine Hafenrundfahrtsbarkasse: »Die Speicherstadt wurde 1882 bis 1887 gebaut. Es ist der Ersatz der Lager- und Kaufmannshäuser in der Innenstadt, damit ein Freihafen entstehen konnte. Die Leute in der Speicherstadt sind die ...«, den Rest kann ich nicht mehr verstehen, aber er meint wahrscheinlich uns, die Quartiersleute. Ja, wir sind schon eine alte Gilde. Heute Därme bei Storz, aber wer kennt schon die Details?

Wir gehen weiter, und ich hänge in Gedanken den Jahrhunderten und den Quatiersleuten nach. Dann sind wir wieder im Keller von Storz und legen die Hilfsschürzen an. »Ich mach gleich drüben auf,« sage ich zu Ludwig und gehe auf die Wasserseite, um die Luke zu öffnen. Das Schott ist rostig und schwergängig. Dann einen Blick hinaus, wenige Meter über dem Wasser. Die letzten Wellen der Rundfahrtsbarkasse schwappen an das Mauerwerk und werden zurückgeworfen. Lange laufen die kleinen Wellen hin und her. Über mir die Speicherbauten, wie erdrückend wirken die Massen aus Klinkersteinen, winzig die Fenster, nur zerschnitten von den Lukenachsen. Alles wirkt von hier unten schmal und eng. Leise heult eine Winde zwischen den Blöcken.

Diese Sicht gibt wieder ein ganz anderes Bild der Speicherstadt, sicherlich ein seltenes. Zurück am Arbeitsplatz, ist Franz schon wieder mit einem Faß in Gang, und ich helfe entsprechend. Darmbündel aus den Fässern, dazu hat Franz nicht so recht Lust, er macht lieber die

*Neue, größere Schuten mit Rolldeckeln bringen die Waren zu den Quartiersleuten in die Speicherstadt, aber die Arbeit an der Winde und den Böden hat sich nicht verändert.*
*Quelle: E. & Cons.*

*Die geringen Zerstörungen am Block L wurden bald behoben, viele Verzierungen und Türmchen wurden weggelassen, aber die Geschlossenheit entstand wieder. Die Landfahrzeuge wurden größer, wie dieser Lastzug mit Hänger im Gegensatz zum Fuhrwerk. Die Probleme der Speicherstadt und Quartiersleute werden sichtbar. Quelle: S + H*

handwerkliche Böttcher- oder Küperarbeit mit den Deckeln und Faßreifen. Dann wird die Arbeit wieder langweilig, und Franz weckt mich: »Wo bist du denn mit deinen Gedanken, Hein?« »Ach, noch auf der Brücke«, »die Schnacks von den jahrhundertealten Quartiersleuten.« »Die mit so 'nem Bart«, und ich symbolisiere ihm den Bart. »Hafenfacharbeiter für den Kaufmann in der Speicherstadt« – »und das bei dieser Superware«, setze ich den Satz fort. Franz kommt wieder in Stimmung. Ich konzentriere mich auf die Därme, die Saitlinge und deren Länge. Dann zählt Franz die aussortierten Naturdärme und legt weitere 10er Haufen zusammen. Dabei können wir dann nicht klönen, und von Otto und Ludwig hören wir auch nur das Schlagen und Klatschen der Darmbündel. Beim Sortieren ist es dann ruhig.

Franz redet wohl zu gerne: »Wie bist du denn zum Quartiersmann gekommen?« fragt er mich plötzlich. »Ich wohnte in der Hammerbrookstraße 112, der Hafen und die Speicherstadt waren nahe, da fand ich das als Lehre gut. Damals noch schön ruhig und morgens am Gemüsemarkt am Deichtor vorbei.« »Da konntet ihr schon morgens billig einkaufen.« Ich nicke. »Und dann kam der Krieg und ich mußte auch hin. Die besten Jahre gingen verloren, und hier wurde fast alles zerstört.« »Und wann wieder in Hamburg?« fragt Franz. »46, ich fand eine Wohnung bei Verwandten im Finksweg 23 auf Finkenwerder.« »Und der Hafen?« »Auch alles zerstört, nein: sehr viel, auch hier in der Speicherstadt, aber die Fähre nach Hamburg lief.«

Während wir die Reifen aufsetzen und festschlagen, ist es für den Klön zu laut. Auch beim Öffnen eines neuen Fasses müssen wir uns darauf konzentrieren.

»Danach habe ich mich dann beim Arbeitsamt, dem Portboard der Tommys und bei der Wirtschaftsbehörde rumgedrückt, wegen einer Arbeit in meinem Beruf, aber alles war ja leer oder zerstört.« Wir zählen wieder Saitlinge. Ich will Franz noch den Rest erzählen: »Dann suchte ein Rollkutscher aus dem Hüxter jemanden, er hatte auch ein kleines Lager, handelte, transportierte, mischte und lagerte alles, was es nach dem Kriege gab und womit man Geld oder Gummimark verdienen konnte.«

»Weiter«, drängt mich Franz. »Der Laden ist inzwischen Pleite. Ich hörte mich immer nach einer ordentlichen Hafenarbeit um. Der Gesamthafenbetrieb wurde wieder gegründet. Da war ich natürlich einer der Ersten.« »Viel

*Der Quartiersmann bei einer Verladungskontrolle auf dem Schuppen im Außendienst. Weiße Bohnen werden verladen und ein geplatzter Sack muß genäht werden. Der Quartiersmann ist auf das Problem vorbereitet und hat sein Geschirr dabei. Auf dem Schuppen verzichtet er oft auf die Tracht, um sich nicht zu sehr herauszustellen. Müßte diese Arbeit vom Schuppenpersonal vorgenommen werden, ist keiner dafür zuständig, oder es muß ein Antrag auf Sonderleistungen erstellt werden, Extrakosten.*

*Tee in Kisten, zu erkennen an den Metallstreifen an den Rändern. Nur die Markierung zeigt, wo der Tee gewachsen ist, dieser aus Indien, Bangladesch oder Ceylon. Wieder ist der Raum im Speicher vollgestapelt. Daneben lagert Rohkaffee.*

*Pistazien, gelagert auf Paletten im Raum. Um die Feuchtigkeit zu messen, sind Instrumente aufgehängt, oder um die Motten von der Ware abzuhalten.*

*Vieles wird über Hamburg importiert. Kleine Mengen und Hochwertiges sind das Besondere für die spezialisierten Quartiersleute. Die Schalen der Muscheln, sauber und trocken in Kisten verladen. Für eine Bemusterung wurde jede Kiste geöffnet, viel Exotisches lagert oder lagerte in der Speicherstadt.*

*Wieder Wandrahmsfleet/Holländischbrooksfleet vom 3. Boden im Block W. Die Giebel schauen wie gezackt in den Himmel. Vorne das Gebäude auf der Spitze, dahinter mit schöner Backsteinschauseite die ehemalige Kraftstation, später Holzwerkstatt und heute Büro. Vorne rechts die Umgänge des Feuerschutztreppenhauses auf der Wasserseite.*

*Noch sind im Hafen die bewährten Pferdefuhrwerke unterwegs, leicht beweglich, leicht zum Be- und Entladen, mit viel Tradition und seit Jahrhunderten im Dienst.*

*Vom 1. oder 2. Boden aufwärts tragen die Speicher keine größeren Gewichte. Handarbeit ist notwendig. Kaffeesäcke werden vom Stapel in einer Hieve zusammengelegt. Auf dem Taxameter liegt der Stropp, der die Hieve dann schnürt.*

*2 Quartiersleute sind beim Absetzen des Kaffees. Die Hieve wurde am Stapel auf dem Taxameter zusammengelegt und zur Luke geschoben. Vor der Luke steht die Dezimalwaage. Mit der Kraft der Winde wird die Hieve vom Taxameter auf die Waage gezogen. Das Sicherungsseil ist noch vor der Luke.*

*Alles wird gezählt, bemessen oder gewogen bevor es bewegt wird. Die Rechte des Warenbesitzers/Kaufmannes müssen gewahrt werden. 5 Säcke Rohkaffee liegen auf der Dezimalwaage, und der Quartiersmannsgehilfe legt gerade ein 100- oder 200-Gramm-Stück auf der Rücken des Blattes, um das genaue Gewicht festzustellen. Der Haken der Winde ist schon vor der Luke.*

*Blick vom 5. Boden in den Alten Wandrahm, die Hieve mit 5 Sack Kaffee ist fast auf der Straße. Der Lkw-Fahrer wartet neben seinem Fahrzeug, um dann die Hieve in den Lkw zu schieben.*

*Immer wieder benötigt der Kaufmann Proben seiner Ware zum Verkauf der Partie. Der Quartiersmann »zieht ein Muster mit dem Probenstecker«, und die Haselnüsse fallen in die Schale. Die Löcher in den Säcken werden mit dem Stecker geschlossen, indem das Gewebe Richtung Loch gerieben wird.*

*Rohkakao in Säcken, auch eines der Hauptlagergüter in der Speicherstadt.*
*In Hamburg wird der Kakao zur Marktregulierung der Herstellerländer in großen Mengen gelagert. Überall riecht man den Wohlgeruch des Kakaos. Andere Waren wie Tabak oder Kaffee dürfen nicht in der Nähe liegen.*

*Importierte Naturdärme für Würste und Würstchen, ein wichtiges Importgut über Hamburg, leider sehr geruchsintensiv. Die Därme bzw. Fässer sollen bearbeitet, bemustert, ausgepackt, sortiert oder versandt werden.*

*Wohlgeruch durchzieht manchen Lagerboden.*
*Dieser Block wurde im Kriege zerstört, wiederhergestellt in Betonbauweise und sauber geweißt. Die leichten Original-Lorbeerballen sind bis an die Decke gestapelt. Durch die pralle und unförmige Verpackung wirkt alles krumm und schief.*

*Immer wieder Rohkaffee, eines der Hauptgüter für die Quartiersleute. 12 Säcke hoch gestapelt, warten die Bohnen auf Konsumenten in ganz Europa. Die hölzernen Stützen tragen den nächsten Boden.*
*Die Holzbauweise hat sich bei Feuer besser bewährt, wie Stahlkonstruktionen, welche ausglühen können.*

*Lorbeerblätter in Ballen aus Schilfgeflecht. Ein klassisches Importgut in echter Verpackung aus einem Entwicklungsland. Für die Quartiersleute ein Schrecken, denn die Matten reißen leicht.*

*Brooksfleet mit den Blöcken E links und dem Maschinen- und Kesselhaus (heute Ausstellung Hafen City Info Center) sowie Block M rechts. Das Fleet wird noch gut von den Ewerführern benutzt. Schuten und Barkassen beleben das Wasser. Noch leben und arbeiten in den Speichern die Quartiersleute.*

*Luftholen beim ersten Blick. Der Spiegel des Wassers ist noch tiefer als auf der Landseite. 150 tons Rohkaffee mit einer Schute zum Aufnehmen im Block W. Der Ewerführereiinspektor bespricht die Arbeit mit seinen Leuten von der Barkasse aus.*

*Was sind die wichtigsten Werkzeuge des Quartiersmannes in der Speicherstadt für Sackgut (Kaffee, Kakao, Hülsenfrüchte und Nüsse)?*
*Leere Säcke, Stroppen, Gewichte (hier 50 bis 500-Gramm-Stücke) und eine Waage, Markpott mit Pinsel, Probentüten, Probenschalen, Stecker, Greifen, Speichermesser und gelagerte Waren auf dem Boden (hier Rohkaffee).*

*Mit dem Markpott (flüssige Farbe im Holztopf) trägt der Quartiersmann noch eine zusätzliche Zahlen- oder Buchstabenfolge auf die Säcke, meist für den Empfänger, um die richtige Partie zu erhalten.*

*Erdnußkerne müssen auf Größe, Bruch, Staub und Verunreinigung geprüft werden. Verschiedene Muster hat der Quartiersmann auf seinem Probentisch zusammengestellt. Feinwaage, Gewichte, Sortierrahmen, Probenstecher, Faden, Leinenbeutel und Papiertüte liegen bereit.*

*9 verschiedene Sorten Kaffee aus Südamerika, Afrika und Südostasien sind zusammengetragen, darunter auch ein Häuflein beschädigter Bohnen.*

*Rohgummi aus Indonesien wurde auf Schuppen 50 gelöscht. Aus den Stapeln haben die Quartiersleute einige Ballen herausgeholt, um Muster zu ziehen. Wie krank sehen die angeschnittenen Ballen aus. Der Quartiersmann geht mit schwerem Werkzeug dem Gummi zu Leibe, denn Rohgummi ist zäh.*

*Hochbetrieb an den 70er Schuppen, Hafenleute, Pferdefuhrwerke, Lkws, Busse,*
*Kräne in Bewegung und Schiffe, nur die Bahn ist vorne durch die Gleise angedeutet. Viele Leute fanden im Hafen ihre Arbeit.*

Arbeit in der Zeit?« »So viel kam zuerst nach dem Kriege nicht von See, und wir hatten noch die Reichsmark und die Vorkriegslöhne.«

Ich halte inne, denn nun müssen wir wieder den Deckel einsetzen und die Reifen festschlagen. Faß weg, und Ludwig rollt uns ein weiteres zu. Deckel sauber und Reifen lösen, Deckel raus. »Weiter«, treibt Franz die Geschichte voran, er greift auch bei den Därmen zu, um mich freizuschaufeln. »Dann kam der 47er Streik, es ging um die Löhne, die waren noch von 39, aber es waren zuviele Leute da. Dann kamen noch die vielen aus dem Osten und suchten Arbeit. Früher lebte Hamburg immer von den Leuten aus Mecklenburg, und alle wollten leben und arbeiten.« »Das muß eine wilde Zeit gewesen sein!« läßt Franz nicht locker. »Irgendwann nahm die Arbeit doch zu, es kam die Währungsreform. Alles wurde besser und nach Berufen organisiert. Da landete ich wieder in der alten Branche als Quartiersmann. Jetzt bin ich hier ganz froh.« »Und fest?« »Dafür war ich zu alt, zuerst gab es auch noch genug junge Leute für die Arbeit. Jetzt warte ich nur noch auf die Pensionierung und dann Umziehen an die Nordseite der Elbe.« Wir haben wieder Fässer und Därme am Wickel. Während des Klönens sind wir gut vorangekommen. Die Reihe der durchgesehenen Fässer wird länger.

– Franz frage ich nicht, wie er hierhergekommen ist, sonst verpassen wir den Feierabend. – Ohne das Erzählen oder Schlagen ist es still hier unten, nur selten hören wir Schritte auf den eisernen Kellerklappen oder das Rütteln am Druck, denn die Windenstange reicht bis in den Keller. Die Tür wird nicht geöffnet, denn keiner sucht uns. Autos rauschen an der Landseite vorbei, oder eine Barkasse passiert im Fleet, und wir hören Teile von Geschichten über uns, die Quartiersleute. Sollen die Besucher doch mal hier bei uns reinriechen! Ich mag gar nicht zur Uhr sehen, denn nach dieser langen Übung geht alles leicht und schnell von der Hand. Wir kommen richtig voran. »Laßt die Arbeit früh genug ausklingen«, sagt Ludwig mit zufriedener Stimme. Er beginnt, die Haufen der aussortierten und gezählten Saitlinge zusammenzulegen. Kleine Blätter zeigen die Mengen, Ölpapier deckt alles zu.

*Es ist richtig Feierabend, und die Quartiersleute gehen nach Hause. Alle Fahren per Bahn, denn Autos sind noch zu teuer, auch für Hafenarbeiter.*

Dann wartet er, bis wieder alle Rohdärme in den Fässern gelandet sind. Die Zahlen werden zusammengestellt:

Fässer durchsortiert, Därme aussortiert, Rest noch zu bearbeiten. Als er alles zusammen hat sagt er: »Luke zu und langsam ab.«

Das lasse ich mir nicht zweimal sagen und nehme schnell einen Blick in das Fleet. Die Ebbe hat das Wasser aus dem Fleet gezogen, und die Sonne scheint von Westen zwischen die Blöcke. Für Schuten und Barkassen ist es jetzt zu flach. »Los«, rufen die Kollegen und ich schließe das Schott. Hilfsschürze ab und raus. Ludwig hat seine Zettel und wir das Werkzeug gegriffen. Draußen empfängt uns wieder sonnige Nachmittagsluft. Ich ziehe die schwarze Kitteljacke aus, um den Salz- und Darmgeruch herauszuschlagen. Die erste Schicht geht zu Ende, und die Arbeit endet. Luken werden geschlossen und einige Speicherleute gehen wie wir zurück zu ihren Aufenthaltsräumen.

In der Umkleidebude ziehe ich dann auch die Arbeitshose aus. Oh Gott, wie sieht die schmierig und feucht aus. Ich bin richtig erschrocken, die Kitteljacke hat nicht so viel abbekommen. Beides wickele ich in Ölpapier, um Duft und Schmutz zu fangen. Helfen tut es nur wenig. Die festen Kollegen duschen und wechseln ihre gesamte Kleidung, darauf bin ich nicht eingerichtet. Trotzdem, dreimal waschen, Hände, Arme, Beine, Haare, Kopf und Hals. Das Handtuch ist richtig naß geworden. Etwas hat es gebracht. In der Bude liegen dann Arbeitskarte und Ticket, 1. Schicht + 15%, das ist der Zusatzlohn für den Gestank. Ich bin aus dem heutigen Job entlassen.

Nun erst zur Zahlstelle und Lohn holen. Wieder zu Fuß zur Einteilungsstelle und die Tickets der letzten Woche vorlegen. Aber vorher durch den Zoll: »Was anzumelden?« stoppt mich der Zöllner. Der volle Rucksack macht ihn neugierig, und ohne zu antworten nehme ich ihn und öffne ihn. Dann halte ich ihm alles richtig vor das Gesicht und unter seine Nase. Schnell zieht er sich nach dieser Geruchsdusche zurück und winkt mich weiter. – Das reicht, denke ich mir.

In der Zahlstelle ist es leer, denn Lohn gibt es sonst am Donnerstag. Ich lege die Tickets der vergangenen Woche und meine Einteilungskarte vor. Der Kassenmann prüft die Einteilungsnummer 25534 und den Namen. Dann erhalte ich die Lohntüte, schnell nach Hause.

Mit der Straßenbahn weiter. Jetzt nach der ersten Schicht steigen viele Hafenleute ein, da vermischen sich dann die verschiedenen Gerüche der Arbeit und des Hafens.

Zu Hause riecht Gretchen sogleich meine heutige Arbeit, und ich gehe sofort ins Bad. Duschen und Arbeitszeug einweichen. »Morgen, wieder früh«, erzähle ich. »Ach, das an einem Sonnabend, oder bist du um acht wieder zu Hause als Überraschung?« »Ich glaube nicht, denn im Moment geht es mit der Arbeit auf und ab.«

Nach dem Duschen lege ich den Rucksack auf den Balkon, und Gretchen legt schon das frische Arbeitszeug für morgen dazu. Dann essen wir gemeinsam. »Was meinst du denn für morgen, Schatz?« fragt sie weiter wegen des Wochenendes. »Werde wohl gegen zwei zu Hause sein, denn morgen sieht es nicht nach Mehrarbeit aus«, »und was hast du vor?« »Meine Schwester will mit ihren Söhnen kommen, die möchte sie uns doch zeigen.« Ich nicke, und wir freuen uns auf den gemeinsamen Abend.

# Sonnabend

»Warum ist diese Woche so fürchterlich?«, frage ich mich, als ich wieder so früh aufstehen und am Stall vorbei muß. Sonst ist man 14 Tage, manchmal 1 oder 2 Monate bei einem Quartiersmann und dort schon fast zu Hause. Nochmals wälze ich mich herum und gehe dem Gedanken nach, aber dann ist meine Frau auch da und erleichtert mir das Aufstehen: »Vielleicht ist die nächste Woche besser, und außerdem ist heute Sonnabend«, macht sie mir Mut.

»Ja, auf denn und Guten Morgen.« Laut schmatze ich ihr einen Kuß auf den Mund. Heute, am Sonnabendmorgen, so früh, bin ich wohl der Einzige auf dem Weg zur Fähre und nach Hamburg.

In der Einteilungsstelle sind außer mir nur zwei Kollegen, Willi und Max, wo mag Franz von gestern geblieben sein? Hat er sich einen freien Tag genommen?

»Alle zu Quast, hier die Karten«, sagt der Einteiler und gibt mir den Umschlag, da ich am nächsten stehe. Bei so wenig Arbeit und Leuten kommt keiner richtig in Schwung. Quast und Cons., Sandtorkai 23 bis 25, Kakao in Hülle und Fülle, was mögen die am Sonnabend für Arbeit haben? Aber Kakaobohnen in Säcken sind sauber, nicht so'n Schiet wie gestern. Vielleicht doch noch 2 Schichten am Sonnabend? Gehen mir Frage und Gedanken durch den Kopf.

Wir drei gehen den Sandtorkai hinunter, überall ist Wochenendruhe, vorbei an den Blöcken M und N und Schuppen 3, 4 und 5. Straßenbahn lohnt sich nicht. Halb sieben sind wir am Ende von Block N am Kibbelsteg und bei Quast und Cons. Wir treten ein, eine Glocke erschreckt uns in der herrschenden Ruhe.

Aus dem Halbdunkel ruft eine Stimme: »Hier«, aber der Weg ist uns nicht unbekannt, denn bei Quast waren wir schon oft.

»Morgen, hier die Karten, was gibt's denn?« meine Frage an den Frühaufsteher. »Kakao, Schute leer an 16«, das brauchen wir nicht weiter zu kommentieren. Inzwischen schlägt die Glocke an, wenn weitere Kollegen eintreffen, umziehen, Pilothose, Kitteljacke und Greifen.

Wir sitzen auf der Bank und warten. Vize Otto sammelt unsere Karten ein und informiert uns: »Ihr geht mit Alfred nach Schuppen 16 rüber, Schute löschen auf den Schuppen«,

*Säcke auf der Schulter tragen, oder unter dem Sack gehen, eine klare Arbeitsbezeichnung im Block. Ist der Sack auf der Schulter und man geht aufrecht, ist der Transport leicht, egal wohin.*

dann teilt er neben Alfred, Max, Willi und mir noch weitere vier Leute für diese Arbeit ein. »Seht man zu, daß ihr fertig werdet, die Schute muß leer werden.« Aber Pensum will er uns nicht geben, soll heißen: Schute leer und Feierabend, aber wir sollen bis 12.30 Uhr ausarbeiten, damit das Bild stimmt. Alfred verteilt dann noch Tragekappen an uns alle. Dann geht es los zum Schuppen 16. Herum um den Sandtorhafen, die Polizeiwache und den weiten Schenkel des Kaiserkais ablaufen. Alfred eilt voraus. Er schließt den Schuppen auf und schaltet das Licht ein. Wir folgen den festen Kollegen, die zielstrebig zu den Arbeitsplätzen eilen, – die waren wohl schon gestern hier.

Die Eisentore werden aufgeschoben, und draußen liegt die Schute schräg vor dem Schuppen. Dort sind auch schon die Ewerführer in Gang und der steife Kran beginnt zu rollen. Er knarrt und quietscht. Ein Bock wird auf der Rampe errichtet. Alfred sagt dann zu uns: »Säcke aufnehmen, und dann den Stapel hoch über den Tritt.« »Ach«, rutscht es mir aus dem Mund, das ist wieder etwas für unsere Beine. Die Tragekappe hänge ich mir über den Kopf und binde den Rest als Nackenschutz über der Brust mit den beiden Fäden fest.

Der Kran dreht, noch quietscht er laut in der Morgenfrische, und dann landen schon die ersten 15 Säcke auf dem Bock. Alfred tritt an den Bock, nimmt mit dem Greifen die eine Ecke und hebt diese auf Höhe der linken Schulter, während die anderen Kollegen die weiteren 3 Ecken auch heben und den Sack in Alfreds Nacken wälzen. Dann greift er mit dem Greifen über den Kopf und hält den Sack fest. Er geht in den Schuppen und ich lasse mir den nächsten Sack aufladen. Schön gerade und aufrecht gehen, das ist am besten für Körper und Wirbelsäule. Ich folge Alfred in die Mitte des Schuppens. Er ist inzwischen über den großen Tritt hinaufgestiegen.

*Alter Wandrahm 9, 5. Boden. Rohkaffee in Säcken,*
*der Quartiersmann hält auf Ordnung und Sauberkeit für die von ihm eingelagerten Waren.*

25 Sack hoch wird gestapelt, und dort oben läßt Alfred den Sack auf die anderen rollen. Etwas den Sack ausrichten, und dann kommt er herunter. Ich habe gewartet.

»Über die ganze Breite arbeiten«, sagt er zu uns, die wir einen Sack auf dem Rücken tragen. Langsam steige ich den Tritt hinauf, 12 Stufen, und die Knie müssen fast 160 Kilo hochdrücken. Dann über die Kakaosäcke an den weiteren Stapel und abwerfen. Mit einem Male ist man viel leichter. Unten warten schon weitere Kollegen mit einem vollen Sack im Kreuz und wollen diesen loswerden. Also Treppe runter und zurück. Draußen, am Bock, werde ich schon erwartet, um dem Kollegen vor mir den Sack mit auf den Rücken, zu laden. Der nächsten Sack mit Rohkakaobohnen ist wieder für mich. 70 Kilo Kakao gleiten auf meinen Rücken und dann trabe ich wieder los. Mit uns 6 Trägern ist die Hieve schnell im Schuppen. Auf dem Holzfußboden läßt sich gut laufen, nur die Stufen hinauf kosten Kraft in Knien und Oberschenkeln. Wieder habe ich die Kakaobohnen auf dem Buckel und gehe los, es könnte fast wie Sklavenarbeit sein, dieses Laufen im Kreise. Langsam wächst der Stapel weiter. Der Kran dreht inzwischen leise, die Technik hat sich eingespielt. Wir mögen kaum reden, denn die Kraft und Luft brauchen wir zum Steigen mit den vollen Säcken.

»Habt ihr den Schuppen gemietet?« frage ich dann Alfred. »Ja, aber nur für diese besonders große Partie aus Ghana«, seine Antwort. Wir rennen weiter und beim Weg zurück ohne Sack erzählt er weiter: »Dies ist eine Pufferpartie, die Ernte war zu gut in Ghana. Die nicht verkauften Bohnen werden hier eingelagert, damit sich der Weltmarktpreis hält. Hier mit Schuppen 16 haben wir das Lager vor unserer Tür und können es selbst bedienen.« Dann fügt er für alle hörbar hinzu: »Pause.« Die letzten Säcke tragen wir von der Rampe. Die alten quietschenden Eisentore aus der Zeit von vor dem Ersten Weltkrieg verschließen wir und wandern hinüber in den Pausenraum.

Wieder um den Sandtorhafen herum und über die Brooktorschleuse, an der Polizeiwache vorbei und über den St. Annen Platz. Gegenüber der Kaffeespeicher Block R mit den Feuerleitern zur Straße, er soll im Kriege als KZ gedient haben. Was mögen sich da für Tragödien abgespielt haben?

Vorbei an der Baustelle Block O zum Büro und zum Pausenraum. 30 Minuten Pause, als ich mich hinsetze, spüre ich die Beine vom Laufen und Steigen, früher als Lehrling machte mir das Tragen wenig aus, aber jetzt werden die Beine eher lahm.

Otto sitzt bei uns, – ich hoffe nur, daß er nicht wegen 2. Schicht oder Überstunden fragt. Nichts, nur Rascheln der Zeitung, Klappern des Kaffeegeschirrs, mal eine Bierflasche, sonst Ruhe, alle träumen schon vom Wochenende.

»Geit wedder los«, ruft Otto dann halblaut, um uns zu wecken und anzuschieben. Jetzt spüre ich die Beine besonders beim Aufstehen, wie ein Lahmer quäle ich mich voran, das war schon ganz schön viel heute morgen. Aber auch den andren fällt das Aufstehen schwer.

*Pause im neuen Block, die Quartiersleute tragen keine Schürzen mehr. Auf das sonst beliebte Bierchen muß verzichtet werden. Die Stimmung ist gut, und alle sind fröhlich. Quelle: Kaffee-Lagerei N.H.L. Hinsch & Cons.*

*Rauchen auf den Böden in der Speicherstadt ist eigentlich verboten, aber bei einem kleinen Fünfzehner brauchen nicht alle zu schauen. Kleine Pause auf den Sardinenkisten – muß auch mal sein.*

Die Tassen werden noch zusammengestellt, und dann bewegen wir uns langsam Richtung Schuppen 16. Wieder der gleiche Weg, und auch Max folgt grummelnd und schimpfend unserem Troß. Wir erreichen unseren Arbeitsplatz, Aufschließen, Tore öffnen, der Kranführer ist in seiner Kanzel, – noch zweieinhalb Stunden bis zum Wochenende. Wir warten auf Alfred, aber er schaut erst in die Schute und wir hören: »Das kriegen wir in 2 Stunden rüber, die Schute muß dann weg«, und aus der Schute: »Wer ruft am Kontor an wegen des Schleppers?« Aber dann habe ich schon einen Sack mit Kakaobohnen im Nacken Richtung Schuppeninneres. Die Reihen oben sind voll, und wir können den Tritt wegräumen. Jetzt neue Reihen davor anlegen. Vorher kommt aber Alfred und legt eine Lage Packpapier aus, um den Rohkakao, die Kaufmannsgüter, zu schützen. – Wer weiß, was alles in dem Fußboden drin steckt, da sind schon über 80 Jahre Ladung hinweggegangen.

Welch eine Erleichterung, denn die 12 Stufen nach oben entfallen. Wir können die Säcke vom Rücken fallen lassen, müssen aber die Ecken zupfen, damit der Stapel auch gut wächst. Überall die kleinen Tricks und Lagerkenntnisse. Prompt geht es noch schneller. Alfred fragt dann: »Wer will noch mit aufgeben?« Ich schüttele den Kopf, denn beim Aufgeben der Säcke muß ich mich Bücken und das Gewicht heben, das wäre jetzt noch schwerer. Ohne Treppensteigen ist das Tragen fast bequem und gibt schön warme Füße.

Wir laufen wieder wie im Kreis und der Stapel wächst schnell. Schon schiebt Alfred wieder den Tritt heran, damit wir den Stapel bis unter die Decke vollkriegen, nochmals der Quälkram die Stufen hinauf.

Erstes Mal einen Sack und ein zweites Mal einen Sack, und dann muß ich auf der Rampe warten. »Noch 2 Hieven«, ruft es aus der Schute, – deshalb die Verzögerung, endlich der Rest. Der Kran dreht schnell und wir 6 Leute bringen die Kakaosäcke zu ihrem Bestimmungsplatz. Nochmal dreht der Kran, und dann erscheint schon der Ewerführer: »Schute leer«, aber Alfred schickt Otto los: »Schau noch mal in die Schute wegen Fegsel, Bruch oder Stroppen.« Otto nickt, und ich trage die Säcke weg. Dann wird der Tritt zur Seite geschoben, die Stroppen aufgehängt und die Rolle Packpapier zur Seite gelegt. Der Kran steht still, und der Kranführer verläßt die Kanzel. Er ruft uns nur ein »Tschüs« rüber und verschwindet. Die Ewerführer decken ihre Schute ab, und wir schieben die Schuppentore zu. Dann tritt Stille ein.

Alfred legt alle Schlösser vor, dreht, prüft und dann: »Alles zu, Licht aus und nichts wie weg.« Halb eins sind wir wieder auf der Straße Richtung Sandtorkai. Jetzt geht alles ganz schnell. Umziehen, Ticket und Karte, das heißt am Montag hier keinen weiteren Job, also wieder in den Stall. »Tschüs«, und ich lasse den Klang der Türglocke hinter mir. Den gleichen Weg zurück wie heute morgen und über die Niederbaumbrücke zur Straßenbahn. So oft fährt sie am Wochenende nicht, und es warten auch nur wenige. Diesmal setze ich mich gleich hin bis Landungsbrücken, und dann müssen mich die Beine wieder auf die Fähre tragen. In der nächsten halben Stunde haben Füße und Beine Zeit zur Erholung. Und nochmal muß ich aufstehen und nach Hause gehen. Dann habe ich es endlich geschafft, und mit einem Kuß begrüße ich mein Gretchen.

*Der 1956 neu gebaute Speicher der Kaffee-Lagerei G.m.b.H. am Sandtorkai. Trotz aller modernen Technik werden die Hieven noch mit der Winde bewegt, und die letzen Pferdefuhrwerke holen Kaffeesäcke ab.* *Quelle: Kaffee-Lagerei N.H.L. Hinsch & Cons.*

# *Chronik der Quartiersleute*

Die hier gezogenen geschichtlichen Schlüsse sind denkbar, aber nicht zwingend.

»Im Gegensatz zur kurzfristigen Zwischenlagerung im Kaischuppen zum Zwecke der Sortierung und Auslieferung dienen die Speicher und Lagehäuser der längerfristigen Aufbewahrung und Veredelung der Güter.

Die hier beschäftigten Arbeiter wurden Quartiersleute, Speicher- oder Lagerhausarbeiter genannt. Die nach dem Streik von 1896/97 befragten Arbeiter drückten allerdings auch eine recht hohe Arbeitszufriedenheit aus. Wirklich gravierende Probleme, wie in der Stauerei oder bei den Ewerführern, kamen ... nicht zur Sprache.

Zum einen könnte eine Ursache darin liegen, daß sich der Lagerbetrieb immer in geschlossenen Räumen abspielte, der für den interessierten Außenstehenden nur wenig einsehbar war. Zum anderen waren die Speicherarbeiter eine sozial weniger auffällige Gruppe, als etwa die Schauerleute. Viel Leute standen in einem festen Arbeitsverhältnis mit einem recht guten Jahreseinkommen. Von ihrer Berufsethik verstanden sie sich eher als Treuhänder des Kaufmanns, denn als Transportarbeiter.«
(Rath, 1987, S. 286 ff., auszugsw.)

## *Begriff:*

**Im Speicher werden meist hochwertige Güter kurzfristig eingelagert. Diese haben oft nur eine begrenzte Höhe von ca. 3 Metern höchstens.**

**Lagerhäuser dagegen sind für langzeitige Lagerung mit größerer Höhe und entsprechender Bodenbelastung bestimmt.**

Um 900 Im Bericht des Rimbert »in suburtio manentes« wird von ansässigen Kaufleuten, vom Warenumschlag und Handelsverkehr im Wik gesprochen.
Das Fleet unterhalb des Wiks gilt als erster Hafen Hamburgs. Am Reichenstraßenfleet, in der Große Reichenstraße und Große Bäckerstraße unterhalb des Domplatzes wurden große Mengen von verkohlten Roggen- und Weizenkörnern gefunden. (Schindler 1957, S. 137 + 144)

um 1100 Die Stadt stabilisiert und dehnt sich aus.
(Rudhard, 1975, S. 14)

1164 Die Julianenflut überschwemmt die Stadt. Der Chronist Helmold berichtet: »Viele Reiche und Vornehme saßen ... und schwelgen in Überfülle ...«
(Schindler, 1957, S. 149)
Durch die Grabungen von R. Schindler wissen wir, daß bald nach Gründung der Wiksiedlung ein erfolgreicher Handel stattfand.

1165 Die Kaufleute nehmen einen Priester mit zum Heringsfang in die Ostsee. Als wichtigster Handelsartikel wird Lüneburger Salz genannt.
(Schindler, 1957, S. 155)

von 1186 bis 1187 Aufschüttung der Nikolai-Insel, »Neue Burg« durch den Lehnsmann Wirad von Boizenburg.
(Schubert, 1993, S. 22)
Die spätere Neustadt wurde auch als Hafenerweiterung geplant, zur Wert- und Umsatzsteigerung durch Lagermöglichkeiten (Speicher). (Ellermeyer, 1986, S. 58)

1189 bis 1861 Zollfreiheit auf der Elbe bis zum Meer und in der Stadt durch gefälschten »Freibrief« von Kaiser Barbarossa erschlichen. (Griem, 1988, S. 25)

ab 1190 Der Unterlauf der Alster wird zum ersten erweiterten Hamburger Hafen. Der Bereich Deichstraße wird das neue Kaufmannsquartier. Die Alsterfurt (Gr. Burstah) wird überbrückt und zur festen Ost-West-Verbindung nördlich der Elbe. (Rudhard, 1975, S. 16)

1227 Sieg der Grafen Schauenburg in der Schlacht bei Bornhöved, dadurch wird Hamburg Freie Stadt im Reich.
(Rudhard, 1975, S. 49)

um 1230 Bebauung der Cremoninsel als Kaufmanns- und Reedereisiedlung. (Verg, 1977, S. 31)

1240 Verbindung der Alstermündung mit der Bille durch den Oberhafen, dies zur besseren Durchspülung des Alsterhafens für die Speicher. (Schubert, 1993, S. 20)

1248 Im Stadt-Erbebuch steht über den Grimm geschrieben: »Siegfried hat die Hälfte des Hauses ... verkauft an ....« (Wiepking, 1961, S. 7 + 30)

1249 Weiter wird berichtet: »Hildebernus ... hat im Grimm gekauft, vom Wasser bis zum Walle dort selbst.«
(Wiepking, 1961, S. 7 + 30)

1250 Gründung der Kaufmannsvereinigung der Hansen/Hanse. (Griem, 1988, S. 25)

*Ein Stich aus der Zeit um 1600. Direkt vor dem Krane an einem Faß arbeitet ein Küper oder Quartiersmann. Sonst sind beim Kran und der Ratswaage am Wasser wieder alle Berufe vertreten: Kranzieher, Kneveler, Karrenzieher und Ewerführer. Hinter Kran und Börse stehen wie aufgereiht die Kaufmannshäuser am Nikolaifleet.* *Quelle: STAH*

Mit den Handelsvereinigungen (Hansen) dürften sich auch Vereinigungen für die Arbeitnehmer gebildet haben (Rollen, Ämter, Genossenschaften).

Die Steinstraße wird gepflastert wegen der Beanspruchung durch schwere Wagen. (Hipp, 1996, S. 28)

Mitte des 13. Jahrhunderts müßten »Quartiersleute« nach der Handelsstruktur in Hamburg vorhanden sein. (Hamburger Abendblatt, 1960, Quittung)

1250 Mitte 13. Jh. werden schon selbständige Gebäude als »Spiker« im Stadt-Erbebuch genannt. (Rudhard, 1975, S. 142)

Seit dem Mittelalter entstanden die Speicher um den Binnenhafen, Alsterfleet und Herrengraben, später kamen weitere auf dem Wandrahm und Kehrwieder dazu. (Rath, 1987, S. 290)

Speicher werden inzwischen nachgewiesen, welche aber auch bedient werden müssen durch die Hausküper (Amt der Böttcher 1321), »Quartiersleute« oder Speicherarbeiter. (Rüdiger, 1874, S. 29)

1256 Der Hopfenmarkt wird als Neuer Markt genannt. (Gaedechens, 1880, S. 34)

1258 Anlage des Stadtdeiches am heutigen Zollkanal. (Müller, 1957, S. 38)

1259 Die Hohe Brücke versperrt den Alsterlauf (Nikolaifleet) für Schiffe mit festen Masten. (Müller, 1957, S. 21; Bolland, 1952, S. 101)

1270 Hamburg erhält das Stadtrecht vom Kaiser »freie Stadt«, (Bolland/Möhring, 1975, S. 9) und zum erstem Mal werden Schiffahrtsrechte mit einbezogen. (Schubert, 1993, S. 14)

1270 Aufzeichnung des Ordeelbooks, dies ist das erste aufgezeichnete Stadtrecht. (Bolland, 1968, S. 137)

Hamburg wird wegen seines Bieres gerühmt. (Rabe, 1913, S. 9)

Es besteht großer Bedarf an Lagerraum sowie Holz zum Heizen und zur Faßherstellung durch die Böttcher und Küper. (Rabe, 1913, S. 9)

1284 Eine Feuersbrunst vernichtet große Teile der Stadt. (Rabe, 1913, S. 7; Tratzinger, 1835, S. 63)

ab 1290 Backsteinquader werden auch bei Profanbauten verwandt wegen der Feuersgefahr. (Rudhard, 1975, S. 25)

1291 Der »Alter Krahn« (Trommel-,Tretkran) wird am Nikolaifleet/Zollernbrücke errichtet, dieser verbrennt 1842. (Rath, 1987, S. 252)

1292 Das Stadtrecht wird revidiert, es wird bekannt durch das Prostitutionsverbot. (Schubert, 1993, S. 24)

*Aus dem Stadtrecht von 1497. Blatt 15 »van wedde unde bote«. Es geht um Straftaten. Rechts oben: Es könnte ein, »Quartiersmanns-Rollwagen« oder Karren sein?*
*Dieser Wagen wird offenbar schon länger als Transportmittel für Fässer und Ballen in der engen Stadt verwandt, sonst wäre er nicht abgebildet. Die Verpackung, Fässer und Ballen, entspricht der Zeit. Die Faßreifen wurden von den Bandreißern z.B. in der Haseldorfer Marsch hergestellt. Später kamen Säcke und Crates hinzu. Holz für Kisten gab es kaum, und gesponnenes Gewebe wurde für Bekleidung benötigt.*
*Daß es sich um ein gebräuchliches und bewährtes Gefährt handelte, läßt sich aus der geringen weiteren Veränderung in den folgenden 400 Jahren an Hand der Bilder ableiten. Quelle: STAH*

1299 Das Hamburger Pfandbuch nennt Ewer für Transporte. (Möhring, 1965, S. 11)

Im Stadt-Erbebuch wird vom Verkauf eines Speichers am Wasser berichtet. (Rabe, 1913, S. 9)

Ein geschriebenes Stadtrecht mit Bildern und Erklärungen zu Schiffahrts- und Marktrechten liegt uns 200 Jahre später vor. Also dürfte es schon um 1300 Streit gegeben haben, und eine Regelung wurde nötig.

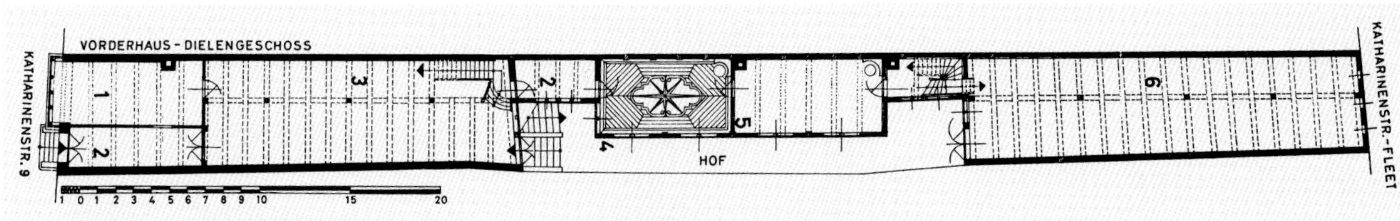


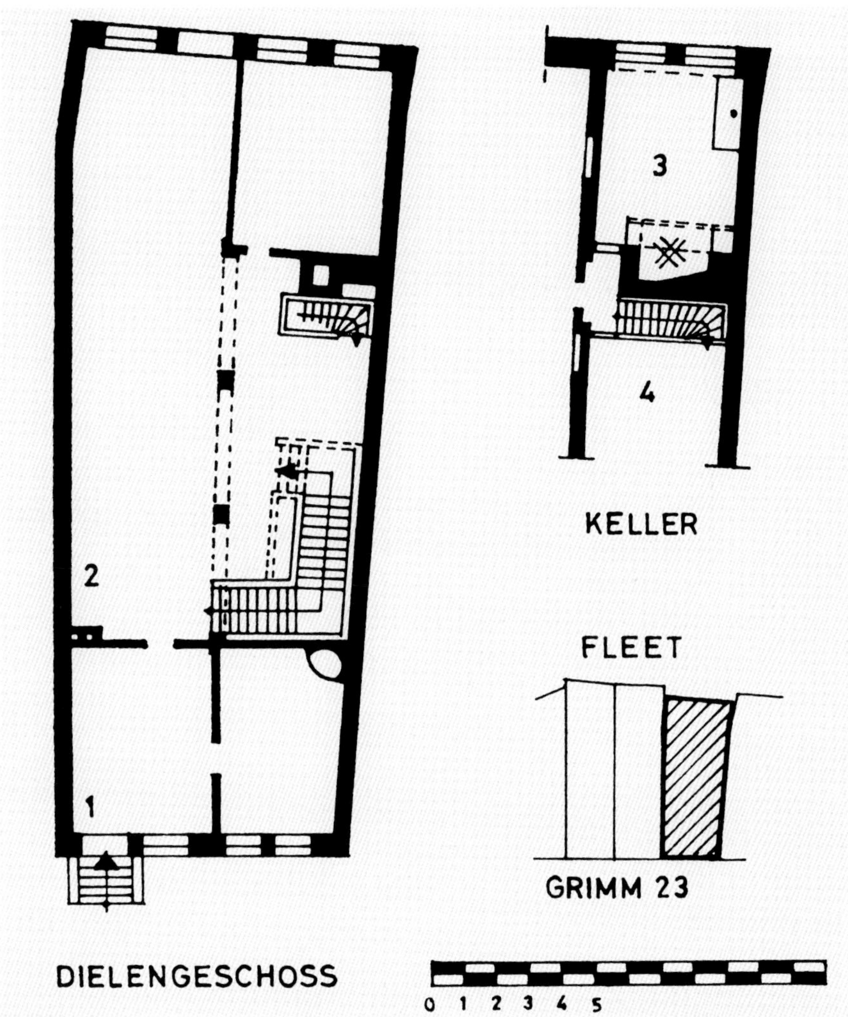


*Kaufmannshaus, die Entwicklung der zwei Typen begann ab ca. 1550.*
*Binnendeichshaus ist lang und schmal von der Straße bis ans Fleet, mit der Aufteilung: Vorderhaus mit Diele, Mittelteil am langen Innenhof, Speicher am Fleet. Die Außenmauern bilden den Wasserabschluß. Katharinenstraße 9: 1 Kontorraum, 2 Vordiele (Verbindungsflur), 3 Diele, 4 Prunkraum mit reicher Decke, 5 Wohnraum, 6 Speicher.*
*Außendeichshaus ist ein breites, kompaktes, rechteckiges Gebäude, zwischen Deich und Fleet. (geringer Raum) Der Speicher schließt mit kleinem Hof direkt ans Fleet, und die Lagerböden befinden sich nur in den oberen Stockwerken. Hopfensack 11: 1 Kontor, 2 Diele, 3 Speicher (Fachwerk), 4 Luftraum, a Vorderhaus, b Hofflügel, c Speicher.*
*Quelle: Buch, Rudhard, 1975, S. 51 + 72, gekürzt*

1307 Es wird berichtet, daß in Hamburg mehr Bier als in Bremen gebraut wird. (Rabe, 1913, S. 9)

1321 und 1375 wird eine Settinghe (Satzung) der Böttcher (Fässer und Tonnen) und Beckenmacher = Kleinböttcher (ältestes Amt in Hamburg) geschrieben. (Rüdiger, 1874, S. 29 + 31 + 65)

Brüderschaften sind Ämter oder Zünfte geringeren Rechtes. (Rüdiger, 1874, S. VIII)

Ämter erscheinen auch als Gesellschaften – Mischform. (Baum, 1976, S. 101)

1322 St. Jacobi Kirchspiel schreibt eine Vereinbarung im Stadt-Erbebuch über die Randbebauung der Straßen, Traufe an Traufe. (Rudhard, 1975, S. 46)

1322, 1397 und 1401 Bebauungsphasen der Ufer des Nikolaifleet mit Speichern. (Rabe, 1913, S. 10)

Die große Bierproduktion benötigt entsprechende Transportgefäße: Faßherstellung durch die Küper/Böttcher. Transporte durch die Ewer und Seeschiffe (Koggen).

1348 bis 1374 Die Uferplätze an den Fleeten werden nur für Speicherbauten verkauft. (Rabe, 1913 S. 10)

Durch die Arbeiten von Möhring, Kemme und Rath wurde nachgewiesen, daß Verordnungen nötig wurden, zur Abgrenzung der Arbeiten der Ewerführer, Kranzieher und Kornknechte.

ab 1350 Ein leichter Niedergang tritt in der Bierproduktion ein, die Böttcher/Faßhersteller werden zu Hausküpern, eventuell »Quartiersleuten«? (Rath, 1987, S. 293)

1352 Ein weiterer, zweiter Kran an der Deichstraße/Kajen wird genannt. (Bolland, 1952, S. 62; Rath, 1987, S. 127; Gaedechens, 1880, S. 42)

1355 Die ehemalige Krahnbrücke wird in Tolnebrugge (Zollernbrücke) umbenannt. (Wiepking, 1961, S. 30)

1359 Hamburg erhält kaiserliche Privilegien, gegen Seeräuberei und zur Abhaltung einer großen Messe. (Bolland/Möhring, 1975, S. 9)

1370 Fast 40 % aller Amtsmeister in Hamburg sind Küper. (Rabe, 1913, S. 10)

1374 Hamburg gilt als zweitgrößtes Brauhaus nach Flandern. (Bolland/Möhring, 1975, S. 10)

1375 Beginn der Pflasterung von Hopftenmarkt, bei den Mühren und Neue Brücke, Rödingsmarkt. (Gaedechens, 1880, S. 51)

In der Settinghe der Glaser, Maler, Sattlere (Platensleghere) wird geschrieben:

§15) »Platenslegher sollen machen aus guten, harten Leder.« (Rüdiger, 1874, S. 92)

Platen ist noch heute der Begriff für die Lederschürze des Quartiersmannes.

1376 bis 1390 Eine kurzfristige Konjunktur belebt Hamburg, Renten werden aufgenommen zum Bau von Kornspeichern und Buden ... (Baum, 1976, S. 98)

1376 Von 1175 Gewerbetreibenden in Hamburg sind noch 457 Braumeister. (Schubert, 1993, S. 24 + 29)

1380 Es wird in einer Schrift von Packern gesprochen: »Die Packer benutzen Hoyke, Schlagdokes, Fässer und Ballen zum Sichern der Kaufmannsgüter.« (Rabe, 1913, S. 19; Nirrnheim I, S. 652)

1391 Ein großer Hansetag findet in Hamburg statt. (Bolland/Möhring, 1975, S. 10)

Compagnion-Packer (39 Leute) treten 1508 als etablierte Berufsgruppe auf. Wir dürfen davon ausgehen, daß das Lager- und Packergewerbe schon vorher geordnet war. Es liegt nahe, daß diese Zusammenschlüsse vier Personen erforderten.

1393 Die Ewer können 70 Lasten = 140 metrische Tonnen = 33 Hektoliter tragen. (Möhring, 1965, S. 12; Kemme, 1957, S. 46)

1 Last = 2 bis 3 cbm. (Bolland, 1952, S. 58)

(Siehe auch Kapitel Verpackungen)

Das Hamburger Kaufmannshaus hat sich aus dem niedersächsischen Fachhallenhaus entwickelt. Statt in die Breite 3 Fenster, wurde in die Höhe gebaut. (Melhop, 1908, S. 261) Geblieben sind die Diele durch 2 Stockwerke, ohne den offenen Herd, die Verbindung nach oben und die Stirnseiten mit Wohn- und Bürotrakt, bzw. dem Eingang. (Rabe, 1913, S. 7; Melhop, 1908, S. 35)

In der Decke des Kaufmannshauses/Speichers befand sich das Winnlock durch alle Stockwerke für den Löper (Endlosseil) der Haspelwinde. Am (ehemaligen) Platz

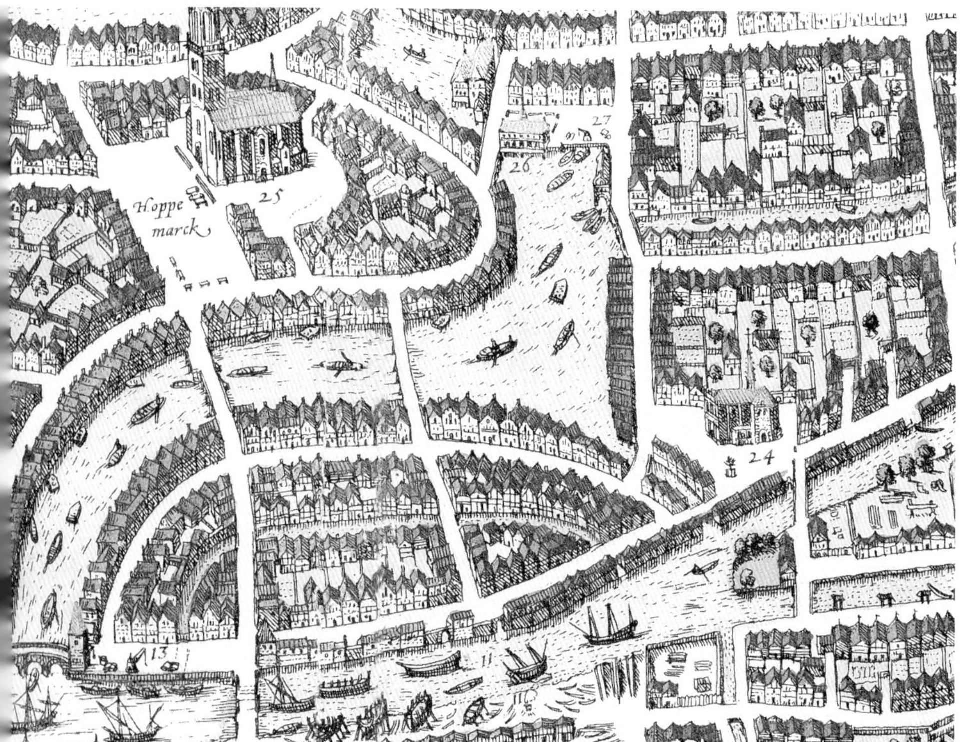


*Einer der ältesten Stadtpläne ist der von Braun/Hogenberg von 1589, das Original befindet sich im Staatsarchiv. Hier eine Detailvergrößerung mit dem Nikolaifleet. Beim Alten Krahn, nahe des alten Rathauses, der Börse und der noch heute bestehenden Zollernbrücke, Nr. 26 + 27, sowie beim Neuen Krahn, Nr. 13 befinden sich Landtransportmittel, welche durch die Kräne beladen werden. Zweiachsige, vierrädrige Rollwagen, eventuell die der Quartiersleute, stehen waagerecht. Einachsige, zweirädige Karren der Wagen-, Karren- oder Kranzieher stehen in Ruhestellung schräg, diese nehmen die größeren Transporte vor und werden durch die Kräne, den Neuen oder den Alten, oder die Haspelwinden beladen. Haspelwinden für leichte Hübe oder Ladungen befinden sich am Südufer des Binnenhafens, hier unterhalb des Neuen Krahnes, Nr. 13. Die Verbindung zwischen den Seeschiffen, der Stadt, den Speichern oder den Kränen stellten die früher sehr kleinen Schuten oder Ewer der Ewerführer her, welche von einem oder zwei Mann mit leichter Hand bewegt werden konnten.* *Quelle: STAH*

des Kamins an der Decke die große Schale, – die Bummelschaal. (Rabe, 1913, S. 8)
Durch die Hochwasser wurde eine Auftreppung der Erdgeschosse nötig. Das Aufwinden im Speicher fand im Hause statt. Winden (Haspelwinden) wurden erst im 19. Jahrhundert an der Straßenseite angebracht. (Melhop, 1908, S. 261 ff.)

1406 Eine Badestube von 1274, wird »Kornstaven« genannt nach dem nahen Speicher für Korn, nähe Reimerstwiete. (Gaedechens, 1880, S. 40)

1410 In der sog. Magna Charta der Hamburger Bürger werden die wesentlichen bürgerlichen Mitspracherechte verbrieft. (Bolland/Möhring, 1975, S. 14)

1415 Die Setthinghe der Böttcher wird überarbeitet: Tonnen, Holzfässer und Rumpe-Halbfässer und -Bottiche dürfen nicht mehr in Speichern und Wohnhäusern hergestellt werden. (Rüdiger, 1874, S. 32)

1428 Eine Brunnenleitung vom Millerntor versorgt das Katharinenkirchspiel mit Wasser: Kajen, Cremon, Katharinenstraße und Grimm. (Wiepking, 1961, S. 33)

1434 Der Helm des Domturmes wird fertiggestellt. Einige Altäre werden von kaufmännischen Brüderschaften gestiftet, welche damals gleichsam aus dem Boden schossen. (Bolland/Möhring, 1975, S. 12)

1438 Erneute Bestätigung der kaiserlichen Privilegien, auch der von 1359. (Bolland/Möhring, 1975, S. 9)

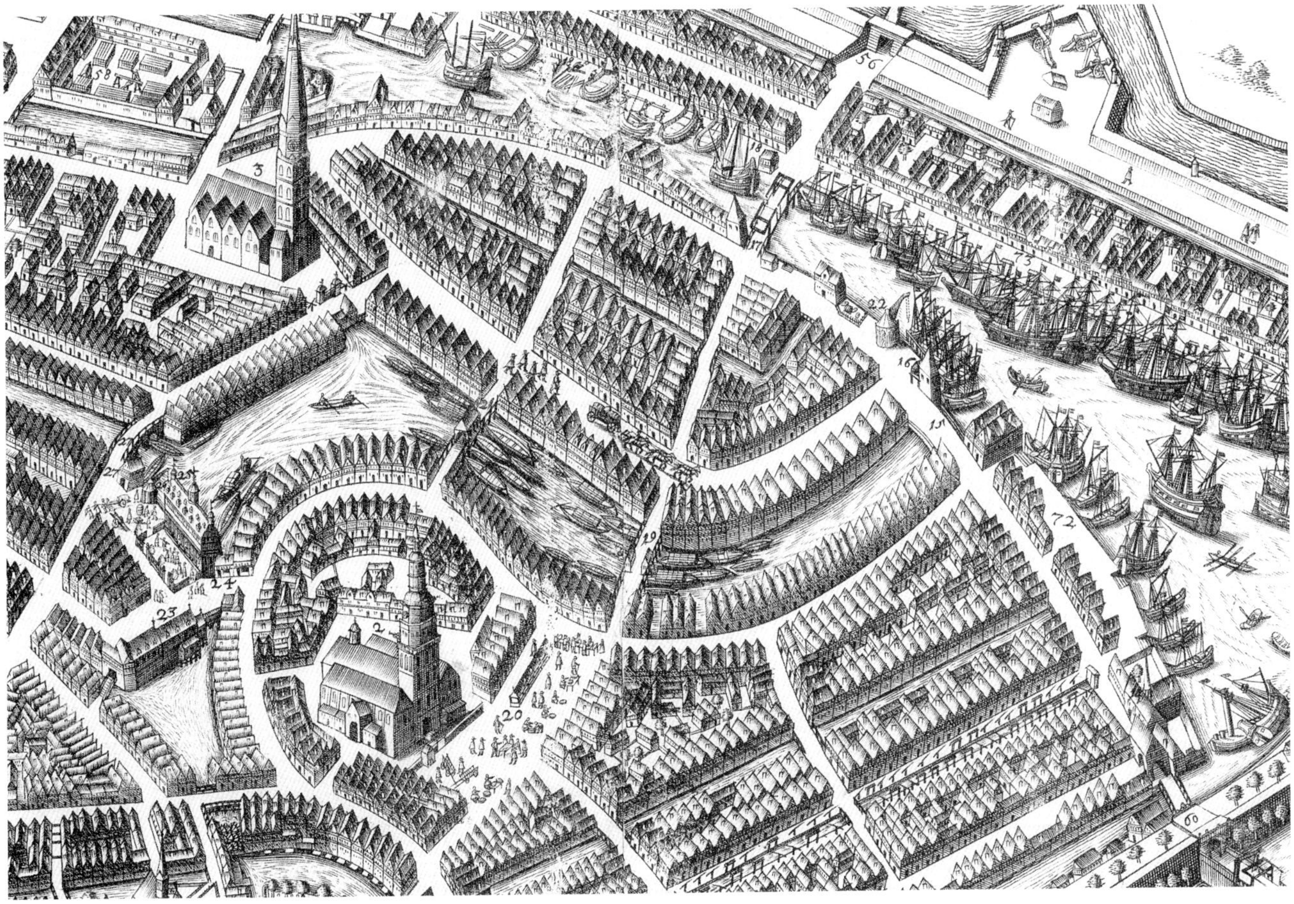

*Um 1600 entstanden verschiedene Stadtpläne, da die Stadt reich war. Ein Stich von A. Pitersen entstand 1644, welcher sich im Staatsarchiv befindet.*
*Für uns zeigt der Ausschnitt um das Nikolaifleet und die Nikolaikirche die verschiedenen Verkehrsträger in der Stadt. Schuten auf dem Nikolaifleet, schwere Pferdefuhrwerke 6spännig in der Katharinenstraße, Karrenzieher mit den einachsigen Karren, (lange Holme zwischen großen Rädern) nahe der Zollernbrücke und Handwagen der Krämer und Marktleute auf dem Hopfenmarkt vor der Nikolaikirche, das ist die Situation 1644. Die Speicher werden von der Wasserseite über die Fleete durch die Schuten/Ewer und über Land durch die Karrenzieher versorgt.*
*»Quartiersleute« sind allem Anschein nach nicht abgebildet, denn Platen (Schürzen) und Schlüsselbunde sind bei den abgebildeten Personen nicht zu erkennen (wenn überhaupt) und Quartiersmannsrollwagen (2achsig, gleich große Räder, kurze Deichsel, hochliegende Holme und offene Ladeflächen) fehlen. Insgesamt ein guter Eindruck des herrschenden Verkehrs.* *Quelle: STAH*

1482 Hamburg setzt das alleinige Elbstapelrecht an der Unterelbe durch. (Schubert, 1993, S. 20)

1497 Das Hamburger Stadtrecht wird aufgeschrieben, mit Text und Bild, unter anderem zu Schiffahrts-, Markt-, Erbrechten usw.
Auszug:

5. Van schickinge vde vorderinge des neddersten gherichtes. (Niedergericht, Dom)
14. Van allerhande plychten vnde schulden – Kaufen und Verkaufen. (Markt, Hausfronten ohne Winden)
15. Vam wedede vnde bote, leichte Straftaten. (Quartiersmanns-Rollwagen, rechts oben?)
18. Schiprechte – Schiffsrechte. (keine Quartiersleute)
(Bilderhandschrift des Hamburgischen Stadtrechts von 1497. H. Reinecke/J. Bolland, Staatsarchiv)

Der sogenannte Quartiersmanns-Rollwagen, Karren, wurde von ca. 1497 bis 1900 durchgehend nachgewiesen. Dieser Wagen muß sich also auch schon vorher bewährt haben. (Bilderhandschrift § 15, rechts oben)

1506 Die Setthinghe der Bödekeren und Kymeren werden überarbeitet (Küper sind Hersteller nur von Faß- und Großkübeln, Bottichen). (Rüdiger, 1874, S. 35)

1508 In den Kämmereirechnungen wird der Eingang eines Betrages zum Erwerb des Bürgerrechtes von einem Packer (Compagnions-Packer) bestätigt. Rabe schreibt: »Wenn wir annehmen dürfen, die einzelne Genossenschaft der Packer habe schon 1508 aus vier Teilhabern bestanden, so wären damals bereits zehn Quartiere vorhanden gewesen. Der Baas, welcher Lesen und Schreiben konnte, sowie die Consorten für die Arbeit.« (Koppmann, Rabe, 1913, S. 39)

1521 Eine Erweiterung der Settinghe des Großböttcheramtes um dem Begriff der Kymer/Kiemer (Küper) liegt uns vor: Hersteller nur von großen Gefäßen und Kübeln. (Rüdiger, 1874, S. 35)

1528 Im Rezeß wird das Wohnen auf dem Brook untersagt, nur Lagerung von Kaufmannsgütern ist noch erlaubt. (Gaedechens, 1880, S. 101)

1536 Vertiefung des Fleetes Oberbaum zur besseren Wasserversorgung der Fleete bis nördlich des Brooks. (Gaedechens, 1880, S. 101)
»Fleetgänge zwischen den Häusern werden von der Straße zum Wasser angelegt. Heizmöglichkeiten sowie Toiletten waren in den Speichern nicht vorhanden. Als

*Wenn wir über die Speicherstadt sprechen, fällt oft der Name St. Annen. Hier lag der Armenfriedhof vor der Stadt, außerhalb des Walles und St. Katharinen. 1672 fand das erste Begräbnis auf dem St. Annen Kirchhof statt. »Todten-Kapelle für höchst arme Leute und ... wegen solcher die aus Mißmuth und Melancolie sich selbst entleibt hatten.«*
*Quelle: Sammlung F. Salamon*

Toilette wurde ein Ausbau zur Wasserseite mit allen Folgen genutzt. Die Fenster waren entsprechend klein. Als Büro diente das Kabuff im oberen Stockwerk.« (Rabe, 1913, S. 10 + 12)

1543 Es wird von einem Ewer berichtet mit 20 Mann zum Rudern und Schleppen. (Möhring, 1965, S. 12)

1548 Einsetzung einer Düpekommission (Deputation aus Ratsherren und Bürgern) für Hafen- und Verschlickungsbelange. (Bolland, 1952, S. 61)

ca. 1550 Im 16. Jahrhundert entstehen weitere Berufsvereinigungen bzw. Gilden. (Griem, 1988, S. 25)
Durch die Befestigung der Stadt wird der Binnenhafen vom Niederbaum abgetrennt und verflacht. Im Niederhafen liegen die Seeschiffe. (Müller, 1957, S. 22)

1557 Bau der Börse an der Trostbrücke, nahe des alten Rathauses und des hölzernen Kranes. (Griem, 1886, S. 26; Müller, 1957, S. 25; Schubert, 1993, S. 26)

*St. Annen, (hebr. »Gnade«) die heilige Anna, Mutter der Jungfrau Maria, Schutzheilige der Mütter, Bergleute und Kaufleute. An der Nord-Ost-Ecke des Blockes O, ehemaliger Verwaltung der HFLG, befindet sich eine Skulptur der Namensgeberin dieses Freihafenbezirkes. Quelle: KHA*

1560 Um diese Zeit wird der Hafen für Seeschiffe um Kehrwieder und Grasbrook erweitert.
Die erste Kornordnung wird uns bekannt. (Kemme, 1957, S. 46)
Die Haspelwinden, ob am Wasser oder auf dem Speicher, oben, dem »Wellbohm oder Winnbohm«, besteht aus dem »Rööd« auf dem die Zacken sitzen, in die sich der »Löper«, das Endlosseil, einklemmt und das Rad bewegt. Auf der dicken Welle, also mit einer Untersetzung, wird der Dreger, das Tragetau auf- oder abgewunden. Hubkraft im allgemeinen bis ca. 150 Kilogramm, (Rabe, 1913, S. 24) eine 8- bis 10fache Übersetzung. (Rath, 1987, S. 352 + Anm. 29)

1568 Bau des Neuen Krahnes am Binnenhafen, bis 1857 in Funktion. (Rath, 1987, S. 252)
Ordnung und Artikel der Boetere (Bootleute) wird eingeführt: »Donnerstag nach Lichtmess (2. Februar) ... untersteht sich Schiff oder Schute zu fahren....« (Rüdiger, 1874, S. 238)

1569 Im Grimm existieren 26 Brauhäuser. (Wiepking, 1961, S. 36)

1589 Ein Hebelkran wird in Hamburg nachgewiesen. (wie in Siena, Rath, 1987, S. 123)
Die Karte von Braun & Hogenberg (im Staatsarchiv) zeigt Haspelwinden am Kehrwieder, Vorsetzen und Wandrahm. (Rath, 1987, S. 124)
Beim Alten Krahn, nahe des alten Rathauses, der Börse und der noch heute bestehenden Zollernbrücke Nr. 26 + 27 sowie bei dem Neuen Krahn Nr. 13 befinden sich Landtransportmittel. Vielleicht auch die vierrädrigen Rollwagen der Quartiersleute, diese stehen waagerecht.

1590 Brief an den Rat wegen des Zuzugs von Fremden: »... müßten Volk in die Stadt haben, die Speicher stünden ledig.« (Ellermeyer, 1986, S. 63)

1594 Das Kneveleramt (Bierführer) schreibt eine Satzung:
Abs. 2 »Alle Offiziellen des Rates ... auch die Schiffbauknechte, Kneveler, Ewerführer, samt allen Korn-, Krahn- und Kohlenträgern ... bei Feuer schuldig zu erscheinen sind ...« (Rüdiger, 1874, S. 144)

1594 Auch die Kranzieher schreiben eine Satzung:
Abs. 6 »Nach dem wir Krahnzieher seit undenklichen Zeiten des Kaufmanns Gut auf, ab, aus und in die Schale (Waage) gebracht haben ... nach altem Brauch bleiben ... und die Kneveler für Tonnengut ausgenommen.« (Rüdiger, 1874, S. 158)
Es geht um die Abgrenzung gegen die Kneveler (Bierführer) durch den Niedergang des Bierhandels. (Rath, 1987, S. 255)
Außer den schwachen Abbildungen in der Karte von Braun/Hogenberg 1598 und A. Pitersen 1644 müssen wir auf weitere Abbildungen verzichten. Durch die gro-

*Dieses frühe Gemälde von J. G. Suhr zeigt die Börse um 1680. Ein Gemälde Öl auf Leinwand aus dem Museum für Hamburgische Geschichte.*
*Die Situation am Kran und der Börse, rechts, vor dem Gebäude, arbeiten vermutlich Quartiersleute an den Fässern und Ballen. Sie tragen den typischen Lederschurz. Die Fahrzeuge, Pferdefuhrwerke und Karren der Karrenzieher, einachsig bis ca. 2,5 tons belastbar, machen den Leuten schwer zu schaffen. Ein 2achsiger Quartiersmanns-Rollwagen fehlt.* *Quelle: MHG*

ßen Brände im 14. Jahrhundert, 1676, 1843 und 1943 sind viele Unterlagen von vor 1500 verloren gegangen, so daß diese Zeit durch Vermutungen abgedeckt werden muß.

1599 Die Ordnung der Rad- und Stellmacher ist uns überliefert: »Alle Arbeiten des Handwerks: … Karn, Schiebkarn, Leitern, Streichleitern (für Fässer), Holz- und Tragbähren, Schlitten, Schlöpen … usw.« (Rüdiger, 1874, S. 199)

Dies sind typische Werkzeuge der Packer oder Quartiersleute.

um 1600 Verschiedene Stadtpläne entstehen, da die Stadt reich war. Der Stich von A. Pitersen entstand 1644. (Heute im Staatsarchiv)

Dieser Ausschnitt um das Nikolaifleet zeigt die verschiedenen Verkehrsträger.

1604 Ein weiterer Elbdurchstich zu Verbesserung der Wasserversorgung des Alsterhafens für Schuten und Ewer wird gegraben. (Schubert, 1993, S. 25)

Die Kornordnung wird erneuert. (Kemme, 1957, S. 46)

Der östliche Brook wird von den Wand- und Tuchmachern für eine Bebauung geräumt. Verlegung der Wandrahmen zum Grasbrook, Platz für die Bebauung durch Speicher und Wohnungen. (Gaedechens, 1880, S. 135; Müller, 1962, S. 40)

Ökelnamen waren kurze und gebräuchliche Abkürzungen oder Charakterisierung der Quartiersleute. (Rabe, 1923, S. 57)

*Ein kleiner Stich von Singer zeigt die Situation im Speicher. Die Luke ist geschlossen, und ein Kerzenlicht erhellt den Raum. Die Kisten werden mit der schmalen Speicherkarre bewegt. Sonst ist alles aufgeräumt und sauber, der Speicher ist nicht voll. Neben der Faßleiter links am Balken befindet sich die Luke, welche durch alle Böden führt. Die Seile der Haspelwinde hängen durch die Stockwerke, der Löper, das Endlosseil zum Antrieb des »Röd« unter dem Dach und das Hubseil zum Auf- und Abwinden. So mag es früher bei den Quartiersleuten ausgesehen haben. Quelle: Buch, Singer*

Später fand eine Namens-Verkürzung durch den ersten Namen und den Anhang ... sien statt. z. B. Hansen 'sein.

1611 Nachweis einer hafennahen Brüderschaft durch den Grabstein der »Brüderschaft der Ewerführer vom Alten Krahn« auf dem Ohlsdorfer Friedhof. (Kludas, Braun, 1997, S. 11)

1615 Nach verschiedenen Bränden schließen Bürger gegenseitige Feuerkontrakte ab. (Verg, 1977, S. 72)

1616 Die Stadt wird befestigt unter Einschluß des Binnenhafens durch J. v. Valkenbourg. (Schubert, 1993, S. 21)

1619 Gründung der Hamburg Bank. (Schubert, 1993, S. 26)

1632 Jochim Ledebuhr und Consorten kaufen das Haus Binnenkajen 37. (Koppmann, 1886, S. 154)

Dies kann als erster Hinweis auf »Quartiersleute« angesehen werden.

1644 Hebelkräne und viele Haspelwinden am Rödingsmarkt sind im Kupferstich von Pitersen zu finden. (Rath, 1987, S. 123 ff.)

Transporte gehörten nicht unbedingt zu den Tätigkeiten der Quartiersleute. Bilder mit 2achsigen Wagen fehlen. (Olsen, 1961, S. 17)

*Die Stadtteile mit den ausgeprägtesten Kaufmannshäusern stehen auf der Cremon-, Katharinen- und Reichenstraßen-Insel. Die schmalen, langen Grundstücke zwischen Fleet und Straße bilden sich als typische hamburgische Bebauung heraus. Speicher am Fleet, Mittelhaus als Verbindung zum Vorderhaus mit Diele, Büro und Wohnteil. Die schönsten Dielen, gebaut nach den Bränden von 1676 und 1683, sind vor dem Abbruch gezeichnet worden. Die Enge der Straßen bietet kaum Platz, und so muß alles ins Haus oder in den Hof des Mittelhauses gebracht werden. Der Quartiersmanns-Rollwagen, so klein er ist, kann auch noch zerlegt (2 Deichseln) und auf der Diele untergestellt werden. Vorlage von Ebba Tesdorpf im Museum für Hamburgische Geschichte.*

*Quelle: MHG*

um 1661 Auf einem Stich von Dircksen sind Kranzieher zu erkennen. (Rath, 1987, S. 176)

1665 Gründung der Commerzdeputation, 1863 in Handelskammer umbenannt. (Schubert, 1993, S. 26)

1665 Die erste Straßenlaterne wird in Hamburg aufgestellt. (Kapsilber, 1912, S. 58)

1672 Erstes Begräbnis findet auf dem St. Annen Kirchhof statt:
»Todten-Kapelle für höchst arme Leute und ... wegen solcher die aus Mißmuth und Melancolie sich selbst entleibt hatten.« (Heß, 1810, S. 376)

1672, 1673 und 1676 brennt die südliche Altstadt (Cremon-, Grimm- und Katharinenviertel) durch die vorherrschenden Holzbauten fast vollständig ab. (Ellermeyer, 1986, S. 61; Beneke, 1886, S. 230) Danach werden am Wasser neue, größere Kaufmannshäuser mit Speichern (Außendeichshaus) gebaut. (Schubert, 1993, S. 30)
Es bleiben durch die nachfolgenden Zerstörungen Hamburger Brand 1842, Speicherstadt 1881–1888, Sanierung ab 1920 und Krieg 1943 kaum Profanbauten erhalten. Nur der Turm von Neuwerk und Teile des Schlosses von Bergedorf. (unter anderem, W. Mehlhop, 1906, S. 32 + 261)

1676 Gründung der Hamburger Feuerkasse, als Fortführung der Feuerkontrakte von 1615. (Melhop, 1895, S. 15; Verg, 1977, S. 72)

1680 Das Gemälde von J. G. Suhr im Museum für Hamburgische Geschichte zeigt die Börse um 1680.
Nahe des Kranes arbeiten wohl Quartiersleute an den Fässern und Ballen. Sie tragen den typischen Lederschurz.

1683 214 Häuser brennen ab: St. Annen, Brook, Kehrwieder. (Schubert, 1993, S. 21)

1691 Reglement für Schiffer und Schiffsvolk wird erlassen. (Möhring, 1965, S. 16)

1693 Ein Hinweis auf einen »Quartiersmann«-Kontrakt wird gefunden: »Dies wäre der zur Zeit erste und sichere Hinweis.« (Olsen, 1961, S. 16; Rabe, 1913, S. 39)
Darin die Klärung des Ausscheidens und Neubesetzens mit Packern oder Consorten.
In diesem Kontrakt wird von Packern »Compagnions-Packern«, also mehreren, gesprochen. Die Packer weisen wieder hin auf das Jahr 1508, Erwerb des Bürgerrechtes.
Mit diesem zur Zeit ältesten »Quartiersmanns«-Kontrakt ist der Berufsstand bis heute nachweisbar. Die Institution der Quartiersleute dürfte damals bekannt gewesen sein, da ca. 80 Jahre später, 1766, in einer Schiffer-Verordnung der Begriff geschrieben auftaucht. (Rabe, 1913, S. 38 + 40)
Die Herkunft ist nicht klar, da im lateinischen Ursprung ähnlich: »quattuor« gleich vier, 4 Leute, oder »quartarius« gleich Viertel, Örtlichkeit. (Lange/Batz, 2002, S. 12)

1695 Ermahnung der Fuhr- und Krankechte durch den Senat. (Rath, 1987, S. 256)

1699 Im Staatsarchiv liegt der Vertrag (der Quartiersleute) von 1699 zwischen den Herren Backhan, Welzien, Wessel und Lahan.

um 1700 Im Kaufmannshaus befindet sich hinter dem Eingang rechts die Schriewkamer, in der Diele lagern Kisten, Fässer und Ballen, die mit

*Das nächste Bild, »Kleidertracht und Gewohnheit«, welches uns über den Rollwagen der Quartiersleute informiert, stammt aus der Zeit um 1810. Quartiersleute beim Transport eines Fasses. Offensichtlich fröhlich ziehen die 4 Quartiersleute ihren kleinen Wagen unter dem hölzernen Kran, der Haspelwinde, heraus. Nach dem körperlichen Einsatz der 4 Personen zu schließen, müßte das Faß leer sein. Eigentlich zieht nur ein Mann einen solchen Quartiersmanns-Rollwagen. Ein gestelltes Bild also. Bei der Tracht ist zu beachten, daß die Quartiesleute, wohl den üblichen Platen, die Lederschürze tragen. Die Jacke mit den Silberknöpfen ist offen. Der Zylinder fehlt, ein leichte Kappe bedeckt den Kopf. Die Schuhe weisen nicht auf schwere Arbeit hin. Über das Wollhemd gibt es keine Aussage.* *Quelle: STAH*

## SPECIFICATION

fämmtlicher

# DESIGNATIONEN in Anno 1806.

## I. In Hamburg.

a) *Die zu Rathe, nebst deren gewählten Herren Curatores bonorum.*

| Monat. | Dat. | No. | Perfonen: | Bancom℔ | ß |
|---|---|---|---|---|---|
| Januar | 3. | 1 | Johann Friedrich Haupt - - - <br> Cur. bon. die Herren F. A. Prale junior und J. C. Weigel. | 213200 | |
| ; | — | 2 | Friedrich Chriftoph Gädcke - - - <br> Cur. bon. die Herren J. H. Wiebcke und H. J. Kohthöfer. | 10900 | |
| ; | — | 3 | Salomon Abenda Belmonte - - - - <br> Cur. bon. die Herren D. J. Ladehoff und Regensdorff. | 27800 | |
| ; | — | 4 | Johann Berend Heinrich Stender - - - <br> Cur. bon. die Herren J. F. Mushard und F. C. Lam. | 20200 | |
| ; | 17. | 5 | Itzig Zelle - - - - - <br> Cur. bon. die Herren Behn & Conforten und B. J. Schlennger. | 7200 | |
| ; | 20. | 6 | Georg Wilhelm von Dadelfen, unter der Firma: von Dadelfen & Co. <br> Cur. bon. die Herren D. Schnelle, Mand. nom. Mohn & Gültzow, und C. F. Böfe. | 57600 | |
| ; | 24. | 7 | Johann Schläpke Courantm℔ 5827: 14 ß à 25 pCt. <br> Cur. bon. die Herren H. G. Boftelmann & C. u. Berkenhout & Hell. | 4662 | 5 |
| ; | — | 8 | Jofeph Mendel Franck - - - - <br> Cur. bon. die Herren J. C. Kepke und D. Valt. | 16000 | |

*Ein Blatt der Falliten aus dem Jahre 1806. Auch damals konnten Quartiers- oder Kaufleute (und Consorten) nicht richtig wirtschaften und gingen mit 7.800 Mark Banco Pleite.* *Quelle: VHG*

der Haspelwinde 3 Böden aufgewunden werden. (Wiepking, 1961, S. 41)

Im Lehrbuch des angehenden Kaufmannes wird nur von Ballen und Fässern gesprochen. (Rabe, 1913, S. 19; Steinhausen, S. 105)

1716 wird ein weiterer Quartiersmann-Kontrakt geschrieben, welcher erhalten ist.

Darin wird die Anrufung eines Schiedsrichters im Streitfalle besprochen. (Rabe, 1913, S. 40)

1720 Der sog. Ockelmann-Kontrakt vom 22. April liegt mit vollem Text vor. (Anhang)

»3. Abschnitt … Verdienet wirdt selbiges soll Ihre vierte Portion von Ihre drey andern Matten geliefert werden … 4. Abschnitt … in unßern Quartier da wier zugegen sindt Lohnen …« (Rabe, 1913, S. 53, Olsen, ca. 1925, S. 6)

1725 Nachweis eines Hebelkranes mit Talje in Hamburg, wie in Bremen. (Rath, 1987, S. 123)

1731 Ermahnung der Fuhr- und Kranknechte durch den Senat. (Rath, 1987, S. 256)

1732 Stiftung der Totenlade der Ewerführer Bruderschaft in Altona. (Möhring, 1965, S. 19)

1733 Einführung eines preußisches Reglements für Kranknechte in Berlin. (Rath, 1987, S. 254)

1737 Kornordnung wird erneuert, es geht um die Bearbeitung des Getreides durch Kornträger und Kornmesser. (Kemme, 1957, S. 47)

1748 Der Getreidezoll wird aufgehoben. (Kemme, 1957, S. 25)

1750 In einem weiteren Quartiersmann-Kontrakt von 1750 wird über Veruntreuung gesprochen. (Rabe, 1913, S. 40)

1758 Die Commerzdeputation schlägt vor:

»Daß der Wall (Admiralitätsstr.) … und die Plätze an dem selben zu Packräumen, Kornböden und Kaufmannshäusern angewiesen werden möchten.« (Heß, 1810, S. 201) Die Bebauung beginnt 1787 zwischen Ellernthor- bis Scharthorbrücke. (Heß, 1810, S. 202)

1762 Im Gottorfer Vergleich wird die Neutralität und Elbhoheit Hamburgs durch Dänemark anerkannt. (Schubert, 1993, S. 25)

»Mit der wachsenden Stadt und Zahl der Speicher wurde es immer schwieriger, die Quartiersleute zu finden, wenn diese nicht in ihrem Quartier oder Kneipe zu finden waren. Nur der Hinweis auf einer kleinen schwarzen Tafel, konnte Auskunft geben, wo diese zu finden waren.« (Rabe, 1913, S. 43)

1766 Verordnung für Schiffer und Schiffs-Volk wird erlassen. »Gefäße mit Sprit dürfen nur in Gegenwart des Kaufmann oder Bevollmächtigten ... der die Waare von Bord holet ... selbige darunter quitiren lassen ...« »Wenn der Everführer die Güter an des Kaufmanns Comtoir-, Bediente, Quartiers- oder Arbeitsleute geliefert ...« (Möhring, 1965, S. 16 + Anhang; Rath, 1987, S. 300)

**1 schriftliche Erwähnung des Begriffes Quartiersmann**

Bevollmächtigter des Laufmanns kann sein: Bürobediensteter, Lagerdeener, Kommis, Hausküper oder Quartiersmann. In den Speichern der Kaufleute war der Hausküper der Alleinherrscher. Küper oder Böttcher waren Fachleute in der Faßbehandlung, im holländischen Veems, in Antwerpen Natie. In Bremen Küper oder Küper. (Olsen, 1961, S. 15 + ca. 1925, S. 3; Rabe, 1913, S. 31)

Für zusätzliche Arbeiten wurden die Quartiersleute angefordert. Darüber hinaus wurden »Spikerlüd«, »de Lüd von de Eck« oder die berühmten »Löwen von'n Hoppenmark«, diese nicht nur für Speicherarbeiten angefordert. Einige »Ecken« hatten feste Bezeichnungen: De Engländereck-Katharinenstraße, de Wandrahmseck-, sowie de Pickeck-Deichstraße/Steintwiete. In diesen Ecken durften sich die Zusatzarbeiter in den hinteren Räumen aufhalten. (Rabe, 1913, S. 20)

1773 Beschwerde der Kranknechte über die Besitzer der Haspelwinden. (Rath, 1987, S. 255)

1786 Die Verordnung für Schiffer und Schiffsvolk wird revidiert: »... den Obligenheiten der Leichterschiffer, Ewerführer und Jollenführer, Knechten und Tagelöhnern ....« (Möhring, 1965, S. 16; Rath, 1987, S. 195)

1788 Statut der Harburger Ewerführer niedergeschrieben, Regelung der Rechte und Pflichten in Bezug auf frühere Bestimmungen. (Möhing, 1965, S. 18)

ab 1789 Einsetzender Wirtschaftsaufschwung fordert Speicherbauten an allen möglichen Plätzen am Wasser. (Schubert, 1993, S. 26)

1805 C. A. L. Kegel, Grundlagen des Handels:systemes:

»Quartiers:leuten.
Die Arbeits-Leute haben sich in Compagnien verbunden, welche sie ein Quartier nennen. Ein solches Quartier bestehet aus Vier, Sechs oder Acht Mann, nachdem sie mehr oder weniger Kundschaft haben. Im Nothfall haben sie andere Arbeits-Leute an der Hand, die sie zur Hülfe nehmen können. Einer von Ihnen hat die Direction, den sie Baas nennen .... (C. A. L. Kegel, 1806, Handel in Hamburg, S. 239 III, §471, Von den Quartiers:leuten)

1806 bis 1814 Französische Besatzung, durch Truppen Napoleons. (Schubert, 1993, S. 27)

1808 Anzahl der Speicher:

| | | |
|---|---|---|
| Petri 18, | Nikolai 44, | Katharinen 38, |
| Jacobi 5, | Michaelis 27, | Summa 132. |

(nach Heß, 1810, S. 494)

1810 Bild der Quartiersleute beim Transport eines Fasses. (Original im Staatsarchiv)

1811 Kranzieher beschweren sich über fehlende Arbeit. (Rath, 1987, S. 255)

1813 Der Hausküper, das Faktotum, schmuggelt den Sohn des Kaufmannes in einem Faß vor den Franzosen aus der Stadt. (Wiepking, 1961, S. 44)

1815 Staatliches Kornmagazin wird aufgelöst. (Kemme, 1957, S. 75)

In der Kommerzbibliothek wird kein Streitfall zwischen Kaufmann und Quartiersmann gefunden. (Rabe, 1913, S. 41)

ca. 1820 Die Litzenbrüder, Lager- und Transportvermittler, gründen Quartiersmannsfirmen. (WMC, 1990, S. 9)

um 1822 Beginn der Gründung der Kaufmannsreedereien F. Laeisz, C. Woermann, Goddefrey, Rob. M. Sloman, erst 1836. (Schubert, 1993, S. 21)

1825 1. Dampfmühle auf dem Ericus. (Kemme, 1957, S. 32 + 79; Schubert, 1993, S. 15)

1828 Handbuch der hamburgischen Verfassung und Verwaltung:

»3) Zum Auf= und Abwinden der zu Wasser ankommenden oder abgehenden Waaren sind zwei Krahne in

*Quartiersmann Nicolaus von der Burg, 1840, Vertrauensmann des Kaufmannes. Zylinder, Silberknöpfe, Lederplaten, Schlüsselbund (Speicherschlüssel) und Probetüte sind seine Insignien. Er stellte den Zustand der Ware für den Kaufmann fest.*
*Quelle: Buch, H. Wiepking*

der Stadt, der alte bei der Börse, der neue an der hohen Brücke. Bei jedem ist ein Krahnmeister angestellt, der sich nach der revidierten Krahn- und Pfünderordnung vom 25. Mai 1736 richtet (Mand. III. 1259) und danach seine Gebühren erhebt.

4) Die Quartiersleute und Packer sind Privatvereinigungen von Arbeitern, hinsichtlich deren keine besondere gesetzliche Bestimmungen vorhanden.« (Aus: F. G. Buek, 1828, Handbuch, S. 422, Absatz X . Frachtfuhrwesen Teil 3)

1828 Kranzieher beschweren sich über fehlende Arbeit. (Rath, 1987, S. 255)

*Ein anderes Bild der Quartiersleute, wieder mit den Insignien, Schlüsselbund oder Markpott. Schwarze Jacke mit Silberknöpfen und Lederplaten, die Arbeitsversion mit Schirmmütze. Vertrauen und Gemütlichkeit strahlen beide aus.*
*Quelle: MKG / MHG*

1831 Totenlade von 1732 der Ewerführer Bruderschaft in Altona wird revidiert. (Möhring, 1965, S. 19) Eine Verbindung zur Bruderschaft von 1611 der Ewerführer konnte noch nicht festgestellt werden.

1835 Anlage der ersten Import-Statistik in Hamburg. (Kemme, 1957, S. 30)

Anschluß Hamburgs an den Deutschen Zollverein. (Griem, 1886, S. 27)

Die Commerzdeputation bestätigt einem Quartiersmann den sicheren Blick für »an den Ecken stehenden Arbeitsleuten«. (Rath, 1987, S. 290)

1836 Alter Krahn wird stillgelegt und verbrennt 1842. (Rath, 1987, S. 127)

Optischer Telegraph zwischen Cuxhaven-Hamburg, Baumhaus wird errichtet. (Schubert, 1993, S. 21)

*Frühere Tracht der Quartiersleute: Schwarze Jacke mit Silberknöpfen vorne, darunter Schurzfell (schwarze, runde, blanke Lederschürze) und als Kopfbedeckung der Zylinder. Dazu Barttracht, welche Kinn und Oberlippe frei ließ. Für Repräsentationszwecke bis 1933 getragen.* (Olsen, 1961, S. 17) *Ein Bild von 1840 bestätigt diese Tracht, jedoch ohne Bart, dafür Koteletten und Silberknöpfe an den Ärmeln.* (Wiepking, 1961, S. 51) *Als Arbeitszeug für die tägliche Arbeit, dann schwarze Tuchjacke mit Platen (Schürze) darüber und Schlappmütze mit Schirm.* (Müller, 1957, S. 23; Lange, 2002, S. 12) *Weitere Änderung der Arbeitskleidung zu Beginn des 20. Jahrhunderts: Schwarze Quartiersmanns-Tuchjacke (Knopfleiste vor der rechten Brust und Stehkragen, Hr. Theisen, Fa. Nagel, pers. 2002) und dem Platen. Jetzt weiße oder dunkle Schürze mit Brusttasche, je nach Schmutz der Arbeit, darüber. Später nur noch einfache schwarze Jacke mit mittlerer Knopfleiste und »Platen«, dazu Schippermütze – Elbsegler –.*
*Quelle: MHG*

1837 Handkurbelkran bis 2,5 tons wird aufgestellt. (Rath, 1987, S. 127; Kammerer, 1907, S. 112)

um 1840 Kranzieher werden nicht mehr genannt. (Rath, 1987, S. 253)

Abbildungen zufolge wurden erst jetzt Winden an der Straßenseite der Kaufmannshäuser angebracht. Vorher wurde alles von außen wasserseitig oder im Hause mit der Haspelwinde aufgewunden.

1841 Ein Bild des Quartiersmannes N. von der Burg mit folgendem Text:

»Ein Quartiersmann ist ein Vertrauensmann, der Treuhänder der Importkaufleute. Er stellt Güte, Zustand und Einfuhrwert fest und muß sich auf Probenziehen, Umpacken und Bemustern verstehen. Schlüsselbund (Speicherschlüssel) und Probetüte trägt er bei sich.« (Wiepking, 1961, S. 51)

1842 Polizeiverordnung für Jollenführer und Ewerführer erlassen. (Möhring, 1965, S. 18)

1842 5. Mai Großer Hamburger Brand bricht aus: 1749 Häuser und 102 Speicher werden zerstört. (Hamburger Abendblatt, 20.11.02) Speicher der Kaufleute sind im Cremon, Katharinenstraße, Grimm und Reichenstraße kaum betroffen, nur Teile der Deichstraße ab Brandanfang. (Griem, 1988, S. 20) Viele Bürger verlieren Hab und Gut, auch einige Quartiersleute und Kranzieher, welche ihre verbrannten Arbeitsgeräte melden. (Rath, 1987, S. 306 f.)

1842 Die Briefe der Abgebrannten im Staatsarchiv geben über die Verluste Auskunft: (Rath, 1987, S. 253, 306 f.)

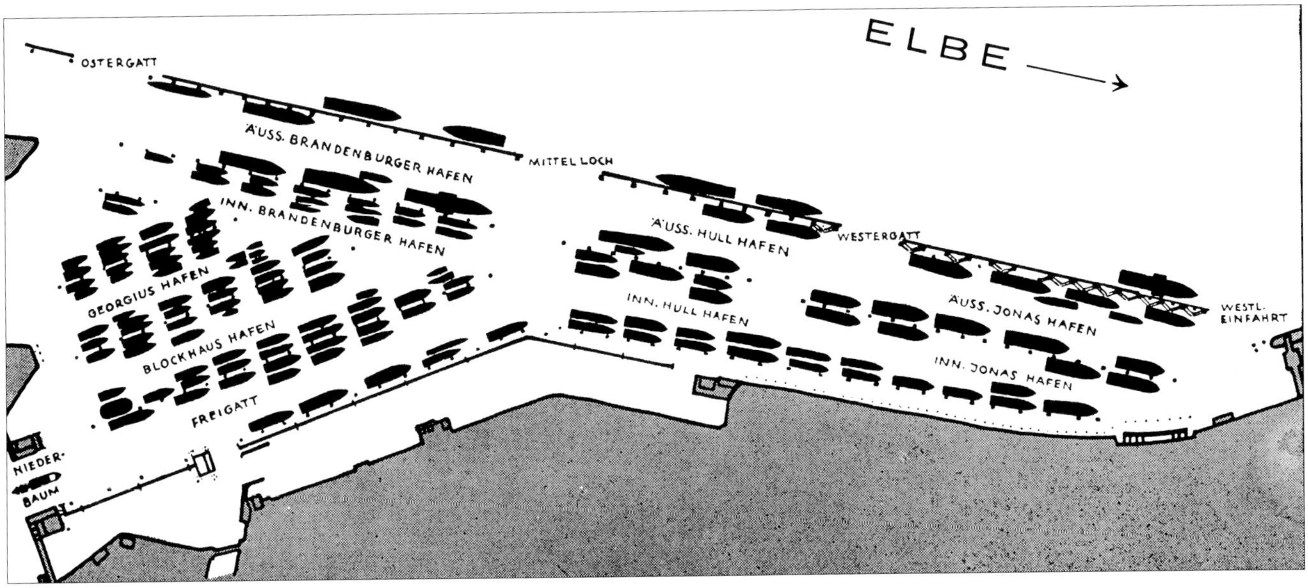


*Die Situation im Niederhafen am 31. März 1860, festgehalten durch die Planer Hagen-Dalmann.
Die überreichliche Besetzung des damals verfügbaren Hafenraumes zeigt deutlich die Notwendigkeit der bald danach in Angriff genommenen Hafenneubauten auf dem Grasbrook. Handel und Wirtschaft florieren. Bremen und Hamburg haben über 200 Vertretungen im Ausland.*
*Quelle Buch, HHLA*

*Auch die neue Technik des Dampfantriebes für Winden hält im Hamburger Hafen Einzug. Aus einer extra Schute (Dunky) wird die Hieve über das lange Seil zu den Luken gehoben und die mühselige Arbeit mit der Haspelwinde ersetzt. Dies sind mit die ersten technischen Neuerungen und das Katharinenfleet wird immer enger.*
*Quelle: MHG*

J. C. Wiggert, Quartiersmann. »An Quartiers Sachen sind verbrannt:
1 Wagen, 1 Strich Leuther, 2 Paar Loskacken, 10 Längen, 2 Schauffeln, 2 Dehseln, 1 Paar Düvels Klauen mit Ketten, 1 Schiebe, 2 Bohrer, 2 Hacken Tauen«.

Pless & Consorten (Pleß, Vollraht, Gläfke), Quartiersleute:
»Im Haus beim Quartier Neueburg Nr. 27, 3 Stück Pricken mit Eisenbeschlägen, 3 St. Streichleder, 10 St. Hölzerne Schaufel, 4 St. Eiserne Schaufel, 3 St. Knockenhacken, 2 Zucker Kasten und diverse Bretter, 4 St. Deisels, 2 St. Hauers, Küper Geräthschaften, Nadels, Zangen etca, 2 große Eisenbäume. 2 kleine Eisenbäume, 2 Karren auf Boden zu gebrauchen, 2 kleine Wagen, 1 großer Wagen, 4 St. Zuckerbohrer, 2 St. Zuckerstecher, 2 St. Boden Abstecher, 2 große Eisen Ketten Längen, 2 kleine dto. dto. dto., 10 Längen, 4 Hacken um Wagebalken aufzuhängen, 6 St. Picken wo die Zucker Kisten mit aufgesetzt werden, 2 St. Hacken Tauen, 4 paar Ketten Hacken, 2 paar Spitzhacken, 3 paar Hacken Wolle zu Wiegen, diverse Handhacken, 6 Twistlöffel um die Bündel in Ballen einzufassen, 10 St. Packstöcke, 2 paar Teufelsklauen, 1 St. Stürzladen, 2 St. Selbe Indigo zustürzen, 2 St. Schleifsteine, diverse Lein Packtau & Matten, 3 St. Speicher Laternen, 1 große & 1 kleinen Wage Balken, 2 paar Schalen und 700 Pfund Gewicht«.

Köpcke Speicher Neueburg Nr. 9:
»1 kleiner Wagen, 1 Großer dto, 2 St. Zuckerbohrer, 1 Zuckerstecher, 1 Bodenabstecher, 4 Längen, 2 Hacken um Wagebalken aufzuhängen, 1 Hacken Tau«.

Kranzieher Quast verliert in seinem Schauer am Johannisplatz:
»1 Wagen, 2 große Schlöpen, 4 kleine Schlöpen, 2 Ströplängen, 2 Taue, 1 große Leiter, 2 kleine Leitern, 2 Schaufeln«.

Beim Kaffeemakler.

*Und für wen ist der Quartiersmann tätig? Ein seltenes Bild zeigt Kaufleute oder Kaffeemakler, welche sich eine Probe ansehen: »Entspricht diese Ware Ihren Vorstellungen?«*
*Quelle: Buch, Zernikow*

1844 Die Kornordnung wird erneuert:
»§4 Zwang zur Kontrolle durch Kornmesser und Kornträger.«
§36 »... die vorgeschriebene Abgabe mit mindestens 3 Schilling per Last gegen ... Quittung der Kornverwaltung ...« (Kemme, S. 45 + 47)

1845 1. Hamburger Getreideusancen vereinbart. (Kemme, 1957, S. 36)

1846 Bau der Hebemaschine am Hafentor St. Pauli. (Rath, 1987, S. 133 + 252)
Es wird eine höhere Hubkraft durch bessere Technik erreicht. (Schiff. + Hafen Deputation)
»Durch die Umbrüche und den Hamburger Brand von 1842 wurde eine Sanierung der Stadt notwendig. Die Kaufleute wandten sich verstärkt von lokalen Kleinhandel zum Überseehandel und gründeten ab 1822 Kaufmannsreedereien. Man zog aus der Innenstadt und der Speicherbetrieb wurde aufgegeben. Die Quartiersleute, welche schon ihre Quartiere hatten, übernahmen die Lagermöglichkeiten und mieteten später in der entstehenden Speicherstadt Böden an. Als selbständige Kleingewerbetreibende konnten sie verantwortlich handeln.« (Rath, 1987, S. 289)

*Ein weiteres Großbild entstand 1859 zum Schillerfest. Alle Quartiersleute in mustergültiger Tracht mit Zylinder oder Mütze. Der Wagen, diesmal mit flacher Plattform und Laschösen an den Holmen ist beladen mit 1 Faß, 3 Kisten und 2 Säcken. Das Faß ist von Kisten eingebaut. Der Wagen ist ca. 2,5 m lang und hatte je 2 gelenkte Achsen mit je 1 Deichsel. Dazu 4 Speichenräder, welche bei einer Ladeplattform unter der Fläche bleiben. Ladeholme, bevorzugt für Fässer, liegen zwischen den Rädern, um die zu hebende Höhe herabzusetzen. Die überragenden Räder stören die Fässer durch die konische Form an den Enden nicht. Die Radgröße mag bei ca. 80 cm gelegen haben.*
*Die linke Flagge konnte ich nicht zuordnen. Die rechte Flagge, mit der Inschrift »Gott mit uns« und dem Hamburger Wappen, könnte die der Totenlade von 1848 sein.* *Quelle: VHQ*

1848 »Vereinigung der Quartiersleute vom Jahre 1848 zur Einrichtung einer Totenlade.« Hierin eine Abgrenzung der Arbeitsgebiete der Quartiersleute. (Olsen, 1961, S. 18; Lange, Batz, 2002, S. 82)

Warum 1863 eine neue Vereinigung gegründet wird, ist noch nicht bekannt. (Bildteil)

ab 1850 Aufstellung diverser kleiner Kurbelkräne. (Rath, 1987, S. 136)

1854 Kornordnung erneuert:

§4 Regulativ über das Wägen von Getreiden, Kornmesser können »zu den übrigen Arbeiten auf ihre Kosten Hilfsarbeiter einstellen ...« – Lüd von de Eck –

§7 Zulassung von Dezimalwaagen, gegenüber gleicharmigen englischen Waagen. (Kemme, 1957, S. 54)

1854 Kurbelkrane werden neben der Ratswaage aufgestellt. (Rath, 1987, S. 134)

um 1855 Quartiersleute spezialisieren sich auf bestimmte Waren durch Übernahme der Böden (Rath, 1987, S. 294), daraus resultieren viele weitere Ökelnamen. (Rabe, 1913, S. 57) »Finnkiekers untersuchen Schweine, Kaffeebrenners rösten Kaffee, Wullkosaken lagern z. B. Wolle.« (Rath, 1987, S. 294)

1855 Die Commerzdeputation beklagt eine Überladung der Hafenfahrzeuge. (Kemme, 1957, S. 40)

*1848 wird eine Totenlade zur Unterstützung der Witwen verstorbener Mitglieder genannt. 1859 Abbildung der Quartiersleute zum Schillerfest.*
*1863 ein bisher nicht beachtetes, aber wichtiges Foto mit 9 Quartiersleuten, der Totenlade, dem Gedenkbuch und dem Stander: »Die vereinigten Quartiersleute den 10. März 1863.« Ob es eine Neugründung oder ein weiterer Stander ist, konnte noch nicht festgestellt werden.* *Quelle: VHQ*

*Noch herrscht die dunkle Arbeitskleidung vor. Ein Foto zum 25jährigen Jubiläum in der Speicherstadt, die Firma konnte ich bisher nicht herausfinden. Die Männer im Hintergrund sind scheinbar Vicen, Aufsichtspersonal oder Büroleute, denn sie tragen die damals üblichen weißen Hemden. Der Zylinder hatte sich schon überlebt.* *Quelle: VHQ*

1857 Die allgemeine Wirtschaftskrise erfaßt Hamburg. (Griem, 1988, S. 13)
Alle Ausfuhrzölle werden aufgehoben. Kornordnung wird revidiert, auch wegen Anstellung und Verantwortung von Hilfskräften. (Kemme, 1957, S. 25 + 53)

1858 Abbruch des hölzernen Kranes, gebaut 1567. Neuer Kran dann aus Eisen. (Müller, 1957, S. 25)
Gemäß Verordnung werden nur noch metrische Gewichte zugelassen. (Kemme, 1957, S. 63)
Der Lagerschein des Quartiersmanns, als Lagerhalter und Vollkaufmann, wird an der Londoner Kaffeebörse zugelassen »Coffee Terminal Market Association of London Ltd«. (Transport Dienst Sonderheft, 1979, S. 27)

1859 Bild von den Quartiersleuten im Umzug zum Schillerfest in Hamburg mit ihrem Rollwagen und zwei Flaggen. (Bildteil)

1860 Die Torsperre wird aufgehoben, dies ist die zweite große Änderung nach großem Brand von 1842, die erste war der Wiederaufbau. (Müller, 1957, S. 3)
Eine Trennung von Wohnung und Arbeitsstätte wird gefordert, durch das Verlangen nach »freier Wohnung und besserer Luft«. (Maak, 1985, S. 21)

1863 Nur noch eine Zollstelle auf der Oberelbe vorhanden. (Kemme, S. 27) Aus der Commerzdeputation wird Handelskammer. (Schubert, 1993, S. 26)

1863 »Die vereinigten Quartiersleute 18. März 1863« zeigt ein entsprechendes Foto mit 9 würdigen Quartiersleuten, Totenlade und besonderem Stander. (Bildteil)

1864 Einführung des Allgemeines Deutsches Handelsgesetzbuches, (Möhring, 1965, S. 18) als Folge müssen die Ökelnamen durch inhaberbezogene Namen (Inhaber und … & Cons.) ersetzt werden.

*1875 wurde das erste neue Lagerhaus am seeschifftiefen Wasser gebaut. Es war die Erprobung der neuen Warenlagerung im Speicher am Wasser durch die Kaiverwaltung. Hier wurden die Vorboten der Speicherstadt, »die gedankliche Tendenz der Hafenplaner« erkennbar. Kräne auf Podesten bearbeiten die Schuten und Seeschiffe, Winden beladen die Straßen- und Eisenbahnfahrzeuge. An der Südseite des Kaispeichers A (Kaiserspeicher) sind die Speicherarbeiter tätig, keine Quartiersleute. Dieses Lager wird von der staatlichen Kaiverwaltung betrieben. Ein herrlicher Arbeitsplatz nach Süden, immer sonnenbeschienen und warm. Quelle: LMZ*

*Ein Speicherboden voll mit Kaffeesäcken, das Werk der Quartiersleute. Deutlich ist die hölzerne Deckenkonstruktion zu erkennen, welche nach den ersten Speicherbränden wieder voll zur Anwendung kam. Die große Bedeutung Hamburgs als Umschlagplatz für Kaffee wird durch die Kaffeebörse, die Lagermöglichkeiten und die Bilder, welche uns noch heute erhalten sind, unterstrichen. Quelle LMZ*

ab 1865 Stabilere, schmiedeeiserne Handkurbelkräne werden aufgestellt. (Rath, 1987, S. 137)

1865 1. Versuch einer mobilen Dampfwinde für Ladungsumschlag auf einer Schute (Dunky). (Kemme, 1957, S. 32 + 79; Schubert, 1993, S. 15)

1866 Eröffnung des Sandtorkais, als erster künstlicher Kaistrecke, vorher, seit dem 12. Jahrhundert, war kein Direkter Umschlag Schiff/Land möglich. (Kemme, 1957, S. 39)
1 Dampfkran wird am Sandtorkai aufgestellt. (Rath, 1987, S. 139)

1866 Verein der Getreidehändler wird gegründet. (Kemme, 1957, S. 98)
Neues Hafengesetz wird erlassen, unter anderem mit dem Verbot des Hausierens im Hafen. (Rath, 1987, S. 42)

1871 Nach der Reichseinigung blüht der Außenhandel auf und Zwischenlager werden benötigt. Jeder Kaufmann sucht sich seinen »Quartiersmann.«

1872 Bau des 40 tons Krans am Dahlmannkai. (Rath, 1987, S. 134)

1874 Kaispeicher A wird gebaut. Er untersteht der Kaiverwaltung, nicht der späteren HFLG.
Es ist eine Erprobung der neuen Warenlagerung im Speicher bei der Kaiverwaltung. (Maak, 1985, S. 22)
Diese Vorboten der Speicherstadt sind »gedankliche Tendenz der Hafenplaner.« Der Anstoß erfolgte dann durch die finanzielle Beteiligung des Reiches am Freihafen und der Speicherstadt. (Hinz, 1999, S. 90)

1874 Verein der Hamburg=Altonaer Ewerführerbaase von 1874 e.V. gegründet. (Möhring, 1965, S. 19)

Wo steht der Quartiersmann im Handelsablauf?

Hersteller, Landwirt
Aufkäufer mit Transporteur und Lagerhalter
Exporteur
Seeschiff, Kapitän
Ewerführer, Schuppenleute
Importeur mit Lagerhalter (Quartiersmann) zur Veredelung
Verkäufer, Verteiler mit Transportmöglichkeit
Verbraucher, Haushalt.

1878 Einführung der Reichsgewerbeordnung, Arbeitsbücher auch für »Lüd von de Eck.«
»Vorn über den Leib kam … die Hälfte eines alten Kaffeesackes, die durch Bänder auf dem Rücken befestigt

*Es gibt nur wenige Bilder aus dem Inneren der Speicher, so auch aus dem 1878 gebauten Silospeicher als Getreidelager am Brooktorhafen. Die Winde über dem 12. Boden erscheint nur klein, genügt aber für die gewünschte Hubkraft, denn jede Hieve muß auch von Menschenhand in die Luke gezogen werden. Da die Wasserflächen für die Schuten um den Bau herum zu eng waren, wurde das Getreidelager nach wenigen Jahren aufgehoben und nur noch als Speicher genutzt. Quelle: S+H*

war. Der Hausküper war vornehmer, er trug bei der Arbeit die Hälfte eines weiße Saatsackes ohne Naht, der dann jeden Sonnabend in die Wäsche kam.« Beschreibung aus der 2. Hälfte des 19. Jahrhunderts. (Rabe, 1913, S. 21; Rath, 1987, S. 303)

1878 Bau des Kaispeichers B als Getreidelager.
Gründung der London Corn Trade Ass. (Kemme, 1957, S. 97)

Übersicht über die Speicher und Zahl der Böden in der Stadt. (Rath, 1987, S. 291)

| | |
|---|---|
| 1. Kehrwiederinsel, westl. vom Sande, Lagerböden | 19 |
| 2. Kehrwiederinsel, östl. vom Sande, Brook | 144 |
| 3. Wandrahminsel | 327 |
| 4. Katharineninsel westl. der Kirche | 432 |
| 5. Katharineninsel östl. der Kirche | 168 |
| 6. Reichenstr.insel incl. Gr. Bäckerstr. bis Messb. | 262 |
| 7. Nikolaiviertel bis Rödingsmarkt | 517 |
| 8. Um das Alsterfleet | 224 |
| 9. Herrengrabenfleet | 170 |
| 10. übrige Stadt ohne St. Pauli, St. Georg | 520 |

*1874, ein Foto vom Winserbaum, Brauerstraße und Klingberg. Daneben floß früher der Brauerknechtsgraben, die Verlängerung des Reichenstraßenfleetes. Wir sind also in der Nähe der Stadtspeicher und Fleete. Die 3 Wagen stehen vor einem Speicher. Oben sind die kleinen Fenster zur Belüftung des Kaufmannsgutes, wahrscheinlich Getreide, geöffnet. Links, der kleinste, ein Rollwagen der Quartiersleute, mit 4 Fässern und einer Kiste beladen, nur von einem Mann gezogen. Die anderen Wagen sind größer und schwerer. Quelle: Foto von G. Koppmann & Co. im LMZ*

1880 In diesen Jahren lösen die Getreidekaufleute ihre eigenen Lager auf, die Übernahme und Kontrolle erfolgt durch die Kornumstecher und Lagerhalter. (Kemme, 1957, S. 35)
Auch die Quartiersleute übernehmen die Lagerböden der Kaufleute in eigener Regie und spezialisieren sich. Sie mieten ab 1888 Teile der neugeschaffenen Speicherstadt.

1880 Der Forderungskatalog des Senates und der Handelskammer zum Zollanschluß: (gekürzt)

1. Freihafenbezirk für Hafen und Erweiterung,
2. Zollfreiheit für verarbeitende Industrie,
3. vereinfachte Zollverfahren,
4. Zollverwaltung durch Hamburg,
5. Kostenbeteiligung des Reiches,
6. Speicherquartier. (Hinz, 1999, S. 92)

1881 Vertrag mit dem Deutschen Reich wegen des Zollanschlusses und der Anlage eines Freihafens.

um 1881 Planungsgedanken gab es, neben den vorhandenen Kaispeichern A + B, für Speicher am seeschifftiefen Wasser am Baakenhafen. (Maak, 1985, S. 24)
Unter dem Zeitdruck erhielten überschaubare Projekte den Vorzug, dies war die leichteste Entscheidung. (Maak, 1985, S. 62)

*Der Rödingsmarkt, benannt nach Herrn Rodig, wird von einem Fleet durchzogen und ist mit einer Haspelwinde bestückt. Der Transport über die Straße von der Winde zu den Speichern wird von Wagen aller Art vorgenommen. Links und rechts finden wir auch die kleineren Rollwagen der Quartiersleute. Heute befindet sich über dem ehemaligen Fleet das U-Bahn-Viadukt Baumwall-Rödingsmarkt.*
*Quelle: MHG / Sammlung F. Salamon*

1881 Hamburg erhält Fernsprechanlagen, 300 Anschlüsse, davon kein Quartiersmann, nur ein Ewerführer, viele Makler und Reeder. (Börsenhalle, 16.4.1981)

1882 Die Kaufmannschaft fordert Speicher nahe der Stadt und Börse. (Hinz, 1999, S. 100)

1883 21.02. Annahme des Projektes XIIC für den Ausbau der Speicherstadt. (Maak, 1985, S. 62)

Der Neubau auf Kehrwieder und Wandrahm wurde erforderlich, da Wohn- und Lagerflächen gemischt nebeneinander lagen, die Straßen zu eng und die Fleete verschlammt waren. Ein Bahnanschluß fehlte. Dies galt auch als Herausforderung. (Hinz, 1999, S. 131)

Kein Quartiersmann oder Firma war in der Handelskammer oder in der Ausführungskommission vertreten. (Hinz, 1999, S. 239)

1884 Öffenlicher Aufruf wegen Bedarfs von Baugrund für Speicher durch die Stadt. Das »Comité der am Caffeehandel betheiligen Firmen« (gegr. 1884) zeigt Interesse und gründet die Kaffeespeicher-Aktien-Gesellschaft. Eine Einigung findet 1886 statt und schlägt sich später im Bau von Block O mit Kaffeebörse nieder. (Hinz, 1999, S. 155 + 210 + 233)

Ockelmann & Cons, N.H.L. Hinsch & Cons. und andere melden Interesse an. (Hinz, 1999, S. 243)

1885 <u>7. März, Gründung HFLG, Hamburger Freihafen-Lagerhaus-Gesellschaft.</u> (Griem, 1988, S. 13)

Das Ziel war der Bau von 75 % der Speicher durch die HFLG. Der Staatsanteil von 50 % wurde als Baugrund, der Bau selbst durch Aktien der Norddeutschen Bank (50 %) eingebracht. Diese gemischt-wirtschaftliche Rechtsform erlaubt auch das Warrantsystem (Lagerschein) nach HGB § 302. (Hinz, 1999, S. 169)

Der Speicher (1844) von Schulte & Schemmann am Hopfenmarkt wurde zum Prototyp der Speicherstadt. (Sack, 1990, S. 9)

1885 Die Quartiersleute wollen fast alle Speicherflächen von der HFLG übernehmen als Lagerhalter für die Kaufleute (wie Caffee Comité). Die Handelskammer billigt den Quartiersleuten nur 5 % zu, da diese beim Kaispeicher »A« zu zögerlich waren. (Hinz, 1999, S. 238)

*Ein pralles Quartiersmanns-Bild von einem Stadtspeicher liegt uns vor. Offenbar aus einem Innenhof eines Kaufmannshauses im Alten Wandrahm um 1880. Die Welt der alten Hafenstadt ist noch heil. Neben den Quartiersleuten, Hausküpern oder Speicherarbeitern steht unten der bewährte kleine und handliche Rollwagen der Quartiersleute. Beladen mit Fässern und einer Kiste. Das Bild ist sicherlich gestellt, denn sonst würden nicht so viele Leute gespannt den Fotografen beobachten. Arbeitszeug und Verpackung haben sich inzwischen weiterentwickelt. Eine Kiste aus gesägten Brettern mit Eisenband, geschnürte und ebenmäßige Säcke auf den Lagerböden sind zu sehen, auch das Faß ist groß und ebenmäßig. Rechts lehnt eine Faßleiter oder Brücke an der Hauswand, diese zum Auf- und Abrollen von Fässern.* *Quelle: LMZ*

*1886 wurde der Verein Hamburgischer Quartiersleute von 1886 e. V. gegründet. Dieses Bild zeigt die würdigen Herren in der damaligen Tracht. Auch der noch heute vorhandene Stander ist aufgehängt. Um den blanken, sauberen Platen zu zeigen, oder wegen der Leibesfülle, habe einige Herren ihre Jacke aufgeknöpft.*
*Quelle: VHQ*

Die Quartiersleute wurden nach diesem Plan und der Aufdeckung der Vorteile des Warrant-Systems wie folgt bloßgestellt: »Die Quartierleute würden sich auf die neuen Verhältnisse einrichten müssen und nicht in Concurrenz mit der Lagerhaus-Gesellschaft; sondern als deren Gehülfen dem Handel am Nützlichsten sein.« (Hinz, 1999, S. 239)

1885 Die HFLG verhandelt mit dem Comité der am Caffeehandel … und Firma Möller & Cons. Die Post, Firma Ockelmann, Hinsch (diese haben eigene Speicher in der Stadt) und andere verhandeln mit der Ausführungskommission wegen des Baugrundes. (Hinz, 1999, S. 239)

1885 Das »Konsortium der Quartiersleute« (später Verein Hamburgischer Quartiersleute) will nur noch Überlassung von Block D. Block A + C sind schon vergeben. (Hinz, 1999, S. 239)

1886 bis 1888 Bau von Block A bis O und H. Der Windenantrieb durch Preßwasser mit 50 atü konnte bis 750 Kilo heben. (Griem, 1988, S. 17 + 22)
Firma Hanssen & Studt bekommt einen Privatspeicher Am Sandtorkai für Kaffeebearbeitung zugesprochen. Nach einem Brand dann Umzug nach St. Annenufer. Diese private Nutzung hält bis 1953.

1886 1. Juni Gründung des Vereins Hamburgischer Quartiersleute von 1886 e.V.: Ein Ziel dieses Vereins ist die Vertretung bei der Ausführungskommission und HFLG, (Hinz, 1999, S. 243) sowie als Lohn- und Tarifpartner, auch für die Sozialversicherung. (Olsen, 1961, S. 3)
Die Gründung wurde gerne als Regulativ zur HFLG gesehen, aber eine qualifizierte Nachfrage (Treuhänder) fehlte. (Hinz, 1999, S. 240 + 243)

*Stander des Vereins Hamburgischer Quartiersleute von 1886 e. V., existiert noch heute und wird beim Verein in der Mattentwiete verwahrt. 1. Juni 1886 Gründung des Vereins Hamburgischer Quartiersleute von 1886 e.V. Zweck: Vertretung der Quartiersleute wegen des Baues der neuen Speicherstadt und als Partner der Sozialversicherung. Quelle: VHQ*

*Großes Bild: Der Rest des ersten Hafens, das verbaute und zugeschüttete Reichenstraßenfleet zwischen der Gr. Beckerstraße und Neß. Die Ufer grenzten das Fleet eng ein und zeigen die geringe Größe der damaligen Fahrzeuge, wie sie auch auf den alten Stichen zu erkennen sind, besonders im Vergleich mit den darauf arbeitenden Personen. Quelle: KHA*

*Rechts: Van dat Schiprechte aus dem Stadtrecht von 1497. Blatt 18. Der Hamburger Hafen im Mittelalter am Nikolaifleet. Rechts oben könnte die Anhöhe zur St. Michaelis Kirche, oder wie links, die Handelsziele im Mittelmeerraum, darstellen. Koggen, Schuten und Ewerführer sind auf dem Wasser. Kranknechte und -zieher bewegen den Kran, Kaufleute beobachten die Arbeit. Die anderen Schiffer und Handelsherren sind vor der Börse im Gespräch. Quartiersleute sind offensichtlich nicht vertreten.
Quelle: STAH*

*Kleines Bild: Die Ausgrabungen nach den Kriegszerstörungen gaben viel Aufschluß über die ersten Siedlungen der Stadt. Der Südabhang unterhalb der Petrikirche bot Sonne und daran schloß das Reichenstraßenfleet an. (Heute nur noch in Baulücken zu sehen). Schon damals drängten alle Grundstücken ans Wasser, und die typische schmale Bebauung nahm ihren Anfang.
Quelle: Buch, Rudhard*

*Ein Gemälde von Wilhelm Heuer, um 1840. Der Quartiersmann erscheint als Respektsperson. Wie er im Stadtbild auffiel, kommt hier schön zum Ausdruck und wird kontrastiert durch die Bardowickerin mit ihrem Gemüse.* *Quelle: Anmut des Norden, Sammlung F. Salamon*

*Großes Bild: Eine Marktszene aus dem Hamburger Stadtrecht von 1497. Die wohl beste Darstellung der Stadt aus dieser Zeit. Das Marktgeschehen zeigt die Bauern, Treiber, Viehhändler und Kaufleute. Oben ein Schiedsgericht. Die Bauten rechts und links sind schmal mit Mitteltür und nur 2 Fenstern in den Stockwerken darüber. Typisch für die enge Stadt Hamburg.* *Quelle: STAH*

*Kleines Bild: Eine weitere große Diele, gezeichnet von M. Zacharias, mit einem Quartiersmann (Platen) in der Tür neben dem Ziebürken. Der Rollwagen steht bei der Treppe. Auf der alles beherrschenden »großen Schaale« werden Fässer gewogen. Rechts hängt das Hubseil der Winde.* *Quelle: Sammlung F. Salamon*

*Schaffende Menschen im Hafen, im Stückguthafen, gezeichnet 1938. Alle Berufe, die mit dem Umschlag und der Lagerung dieser Güter zu tun haben, sind abgebildet. Wieder ist der Quartiersmann etwas herausgehoben, aber auf dem Speicherboden mußte er auch ordentlich mit anfassen.* *Quelle: Buch 50 Jahre Freihafen*

*Eine Zeichnung von M. Zacharias zeigt das enge Fleet. Wie schön muß es in der alten Stadt gewesen sein! Aber die Arbeit in den kleinen Schuten war auch entsprechend schwer.*

*Quelle: Sammlung F. Salamon*

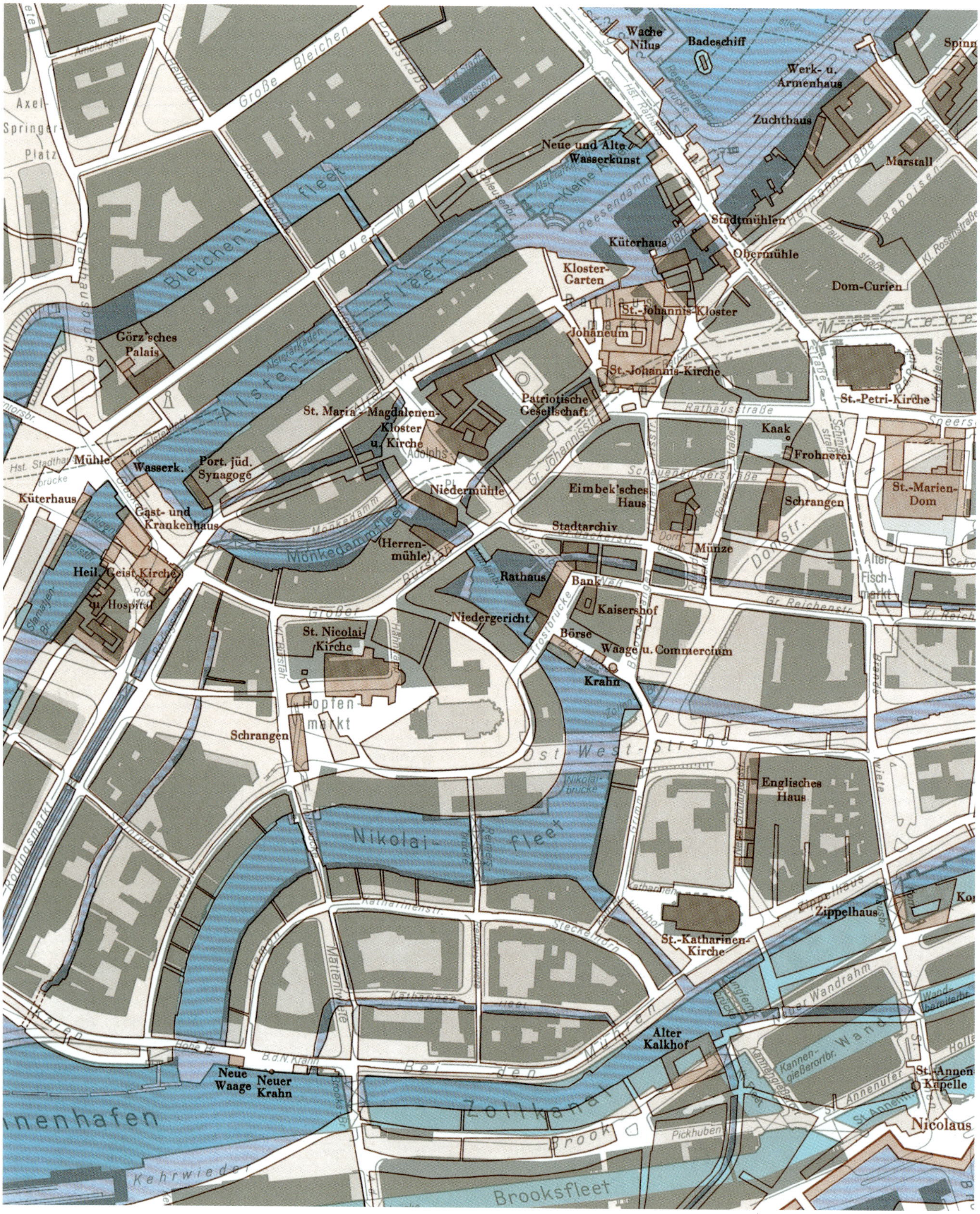


*Die südliche Altstadt um 1800 und heute. Alles wird heute von der Ost-West-Straße durchschnitten. Viele Fleete wurden zugeschüttet und die großen Zerstörungen 1843, um 1925, 1943 und der Wiederaufbau haben die historischen Bauten vernichtet. Kein altes Kaufmannshaus, in dem der Quartiersmann wirkte, ist erhalten geblieben.* Quelle: VHG

Links: Windensteuerung, genannt der Druck im Raum mit Versetzung, Anzeige und Schutzkasten für Unbefugte. Quelle: KHA

Oben: Um 1886 kommt es zu schriftlich fixierten Auseinandersetzungen der Elbeschiffer mit den Quartiersleuten. Es geht um die Verwendung von Teufelskrallen zum Heben von Fässern und das Brechen von Tauen. Heute haben sich die Faßkrallen durchgesetzt, da diese für das Bewegen am sichersten sind. Taue können noch immer brechen. Ein seltenes Bild von einer verflossenen Arbeitsweise. Fässer mit Tauen anschlagen kann heute wohl kaum noch ein Quartiersmann oder Speicherarbeiter in Hamburg. Quelle: VHQ

Links: Eine kleine, feine Zeichnung von Schildt zeigt Block G mit einem Lagerboden, Fleeten, Schuten und einem Schlepper. Ein Eindruck des Arbeitsplatzes der Quartiersleute. So war es vor der Jahrhundertwende. Im Kriege 1943 wurde auch dieser Speicher mit dem Erkerturm und der Block O auf der anderen Seite des Brooks-Fleetes zerstört. Heute befindet sich hier die ehemalige neue Kaffeebörse, ein Platz für Events.
Quelle: Buch Singer

*Mit der Eröffnung des Freihafens kam auch die Zollnachschau oder Grenzkontrolle. In dieser Zeichnung wird recht pittoresk die Situation der »Freihafenbenutzer«, das Passieren der Zollgrenze und die Arbeit der Zöllner dargestellt. Die Frau mit Korb und Schürze hatte ihrem Mann oder Vater wohl gerade das Mittagessen gebracht. Zu damaliger Zeit (1850 bis 1910) war die Arbeitszeit lang, aber es gab auch lange, 2stündige Pausen, in welcher die Hafenleute in ihre hafennahen Wohnungen gingen. Nach dem Abbruch der Wohnungen für den Bau der Speicherstadt war dies nicht mehr möglich, und die Angehörigen kamen zu den Arbeitsstätten.*

*Quelle: Buch, Singer*

Die Durchsetzungskraft fehlt durch die kleingewerblich, familiäre Struktur der Quartiersmannsfirmen. Jeder Kaufmann hatte seinen eigenen Quartiersmann.

Ein weiterer, neuer Stander (Verein) wurde geschaffen. Der Verbleib der Stander von 1848 (Totenlade), 1853 (Schillerfeier) und 1863 (Totenlade) ist nicht bekannt.

1886 Die Weinhändler C. L. Jebens und G. C. Lorenz-Meyer erhalten Block B (Hinz, 1999, S. 216)

1886 31.12. Gründung der Kaffeebörse in Hamburg im Block N, später O (Melhop, 1895, S. 70)

*Am 15. Oktober 1888 wird der Freihafen eingeweiht. Stolz erhebt sich die Speicherstadt mit den Blöcken A und J am Binnenhafen und dem Kehrwiederfleet. Keiner der Planer und Befürworter hatte mit solch einem Erfolg gerechnet. Der Begriff Speicherstadt verband sich dann fast immer mit den Quartiersleuten. Diese Blöcke fielen 1943 den Bomben zum Opfer, und so ist diese schöne, burgartige Kulisse Geschichte geworden.*

*Quelle: LMZ*

Dies stärkt den Kaffeehandel durch Import und Lagerung. (Melhop, 1895, S. 70)

1886 Die Genossenschaft der Elbeschiffer streitet mit den Quartiersleuten über die Werkzeuge: Teufelskrallen, Brechen von Tauen und Werfen aus den Luken. (Möhring, 1965, S. 41)

1887 Die Quartiersleute ziehen mit den gelagerten Waren und mit eigenen Leuten in den Freihafenbereich um. (Rath, 1987, S. 296)

»Quartiersleute als Mieter der Speicher der HFLG konnten als Vollkaufleute für die eingelagerten Waren Lagerscheine, »dock warrants«, welche beliehen werden konnten, ausstellen.« (Rabe, 1913, S. 44)

1887 Die Firmen Ockelmann und Hinsch verhandeln wie die Weinhändler weiter mit der Ausführungskommission. Sie erhalten Räume im Staatsspeicher Kehrwieder, später Block D, zusammen mit dem Zollamt und der Post. (Hinz, 1999, S. 245)

*Block J. Die meisten Blöcke der Speicherstadt sind fertig, der Freihafen ist eingeweiht und die Quartiersleute sind eingezogen. Noch müssen die Beteiligten in den Luken, auf der Straße und die wißbegierigen Kinder für dieses Foto von 1898 stillstehen. Der Quartiersmanns-Rollwagen darf auch nicht fehlen, das wichtige Gefährt für kleine Umfuhren. Quelle: Buch, A. Burmester*

*Um 1900 entstand die »Photographische Staatssammlung« im Auftrage der Stadt. Eine noch heute unerschöpfliche Quelle von Berufen und Begebenheiten in Hamburg um diese Zeit. Sie ist wohlverwahrt im Museum für Hamburgische Geschichte. Natürlich dürfen die Quartiersleute nicht fehlen, diese würdigen Herren, welche im schwarzen Outfit fast dem heutigen Modetrend entsprechen.* *Quelle: MHG*

1888 15.10. Eröffnung des Freihafens.

Block A bis O sind fertig. (Hinz, 1999, S. 235)

An einigen Blöcken werden Außentreppen als Fluchtwege für die Verleserinnen und Quartiersleute angebracht. (Maak, 1985, S. 112)

Schon kurz nach dem Bau brennen 2 Speicher ab und zeigen die Schwächen der Stahlkonstruktionen durch Ausglühen. (Griem, 1988, S. 22; Lange/Batz, 2002, S. 25; Maak, 1985, S. 112)

In einige der neugebauten Speicher werden noch Haspelwinden eingebaut. (Rath, 1987, S. 158)

Umzug der Quartiersleute

Neddermann und Cons., gegr. 1806, zieht 1888
von der Kleinen Reichenstraße in
die Speicherstadt.
Friedr. Leinau Söhne, gegr. 1818, ab 1888
am Sandtorkai.
Wilh. Meyer und Cons., erst Litzenbruder,
Quartiersmann ab 1840, erst Großneumarkt,
zieht in die Katharinenstraße um, ab 1888
am Sandtorkai und Pickhuben, ab 1935
Zulieferbetrieb der Einfuhr- und Vorratsstelle
1943 Zerstörung, ab 1944 Brooktorkai,
1982 Schuppen 10, 1988 dann Roßweg.
Unland und Cons., gegr. 1886, bleibt in der
Woltmannstraße.
Koch und Cons., gegr. 1873, bleibt am
Küterwall.
J.A.H. Meyer und Cons., gegr. 1850, zieht 1888
in den Freihafen, später Alter Wandrahm.
Storz und Cons., gegr. 1878, ab 1888
im Neuen Wandrahm.
L. Wancke und Cons., gegr. ca. 1888,
im Freihafen Am Sandtorkai.
Deutzenberg und Cons., gegr. 1874, ab 1888
im Freihafen Am Sandtorkai.
H. Gebel und Cons., gegr. 1846, ab 1896
Firma Carl Wolter, Quartiersmann in der ab 1888
Holländischen Reihe, dann St. Annenufer,
heute Familie Reuß, Brandenburger Straße
N.H.L. Hinsch und Cons., gegr. 1820,
im Cremon, und Auf dem Sande ab 1888
Ockelmann und Cons., gegr. 1720,
(Kontrakt) am Nikolaifleet, auch
Kehrwieder 2 (Staatsspeicher) ab 1888
Lorenz Harms und Cons., gegr. 1829,
ab 1898 Johs. Uckermann in Harburg.
Lüders und Cons., gegr. ca. 1830, Cremon 34,
(Consorten sind Koops und Buch)
verkauft 1878 an Röpke und Cons. ab 1888
auch Am Sandtorkai, Pickhuben und Brook.
Büro 1912 von Cremon in die Deichstraße 35,
1929 Übernahme von I. Möller und Cons., 1939
33 Böden in der Stadt und dem Freihafen, ab 1950
nur noch Brook und Am Sandtorkai.

*Der Staats- und Kaffeespeicher am Sandtorkai Nr. 28 brennt am 20. April 1891 und stürzt durch das Ausglühen der eisernen Gitterstützen zusammen. Die Kräfte der Feuerwehr sind zu gering, und es fehlte die Erfahrung in der jungen Speicherstadt.*
*Quelle: Buch, A. Burmester*

*St. Annenfleet mit dem Block O links. 1888 die Verwaltung der HFLG, Lagerböden und die Kaffeebörse. Diese wurde 1886 im Block N eingerichtet und dann hierher verlegt. In der Mitte Block G und rechts Block R und Q mit dem privaten Kaffeespeicher der Firma Hanssen und Studt. Diese hatten für die Rohkaffee-Bearbeitung ein eigenes Kraftwerk mit Schornstein und an der Straßenseite eiserne Nottreppen. Der Privatspeicher kam erst 1953 zur HHLA.*
*Quelle: Foto von G. Koppmann bei LMZ*

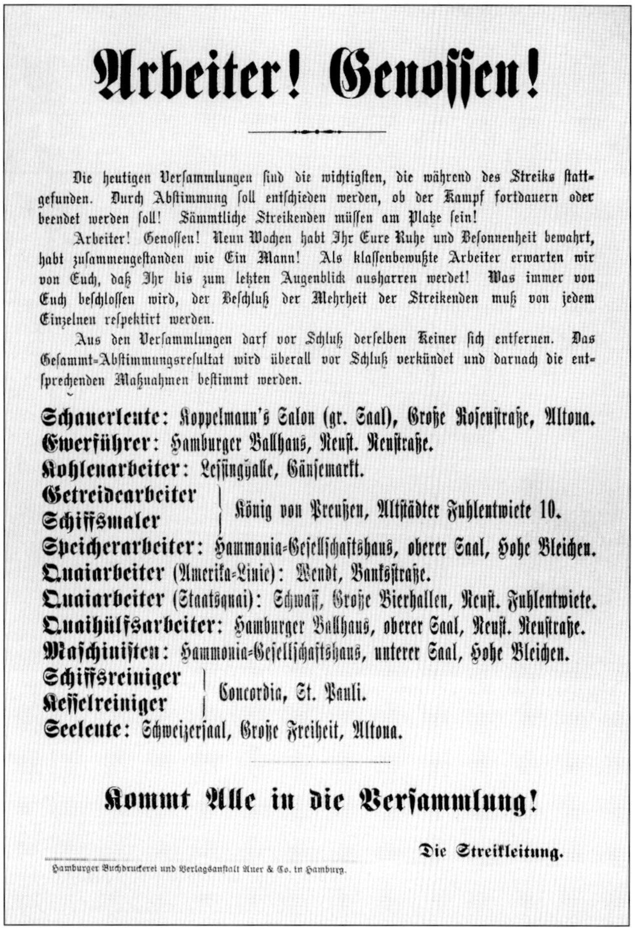

# Arbeiter! Genossen!

Die heutigen Versammlungen sind die wichtigsten, die während des Streiks stattgefunden. Durch Abstimmung soll entschieden werden, ob der Kampf fortdauern oder beendet werden soll! Sämmtliche Streikenden müssen am Platze sein!

Arbeiter! Genossen! Neun Wochen habt Ihr Eure Ruhe und Besonnenheit bewahrt, habt zusammengestanden wie Ein Mann! Als klassenbewußte Arbeiter erwarten wir von Euch, daß Ihr bis zum letzten Augenblick ausharren werdet! Was immer von Euch beschlossen wird, der Beschluß der Mehrheit der Streikenden muß von jedem Einzelnen respektirt werden.

Aus den Versammlungen darf vor Schluß derselben Keiner sich entfernen. Das Gesammt-Abstimmungsresultat wird überall vor Schluß verkündet und darnach die entsprechenden Maßnahmen bestimmt werden.

**Schauerleute:** Koppelmann's Salon (gr. Saal), Große Rosenstraße, Altona.
**Ewerführer:** Hamburger Ballhaus, Neust. Neustraße.
**Kohlenarbeiter:** Lessinghalle, Gänsemarkt.
**Getreidearbeiter** / **Schiffsmaler**: König von Preußen, Altstädter Fuhlentwiete 10.
**Speicherarbeiter:** Hammonia-Gesellschaftshaus, oberer Saal, Hohe Bleichen.
**Quaiarbeiter** (Amerika-Linie): Wendt, Banksstraße.
**Quaiarbeiter** (Staatsquai): Schwaff, Große Bierhallen, Neust. Fuhlentwiete.
**Quaihülfsarbeiter:** Hamburger Ballhaus, oberer Saal, Neust. Neustraße.
**Maschinisten:** Hammonia-Gesellschaftshaus, unterer Saal, Hohe Bleichen.
**Schiffsreiniger** / **Kesselreiniger**: Concordia, St. Pauli.
**Seeleute:** Schweizersaal, Große Freiheit, Altona.

**Kommt Alle in die Versammlung!**

Die Streikleitung.

Hamburger Buchdruckerei und Verlagsanstalt Auer & Co. in Hamburg.

*1896 Großer Hafenarbeiterstreik, Aufruf zu den Versammlungen. Die Quartiersleute fehlen.*
*Jürgen Rath beschreibt in seinem Buch »Die Arbeit im Hamburger Hafen«: »Die nach dem Streik von 1896/97 befragten Arbeiter drückten allerdings auch eine recht hohe Arbeitszufriedenheit aus … Viel Leute standen in einem festen Arbeitsverhältnis mit einem recht guten Jahreseinkommen. Von ihrer Berufsethik verstanden sie sich eher als Treuhänder des Kaufmanns, denn als Transportarbeiter«* (Rath, 1987, S. 286)
*Quelle: MHG*

*Der Vorstand des Vereins Hamburgischer Quartiersleute von 1886 e. V. zu Beginn des 20. Jahrhunderts. Dies ist wohl einer der letzten offiziellen Auftritte in voller Tracht für ein repräsentatives Foto. Quellen: VHQ*

1888 Der Kaffeehändler Hanssen & Studt erhält ein Privatlager über dem Kesselhaus, dieses brennt 1891 ab, dafür erhalten sie Speicher im St. Annenufer, Block R, Diesen übernimmt die HHLA 1953

> Erstbelegung der Speicherstadt, außer HFLG:
> Block:
> B = Weinspeicher Fa. Jebens und Lorenz-Meyer,
> M = Tabak
> D = Staatsspeicher Ockelmann & Cons. N.H.L. Hinsch & Cons, Postamt und Zollamt.
> Über dem Maschinenhaus M Am Sandtorkai, Fa. Hanssen & Studt, Kaffeesortierer, nach Brand 1891 dann Q/R Privatspeicher St. Annenufer,
> Fa. Schmidt mit eigener E-Station, auch St. Annenufer Block Q/R, später Fa. Neben, dann Fa. Schulz & Co.
> H = Helle Räume für Probenpräsentation und Büros.
> (Mehlhop, 1895, S. 72; Burmester, 1905, S. 15–18)

1889 Die Firma Engelhard & Cons. Quartiersleute betreiben auch Ewerführerei. (Möhring, 1965, S. 35)

um 1890 Aufstellung von Brandwachen durch die Erfahrungen aus dem Brand von 1842 und Speicherbrand in London 1882. (Maak, 1895, S. 110–114)
Andreas Burmester erhält den Auftrag vom Senat und der HFLG, die Speicherstadt im Bild und Zeichnung zu dokumentieren, auch für die Feuerversicherung. (Maak, 1895, S. 110–114)

1890 Der Verein Hamburgischer Quartiersleute wird Mitglied des Arbeitgeberverbandes Hamburg-Altona. (Olsen, 1961, S. 21)

1891 brennt der Staatsspeicher über dem Maschinenhaus Am Sandtorkai. (Maak, 1895, S. 112)

1891 bis 1896 Bau der weiteren Blöcke P, Q und R, als Folge des Speicherbedarfes. (Griem, 1988, S. 17)

1891 Erste Versuche mit elektrischem Kranantrieb im Hafen. (Rath, 1987, S. 140)

*Eines der späten Fotos mit einem Quartiersmanns-Rollwagen liegt aus der Schrift 100 Jahre Verein Hamburger Quartiersleute von 1886 e. V. vor. Ein Jubiläum (Martens und Cons. 1820-1995), wie das Schild ausweist. Der Wagen, eine Sackkarre in der Luke und eine Schott'sche Karre sind auf dem Foto. Die Quartiersleute haben den weißen Platen (Schürze) angelegt, denn der Lederschurz würde auf dem Foto kaum auffallen. Auch der Zylinder fehlt und die Jacke mit den Silberknöpfen, die Zeit der Ämter ist vorbei. Quellen: VHQ*

1892 Kaispeicher A brennt ab, Neubau 1894. (Rath, 1987, S. 290)

1894 Brand im Block D Kehrwieder (Maak, 1985, S. 112)

1896 Ausbruch des »großen Streiks der Hafenarbeiter«

»Bei allen sozialen Konflikten in der Gründerzeit machten die Quartiersleute eine Ausnahme, da sie meist in geschlossenen Räumen arbeiteten, in einem festen Arbeitsverhältnis standen, kaum Einblicke boten, in direk-

*Eine seltene Postkarte zeigt ein Motorboot oder kleine Barkasse aus der Zeit um 1905. Die Quartiersleute C. Pohlmann & Cons., gegründet um 1800, haben sich auf das Wasser begeben, vielleicht für den Leutetransport zu den Schiffen im Strom bei Bordkontrollen, zum Schleppen von Schuten oder für kleinere Transporte für den Prinzipalen. Quelle: Sammlung K.-T. Beer*

*Letztes öffentliches Auftreten von Quartiersleuten in ihrer alten Tracht (November 1933) zum Tag des Handels in Braunschweig. Die etwas komische Situation für die Quartiersleute zeigt ihre Haltung und die Falte in dem schwarzen Platen. Danach erzwangen die neuen Machthaber den Anschluß der Berufgruppe an die der Spediteure.*
*Quellen: VHQ*

ter Abhängigkeit zum Prinzipalen, Treuhänder des Kaufmanns waren und Fachwissen haben mußten. Sie waren das konservativ-bewahrende Element im Hafen.« (Rath, 1987, S. 288)

1899 bis 1907 werden Block S bis X sowie erste Teile von Block W gebaut. Der Rest von Block W folgt 1926 + 1927. Die Blöcke Y und Z waren für die Ericus Insel geplant, heute steht dort das Zollgebäude. (Griem, 1988, S. 17)

1905 1. Silo entsteht am seeschifftiefen Wasser, HGL Kuhwerder.

ca. 1925 Der Quartiersmann wird als Lehrberuf eingerichtet. (Rath, 1987, S. 302)

Die Handelskammer bestätigt, daß Quartiersleute zur Arbitrage zugelassen sind. (Olsen, 1925, S. 9)

1933 Der Verein Hamburger Quartiersleute wird übernommen von der Reichsgruppe Spedition und Lagerei, Fachgruppe Lagerei, Ortsgruppe Hamburg (Lagerhalter und Quartiersleute). (Olsen, 1961, S. 22)

*Ein ganz seltenes Foto aus der Zeit zwischen den Weltkriegen. Quartiersleute an der Luke der Firma Eichholtz & Cons. in der Gothenstraße in Hammerbrook. Der Inhalt der Säcke ist nicht bekannt. Vorne das 3rädrige Taxameter und die Bedienung der Winde durch ein Zugseil. Eine nicht ganz ungefährliche Steuerung der Winde, denn der Windenmann hatte an dem Seil keinen Halt, deshalb wurden die Hieven auch kleingehalten.*
*Quelle: E & Cons.*

*Die neuen Machthaber veränderten auch einiges im Hamburger Hafen. Der Freihafen war durch die Zwangsbewirtschaftung bis 1947 quasi aufgehoben. Erst als die Engländer als Besatzungsmacht den Freihafen wieder in deutsche Verwaltung übergaben, wurden die alten Freihafen-Statuten wieder wirksam. Hier im Privatspeicher (Spitze des Kranarmes) war im 5. Boden eine Außenstelle des KZs Neuengamme eingerichtet. Die Eisenleiter an der Straßenseite war der Zugang. Weitere Böden in der Speicherstadt wurden auch als KZ-Außenstelle beschlagnahmt.* *Quelle: MHG*

Die Quartiersmanns-Firmen behalten ihre Namen und erweitern ihre Arbeitsgebiete:
Schiffsmakler: H. D. Cotterell, Ballindamm 1,
Spedition: Quast & Cons. Sandtorkai 23-25,
Ockelmann & Cons. Kehrwieder 2,
N.H.L. Hinsch & Cons. A. d. Sande 6,
Brunswiek & Cons. Meyerstraße 60,
Röpke & Cons. A. d. Sande 1 (Böer, 1938, S. 107 + 121)

ab 1935 Durch die Zwangsbewirtschaftung geht der Außenhandel zurück und die Speicherstadt wird kaum genutzt. Der Staatsspeicher D kommt zur HFLG. (Hinz, 1999, S. 300)

1937 1. Prüfungen für Quartiersmannslehrlinge werden an der Handelskammer abgenommen. (Rath, 1987, S. 302)

1939 Aus HFLG wird HHLA,
Hamburger Hafen- und Lagerhaus-Aktiengesellschaft.

*Eine weitere Rarität aus den 40er Jahren: »Zur Erinnerung an meine Lehrzeit«, Bruno Zinke nach Abschluß seiner Lehre als Quartiersmann 1931.* *Quelle: B. Zinke*

*60% der Speicherstadt wurden im Kriege zerstört. Es gibt nur wenig Fotos von den beschädigten Bauten:
Hier die Schäden an den Blöcken J, K und L am Sandtorkai, im Vordergrund noch der Ausleger einer Laufkatze vom Schuppen 3-4.* *Quelle: S + H*

*Zerstörungen am Block L links vom Kehrwiederfleet und rechts vom ehemaligen Staatsspeicher mit Post, Zollamt und den Böden der Quartiersleute.* *Quelle: S + H*

Das Freihafenstatut wird bis 1947 außer Kraft gesetzt, erst Zwangsbewirtschaftung, ab 1945 britische Armee, dann durch »Port Controll Team«. (WMC, 1990, S. 11)
Durch die Kriegsvorbereitungen, die politischen Ziele und die Zwangsbewirtschaftung als »Zulieferbetriebe der Einfuhr- und Vorratsstelle« wird die Speicherstadt für andere Aufgaben genutzt. Unter anderem als Notunterkunft im Kriegsfalle und Gefangenenlager für KZ-Häftlinge. (Griem, 1988, S. 33) Die obersten Lagerböden werden ca. 30 cm hoch mit Sand bestreut wegen der Feuersgefahr. »Die Quartiersleute müssen Außenlager im Landesinneren anlegen, z. B. Leipzig.« (M. Bruhns, 2003)

*Block O am Brooksfleet mit der ehemaligen Verwaltung der HFLG und der Kaffeebörse. Nur der vordere Teil blieb stehen, und nach Abbruch der Ruinen dahinter wurde neu gebaut (1955–59). Der Architekt des neuen Bürogebäudes und Kaffeespeichers war Werner Kallmorgen. 2003 ist geplant, den Kallmorgenbau abzubrechen und als Parkhaus neu zu errichten.* *Quelle: S + H*

*Der traurige Rest des 1. Speichers, Block A. Er gibt den Blick frei zum Turm der St. Nikolai Kirche. Dieser Bau wurde nicht wieder errichtet.* *Quelle: S + H*

*Kehrwiederfleet, Blick nach Westen. Ein schauriges Bild der geräumten Fläche, auf denen die Blöcke A rechts und J links standen. Das Fleet dient als Lieger (Warteplatz) für Schuten. Am Ende die Hafenpolizeiwache, rechts das Gebäude Baumwall 3 und das U-Bahn-Viadukt. Ganz links wird aber schon wieder gerammt für die neue Kaimauer, Schuppen 2 + 3.* *Quelle: S + H*

Heinz Bretzmann begann seine Lehre 1941 bei Eichholtz & Behn (Cons.) Am St. Annenufer. Diese mußte er 1943 abbrechen und in den Krieg ziehen. 1955 kehrte er aus der Kriegsgefangenschaft zurück.

Er erzählte mir: »Im 2. und 3. Lehrjahr wurde ich mehrmals »ausgeliehen« und mußte im Privatspeicher (Hanssen & Studt) aushelfen, da es im Block nicht mehr genügend Quartiersleute gab. Bei größerem Arbeitsanfall (kriegswichtige Versorgungseinlagerungen) wurden vom HBV (Gesamthafenbetriebs-Gesellschaft m.b.H.) Zusatzleute angefordert. Dies funktionierte noch, und es wurden junge holländische Aushilfsleute geschickt. In allen Speichern, die ich kannte, waren die obersten Böden 20 bis 30 cm hoch mit Sand gefüllt, zur Brandbekämpfung im Kriegsfalle«

Er bestätigte mir auch, daß St. Annenufer 2 und 3 (Hanssen & Studt, Eichholz und Cons.) ab 1943 die 5. Böden beschlagnahmt waren, vom KZ Neuengamme als Außenstelle. Ca. 100 Frauen aus Osteuropa waren dort untergebracht. Zu sehen bekam er diese armen Frauen nur, wenn er länger Arbeiten mußte und diese zurück kamen. Was sie gemacht hatten, wurde ihm nicht erzählt. Die Frauen mußten ihre Quartiere über die offene Eisentreppe erreichen (heute abgeschweißt). Das innere geschützte Treppenhaus durften nur die Einheimischen und Wachleute benutzen.

Von ihm bekam ich die damaligen Arbeitspapiere.

1943 Im Speicher St. Annenufer werden ca. 100 Ostarbeiter/-innen auf dem 5. Boden einquartiert, als Außenstelle des KZ Neuengamme.

1943 60% der Speicherstadt werden im Kriege zerstört. Der Wiederaufbau erfolgt ab 1952. (Griem, 1988, S. 33)

1945 Von 330.000 qm sind nur noch 150.000 qm Lagerfläche/Böden erhalten. (Dornquast, 1989, S. 8)

1946 Wiedereinsetzung des Vereins Hamburgischer Quartiersleute von 1866 e. V. durch die Arbeitsgemeinschaft Hamburger Hafenfachverbände e. V. (Olsen, 1961, S. 22; Hr. Gerlach, pers. 2003)

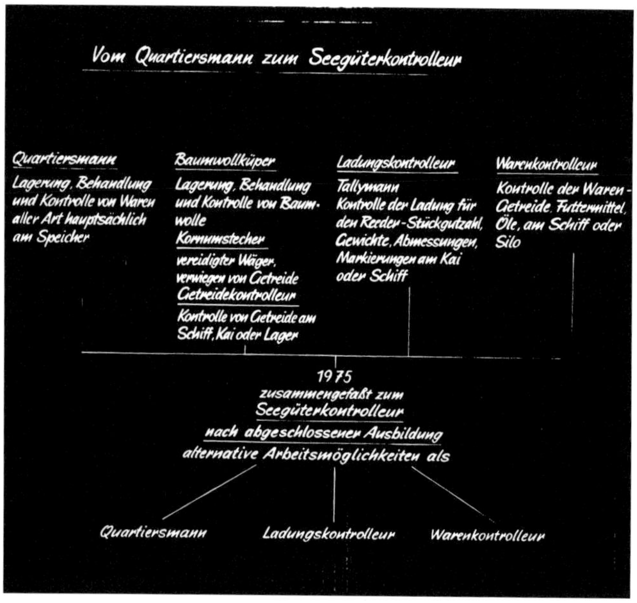


*Eine Tafel im Speicherstadtmuseum zeigt die Zusammenlegung der Lehrberufe im Hamburger Hafen. Aus dem Quartiersmanns-Lehrling wird der Seegüterkontrolleur.*
*Quelle: Speicherstadtmuseum*

1948 Währungsreform in Deutschland.

1949 Grundgesetz der Bundesrepublik wird verabschiedet.

1951 Wiederaufbau von Teilen der Speicherstadt. (Dornquast, 1989, S. 8)

1956 Gründung der Firma Kaffee-Lagerei GmbH.
Mit diesem ersten warenspezifischen, zukunftsweisenden Großspeicher werden neue Wege der Lagerung beschritten, ähnlich Hanssen & Studt, St. Annenufer 1891–1953. Diese Tendenzen gibt es auch bei der Kakaolagerung: Bei den Firmen WMC, Quast, Cotterell und anderen.

1965 Erste Container werden in Hamburg umgeschlagen.

1975 Lehrberuf des Quartiersmannes geht im Seegüterkontrolleur auf.
Neue Tendenzen zur warenspezifischen Konzentration durch Firmen-Zusammenlegungen und -Übernahmen (Gesundschrumpfen) verringert die Zahl der Quartiersmannsfirmen: Kaffee, Kakao, Hülsen-, Trockenfrüchte, Konserven, Chemikalien und später das Ein- und Auspacken von Containern.

1988 Gründung des Vereins »Rettet die Speicherstadt«.

1989 Nutzfläche der Speicherstadt beträgt 300.000 cbm.

*Im Block R ist das Speicherstadt-Museum eingezogen, demonstrativ eine Hieve am Haken, ein volles und leeres Taxameter, gegenüber, über dem Wandrahmsfleet, der Block P. Es fehlen nur die Quartiersleute, welche die Arbeit ausführen und auf den vielen anderen Bildern zu sehen sind.*
*Quelle: E. & Cons.*

*Und auch ein Stehpult gehörte in den Speicher oder dessen Büro, denn Sitzen war verpönt.* *Quelle: Jacobsen & Cons.*

80 % der Speicherfläche nutzen 70 Quartiersmannsfirmen und 48 Firmen des Teppichhandels. Schiffsausrüster sind mit 31 Firmen, Kaffeefirmen mit 57 und verschiedene Büros mit 53 Firmen vertreten. (Dornquast, 1989, S. 17; HHLA)

ab 1990 Durch die Containerisierung von Schiffsladungen wird die Speicherstadt für die einzelnen Ladungseinheiten zu eng und kann nicht mehr genutzt werden. Die Quartiersleute verlassen die Speicherstadt.
»In jüngster Zeit zeigen sich jedoch Tendenzen, die auf einen Niedergang der kleineren, familiär geprägten Quartiersmannsfirmen hindeuten.« (Hinz, 1999, S. 300)

1991 Die Speicherstadt wird unter Denkmalschutz gestellt.

1995 Nach der Ausstellung »Speicherstadt« im Museum der Arbeit wird auf private Initiative hin das Speicherstadtmuseum St. Annenufer gegründet.

2003 01.01. Die Speicherstadt wird aus dem Gebiet des Freihafens herausgenommen.

*Die wichtigsten Geräte des Quartiersmannes auf dem Speicher, die Waage und die Karre.* *Quelle: Speicherstadtmuseum*

# *Zählgesang bei Ablieferung bestimmter Waren, besonders Häuten und Fellen:*

| | | |
|---|---|---|
| 1 | Nu hebbt wie een opt Neet | haben **ein** aufgenäht |
| 2 | Terriwe kumpleet | **zwei** komplett |
| 3 | Hebbt wi en Diraree | haben wir **drei** e |
| 4 | Dat veerte Mol | das **viert**e Mal |
| 5 | Scheun sünd de Groten to fiif | schön sind die großen **fünf** (Schnäpse zu 5 Pfennig) |
| | Scheun is min Wief | schön ist mein Weib – **fife** = **fünf** |
| 6 | En halbes Dutz dovon in'n Liew | ein **halbes Dutzend** davon im Leib |
| | Se hett en dickes Lief | sie hat eine dicken Leib (vielleicht als Folge von 6) |
| 7 | Söben is de Galgentool | **sieben** ist die Galgenzahl |
| 8 | Goht wie de gange Nacht opp dol | gehen wie die ganze N**acht** runter |
| | Gaht wie alle Nacht op dal | |
| 9 | Regen is de Rummelee | **neun** ist Rummelei |
| | Alle negen | Alle **neun** vom Kegeln |
| 10 | Tein ! tein ist tein | **zehn**, zehn ist zehn |
| 11 | Man Hamburg an der Elbe Strand | mein Hamburg liegt am **El(f)**be Strand |
| | Twe Veerlanner Been | |
| 12 | Wie liegt du tief im Tal | |
| | Da geht's bis nachts um zwölfe | da geht es nachts bis **zwölf** |
| 13 | Du bist nich mehr dasselbe Land | |
| | Mol dör to tein | mal **drei** zu **zehn** |
| 14 | Wie Anno dazumal | |
| | In de Diekstroot veertein | in der Deichstraße **vierzehn** |
| 15 | Wie hat man dich entrissen | ist ein Trinker (bei der halben Talje <30>, |
| | Bi foftein is't Drinker | bei fünfzehn wird gern ein Schluck genommen) |
| 16 | An de Soßtein geit nix flinker | Aus Altertümlichkeit |
| | An de soßtein geit dat flinker | bei der **sechzehn** geht es flinker (nach dem Schluck) |
| 17 | Nu mußt noch vieles missen | |
| | Söben un de tein | **sieben** und die **zehn** |
| 18 | Aus dener gold'nen Zeit | |
| | Denn gode Nacht min Hein | denn gute n**acht** mein Hein (**zehn**) |
| 19 | Denn so wie du, vallera | |
| | Nu sloop man fein | nun schlaf man fein |
| 20 | So bin auch ich, Vallera | |
| | So'n twintig Mool | so ein **zwanzig** Mal |
| 21 | Een un de twintig | **einundzwanzig** |
| 22 | Terrwe un de twintig | **zweiundzwanzig** |
| 23 | Diaree un de twintig | **dreiundzwanzig** |
| 24 | Weer un de twintig | **vierundzwanzig** |
| 25 | Fief un de twintig | **fünfundzwanzig** |
| 26 | Soß un de twintig | **sechsundzwanzig** |
| 27 | Söben und twintig | **siebenundzwanzig** |
| 28 | Alle achtun de twintig | **achtundzwanzig** |
| 29 | Negen un twintig | **neunundzwanzig** |
| 30 | Nu hebbt wi dottig mol | nun haben wir **dreißig** mal |
| | Siehst du woll, nu hebbt | siehst du wohl, jetzt haben wir die Talje voll |
| | wie de Talje vull, vallera! | (Talje (30), von tellen, zählen, zusammen hängen) |

Zu den ersten Zeilen, den Nummern folgend gab es eine singbare Melodie, welche aber verschollen ist. Die eingerückten Texte sind Variationen zu dem Abdruck in »Der Hamburger«, Ausgabe 1, S. 58. (Johs. E. Rabe, 1913, S. 28)

# *Verpackungen*

nach Rabe, Das Speicherbuch, 1913, S. 16 ff.; Reißmann, Kaufmannschaft des 17. Jh., 1975, S. 392 ff.; eigene Speicher- und Hafenbeobachtungen

| | |
|---|---|
| Anker | Transportgefäß für Wein, ca. 5 Liter |
| Apothekerei | Waren und Spezereien für Heilzwecke |
| Arrobe | Handelsgewicht im iberischen Raum 10 + 15 kg |
| Balje, Balge | Kufe, Wanne kleinerer Art |
| Ballen | Verpackung von Waren, Textilien, Leder, Gewürzen in Leinen eingeschlagen<br>1 Ballen Papier = 10 Ries; Anis 250-350 kg, Laken 10-12 Stück, Reis ca. 50 kg |
| Bande | Bandholz, Faßreifen für Fässer und Tonnen, Bandreißer in der Haseldorfer Marsch |
| Boddem, Bodem, Bodeme | Klumpen, Scheibe, Gießform (Rolle), Handelsform für Wachs = ca. 32 kg |
| Bothe, Botte | große Tonne, Faß für Wein = 400–600 l und Gewürze, Hamburg = 434,53 l;<br>1 Bothe = 1 Pipe, 2 Oxhöft, 3 Ohm, 120 Stübchen |
| Boutille | Flasche für Wein 0,5 bis 2 l |
| Bult, Bulten | Haufe, Hügel, Bündel, Mengenangabe bei Kupfer |
| Bund | Verkaufseinheit bei Hanf, Menge unbekannt |
| Crate, Kreetsen, Harrasse | lattenförmige Umhüllung von leicht zerbrechlichem Holz oder Geäst |
| Decker, Dicher | Zählmaß bei Einzelstücken, Fellhandel = 10 Häute oder Felle |
| Demion | Große Glasflasche, im Korb gefaßt 30–50 l |
| Dielen, Delen | Bretter, Planken, Bohlen aller Art; 3–4 m lang, 25–40 cm breit, 3 cm dick |
| nordische | Nadelholz aus Skandinavien, einzeln, Schock, Großhundert = 120 Stück |
| Drögerei, Dröge War, Drogues, Droch Gut | Sammelbezeichnung für trockene, getrocknete Kolonialwaren |
| Dugen, Dauben | Holzstäbe, gebogene Bretter für Tonnen und Fässer, längslaufend (Stabholz) |
| Elle | in Hamburg gebräuchlich die kurze 57,3 cm, die lange 69,14 cm Elle |
| Faden | wahrscheinlich Bündel von Brandholz |
| Fardeel, Vardel | Transporteinheit Ballen, Packen für Textilien oder trockene Waren (Gewürze)<br>Nicht exakt, 30–40 Stück Baumwollgewebe, ca. 42 kg Kaneel, ca. 150 kg Korinten |
| Faß | Warenbehältnis für flüssige, fließende, sperrige oder feuchtigkeitsempfindliche Güter aus Holz, später Metall oder Pappe<br>Butter = 112 Pfund, Flachs = 6 Schiffspfund, Feigen = 38-40 Pfund<br>Hohlmaß: 1 Faß Wein = 2 Pipen = 4 Oxhöft oder 6 Ohm = ca 8,7 hl<br>1 F. Getreide = ca 52,7 l, = 2 Fardeel Baumwollgewebe<br>1 F. Heringe = 145 kg, 1 F. Blattgold = 350–400 kg |
| Fäßlein | kleines Faß, meist für Weiß- oder Schwarzblech, ca. 300 Blatt |
| Flämisches Pfund | Verrechnungseinheit, = 2,5 Reichstaler, = 7,5 Mark |
| Flasche | Glasbehältnis jeder Größe |
| Fuder | Maß für Buschwerk, 60 bis 80 Stück |
| Gonje | Ballen aus Bastmatten |
| Hamper | Fruchtkörbe bis 60 Kg |
| Himten | zu je 18 Pfund |
| Hobbock | Kleines Faß aus Pappe oder Metall, ca. 50 l fassend |
| Hoyke, Heuke | gewebeartiger Umhang für Fleisch, als Vorläufer von Säcken |

| | |
|---|---|
| Kannen | Hohlmaß für Bier |
| Kin | chinesisches Gewicht = 0,605 kg |
| Kincken, Kimken | kleines Holzgefäß für Butter, Seife oder Mehl zum Versand, Größe nicht bekannt. |
| Kip | Pack, Packen Waren, Felle, Flachs, Fische, Umfang unbekannt |
| Kiste | Verpackung für Textilien, trockene Waren, Fertigwaren |
| Klabutzen | Stabholz für Tonnenböden, Bodenstäbe |
| Klapholz | Buchen- und Eichenholzstücke, Abfall von Wagenholz für Tonnen- oder Pipenstäben |
| Koffer | Mengenangabe für Farbholz, Einzelheiten nicht bekannt |
| Kollo | Güter-, Zähleinheit im Frachtverkehr |
| Korb | allgemeine Verpackung oder Einheit aus geflochtenem Geäst,<br>bei iberischen Feigen und Rosinen, wie Seronen zu 3,5 Arrober= ca. 45 kg |
| Kröse, Krug | Deckelkrüge aus Steingut, Metall oder Holz für kurzfristige Transporte |
| Last | Schiffsmaß der Lade-, Staufähigkeit eines Schiffes 1 Last= 1,5 Registertonne |
| Last | Nordeuropäisches Handelsgewicht, auch Mengen- oder Raumbegriff<br>1 Last = 1,5–2,5 tons<br>Butter, Seife, Kalk 1 L. = 12 tons, Kohlen = 18 tons<br>Blei, Eisen, Stockfisch 1 L. = 12 Schiffspfund = 1,6–2,0 tons<br>Getreide allg.: 1 L. = 3 Wispel = 30 Scheffel, bei Gerste + Hafer = 60 Faß = 30,6 hl. |
| Lispfund | Nordeurop. Handelsgewicht, 1 Lispfund = 14-16 Pfund<br>1 Hamburger Lispfund = ca. 7 kg, 20 Lispfund = 1 Schiffspfund |
| Loof, Lop | kleines hölzernes Gefäß im Butterhandel, ca. 18 kg |
| Matte | Geflecht aus Stroh oder Schilf zum Einschlagen, Trennen oder Separieren<br>Selten als Maß gebraucht, 1 Matte = mehrere Schiffspfund |
| Netz | Gewebe, wie Säcke, zum Ummanteln von trockenem Fisch und Fleisch |
| Ohm, Ahm | Hohlmaß bei Wein, 1 Ohm = 40 Stübchen, 6 Ohm = 1 Fuder, 1,5 Ohm = 1 Oxhöft<br>1 Ohm = ca. 145 l |
| Oxhöft | Tonne oder Faß für Flüssigkeiten, oft Wein und Kostbarkeiten (Pelze, Gewürze<br>Flüssigkeitsmaß 1 Oxhöft = ca. 216 l, 1 O. = 1,5 Ohm = 60 Stübchen,<br>2 O. = 1 Pipe oder Bothe, 4 Oxhöft = 1 Fuder |
| Pack, Packen | wie Ballen, in Leinwand eingeschlagene Güter. Maße uneinheitlich |
| Päckchen | Verpackung für Gewürze, Gewicht unbekannt |
| Partey, Partie | Begriff für einen Posten, Ladungseinheit von Waren. Kein Mengenbegriff |
| Pfund | Gewichtseinheit, 1 Hamburger Pfund = ca. 485 Gramm<br>Verkaufseinheit bei Tabak<br>franz. = 48,95 kg, span. = 46,0 kg, schwed. = 42,5 kg, Venedig = 48,0 kg |
| Picul | indisches Gewicht = 60,5 kg |
| Pipe, Queue | Langes schmales Faß zum Transport von Waren<br>Flüssigkeitsmaß: 1 Pipe = 400–600 l (Iberien), 1 Hamb. Pipe = 434,42 l<br>Öl 1 P. = 395 kg, Pflaumen = 385 kg |
| Pipen Dugen | Faßholz, Dugen |
| Portugalöser | Ehemals portugiesische Münze, größte Goldmünze damals, 1 P. = 10 Dukaten |
| Posten | Menge als Kaufeinheit |
| Pud | Russisches Gewicht = 16,381 kg |
| Quardeel | Viertel Faß, Transportmittel und Hohlmaß, ca. 200–400 l, sehr uneinheitlich<br>1 Q. = 2 Oxhöft |
| Quintal | Französisches, auch iberisches Gewicht 1 Q. = 54,25 kg, = 1 Zentner = 100 Pfund |

| | |
|---|---|
| Reichstaler | Deutsche Währung. = 3 Mark (lübisch) = ca. 15 DM = ca. 7,5 € (2003) |
| | 1575 1 Reichst. = 48 Schillinge, 1 Mark lübisch = 16 Schilinge, |
| | 1609 1 Reichst. = 54 Sch. |
| | 1622 1 Reichst. = 48 Sch. = 3 Mark lüb. (Hamburg, Lübeck + Schleswig-Holstein) |
| Rheinischer Gulden | 1 Rhein. Gulden = 3 Mark und 10 Schillinge |
| Ries | Zählmaß für Papier = 20 Buch oder 360 Bögen Packpapier, 480 Bögen Schreibpapier |
| Ring | Zählmaß = 240 Stück Handelsform bei Draht, Kupferdraht, 1 Ring = 13,7 kg |
| Rolle | Einheit für Waren, trocken und rollbar, manchmal auch Boddem |
| | 1 Rolle Wachs = 525 kg, Leinwand = 72 Ellen, Tabak 45 oder 95 kg |
| Rosenobel | englische Goldmünze 12–15 Mark |
| Sack | Verpackung aus gewebten Fasern für trockene Waren aller Art |
| | 1 Sack Kaffee 60–70 kg, Zucker 200 kg, Kümmel 200 kg, Wolle 300–400 kg |
| Scafa | Korb mit Lederüberzug (kofferähnlich) |
| Schewen | Faß-, Rosinenschewen, Holzstäbe für Fässer, von Böttchern verwandt |
| Schiffspfund | Frachtpfund, Schwerpfund, nordeuropäisches Einheit für Massen-, Schwergut |
| | 1 Schiffspfund = ca. 280 Pfund im Seetransport, 320 Pfund im Landtransport |
| | 1 Schiffspfund = 20 Lispfund = 135,6 kg in Hamburg |
| Schlagdoke | Geflochtene oder wollene Decken als Vorläufer von Säcken |
| Schopf | Zähleinheit bei Hanf |
| Serone | kleiner Korb oder Schilfmatte für Schiffsgarnier oder Ledersack |
| | Iberisches Maß für Feigen und Rosinen, verpackt in Körben = 45 kg |
| Siffen | Fruchtkörbe bis 12 kg Äpfel |
| Stabholz | Hartholz zur Faß-, Pipen-, Tonnen- oder Oxhöftherstellung 0,5–1,8 m lang |
| | auch im einzelnen dann Dugen, Scheven, Klabutzen |
| Stander | Maß- und Gewichtseinheit für russische und skandinavische Hölzer / Bretter |
| | Petersburger, Archangelsker Stander |
| Steven, Stav | auch Faßdaube, gebogenes Außenholz eines Fasses |
| Stig, Stiege | Zählmaß, 1 Stig = 20 Einheiten, oder Verpackung von Südfrüchten = ca. 12,5 kg |
| Stroh | Strohkorb oder Geflecht mit Einlegeböden für weiche Güter, Wachs, Fisch |
| Stübchen, Stöveken | Wein- und Biermaß = 3,61 l |
| | 40 St. = 1 Ohm, 60 St. = 1 Oxhöft, 48 St. = 1 Tonne Bier |
| Stück | Zähleinheit aller Art |
| | 1 Stückfaß = 12 hl, Gewebe uneinheitlich 1 St. = ca. 15, 20 oder 35 Ellen lang. |
| Tonne (Hohlmaß) | Transportgefäß wie Faß für fettige und flüssige Waren (Butter, Tran, Tonnenware) |
| | Hohlmaß: 1 Tonne = 100 bis 200 l, = 100 bis 150 kg, 1 Hamburger Biertonne |
| | = 173,7 l, 1 Tonne Seife = 116,2 kg, Salz = 130–165 kg, Getreide = ca. 131 l |
| Tonne (Gewicht) | europ. = 1.000 kg, 1 ton engl. = 1.016 kg, = 20 cwt. à 4 Quarters, à 28 Pfund |
| | = 1.016 kg = 2.240 lbs, amerik. 1 ctw = 50,75 kg, 1 Quarter = 12,75, 1 lbs = 0,454 kg |
| Trommel | Holz- oder Pappfaß, nicht gekrümmt, meist im Landhandel, ca. 50–75 l |
| Wage, Vog | Norwegisches Gewicht für Fisch, 1 Wag = 36 dänische Pfund = 18 kg |
| | Im Wachs- und Wollhandel dann größere Umrechnung |
| Wispel | Hohlmaß für Getreide |
| | Weizen, Roggen, Bohnen 1 W. = $1/3$ Last = 10 Scheffel = 10,5 hl |
| | Gerste, Roggen, oder 10 Scheffel = 15,8 hl |
| Zentner | Handelsgewicht 100 Pfund zu 500 Gramm, früher 112 oder 120 Pfund = 58,1 kg |

MAESSE'S GASTSTÄTTE
HAMBURG 11 RUF: 32 44 93 HOPFENSACK 8
Preisgruppe 1 Hamburg, den ..................194

Speisenkarte

prima Nudelsuppe mit jungen Gemüse
auf Rindfleisch gekocht ( Teller ) DM. --,40
- " - Terrine " --,80

Paar Würstchen (200gr.) m/Kartoffelsalat 1,50
Sauerfleisch mit Brötchen " 1,30
Karbonade mit Kartoffelsalat " 1,40
Bauernfrühstück mit 2 Eier " 1,60
2 Spiegeleier mit Bratkartoffel " 1,30

prima belegte Brötchen !

Brandenburg EP 248. Hamburg 27, Großmannstr. 95 · 250/8.49. Kl.A

*Speisekarte aus dem Jahre 1948 nach der Währungsreform von Maesse's Gaststätte im Hopfensack, heute Alter Schiffertreff, innen unverändert, aber die Preise!* *Quelle: D. Schünemann*

*Speicher-, Hafenstadt und Berufskleidung sind verbunden mit dem Namen der Firma Nagel, die sich immer in der Nähe der Speicher befand: Fischertwiete, Meßberg, Klosterstraße und jetzt im Cremon.* *Quelle: KHA*

*Die Werkzeuge für die Quartiersleute und alle weiteren Hafenberufe, wie Schauerleute, Kornumstecher usw., hält noch immer die Firma Wilhelm Kelle vor. Kenntnisreich beraten die Herren Bertram und Grawe.* *Quelle: KHA*

*Einen Eindruck der Vielzahl der Werkzeuge erhält man schon durch die Schaufenster.* *Quelle: KHA*

*Die Tauchtiefen auf der Elbe waren für Schiffer, Kauf- und Quartiersleute wichtig, denn sie bestimmten über Jahrhunderte den Binnenschiffsverkehr auf der Oberelbe.*
*Quelle: D. Schünemann/KHA*

*Schuppen 16, hölzern mit Schiebetoren und umgebautem Dampfkran auf Schienen ohne bewegliche Ausleger.*
*Quelle: KHA*

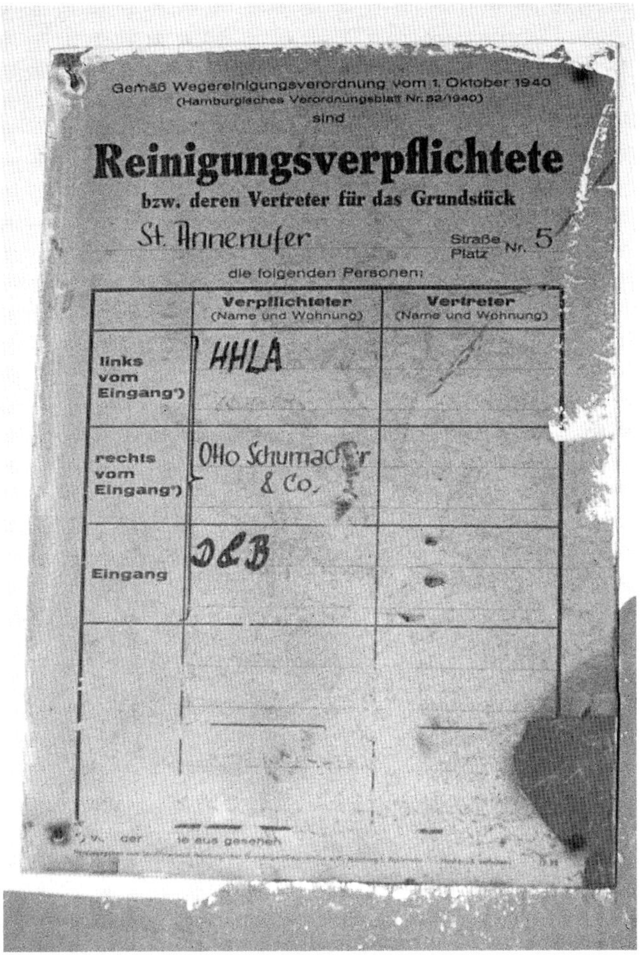


*Die Reinigung vor dem Speicher, Eingang und Luke war klar geregelt.* *Quelle: KHA*

*Die Quartiersmannstracht angepaßt, verkauft und repräsentiert durch Herrn Theisen der Firma M. J. C. Nagel.* *Quelle: KHA*

*Aus einem der ersten Blöcke die »Erste Hilfe Ecke«: Wassereimer und Feueraxt, Schieberkurbel und Hochwasserbrett, Notrufblech mit Klöppel. Die Bahre gibt es nicht mehr.*
*Quelle: KHA*

*Wandrahmsfleet am Morgen.* *Quelle: KHA*

*Das Lokal Alter Schiffertreff im Hopfensack, wurde 1943 nicht zerstört und ist innen unverändert.* *Quelle: KHA*

# *Quartiersmannskontrakt von 1720*

später Fa. Ockelmann & Cons:

Laus Deo Anno 1720 Adj. 22. April

In Nahmen der Heylichen und Hochgelobten Dreyfaltigkeit, haben wier vier als Endes=Benandte Matten, dießes angefangen eigen händig unter Zu schreiben nach Laut unßere Vor Väter ihr Verbundtniß, Für uns und unßere Nachlaßent Frauens, und Kinder, wo nicht Frau, oder Kinder, für die Negsten Bludtsverwandten, oder Erben, in fester Haltung zu bringen, Auf daß ein jeder recht wieder fahre, Auch wo nach sich die andren Matten könne richten, Gott Gebe uns seinen Seegen, und Einigkeit, daß dießes alles Mach waß wier vor schreiben, erfüllet werden möge Amen.

Erstl. (Ausscheiden)

Begiebt es sich daß einer von uns vier Matten so unten Benandt sind, sich in etwaß Könne verbessern und zwaar, daß er solche schwere Arbeit nicht Thun dürffte, so soll es Ihm frey stehen, sein Quartier zu verkauffen, aber an einen solchen Ehrlichen Man, da die Matten mit zu frieden sindt, Auch daß er sein, oder die Arbeit thun Kann, der selbe der es Kaufft soll denen andern Matten Geben zum ein Tritt fünff und Siebzig Mark Lübsch.

Zum Andern, (Krankheit)

Solt es sich zu Tragen daß einer von uns Viern solte, bei Täglichen Arbeit zu schaden Kommen, oder erkriegte, oder er würde sonsten von Gott mit Leibes Krankheit beleget, oder Heim gesuchet da uns Gott vor wolle in Gnaden bewahren, oder er Könnte von wegen seines Alters nicht mehr Arbeiten, So soll der jenige Beschädigte, oder der Kranke, oder der Alte Man, und Matt verpflichtet, und schuldig seine, einen Man, oder Taglöhner vor sich zu halten oder mit seine drey andre Matten wißen, und willen, sich mit einem Man da die Matten mit friedlich sein, Auch der sein Arbeit thun Kan, verdingen und auch Lohnen, Biß so lange der Beschädigte oder der Kranke Matt wieder zur vorrigen Gesundtheit, oder Gott den Alten Man, und Matt im Himmel hilfft.

Zum Dritten, (Tod und Vertretung)

Wan es sich dan Begiebt daß der liebe Gott Einer von uns Endes Benandte vier Matten durch den Zeitlichen Todt von Gott auß dieser Welt abfordert würde, und es Bliebe Frau, und Kinder nach, so soll die Witt Frau ein Gnaden, oder Thrauer Jahr vergönnet sein, Sie soll aber wehrendes Thrauer Jahr eine Taglöhner vor sich halten, da die Matten mit friedl. sein, Auch der die Arbeit thun Kann Auch soll sie verpflichtet sein wehrendes Gnaden Jahr sich alle Sonnabendt oder wan ein Feyertag ein fält, den negst vor hergehenden Tag, bey, oder da wier unßer Quartier haben ein finden, und den Taglöhner Lohnen, die andern Matten sollen aber da zu sehen, daß es der Wittwe nicht mit der Lohnung zu schwer wirdt, den Sie müßen von Gottes wegen Ihr Bestes suchen, Auch waß in daß Gnaden Jahr Verdienet wirdt selbiges soll Ihre vierte Portion von Ihre drey andern Matten geliefert, oder zu gestellet werden.

Zum Vierten, (Vertretung und Kinder)

So es Sich begiebt, daß einer von unßre Vier Matten so endes Benandt sindt, durch den Zeitlichen Todt von Gott abgefordert würde, und es Bliebe Frau, und Kinder nach, Sie als die Wittwe gedachte nicht wieder sich im Stande der Heylichen Ehe zu begeben, so soll die Witt Frau, ein Gnaden Jahr haben, aber in daß Gnaden Jahr in allen Arbeit einen Taglöhner vor sich halten, der vor Ihr arbeitet, und den soll sie wie in vorrigen dritten Artikel geschrieben stehet, Am Sonnabendt oder wan ein Feyertag ein fält, den Negst vorhergeheden Trag, in unßern Quartier da wier zugegen sindt Lohnen, hat aber die Wittwe eine Sohn, oder Tochter, den Sie das Quartier über geben, und Laßen will, so soll Sie es mit ihre andern Matten Bewilligung thun, Auch daß die Matten mit Ihm in allen friedtlich sein, Ihm gleichen wan die Tochter in oder auf daß Quartier Heyrathen wollte, so soll Sie einen solchen Man Heyrathen da die andern Matten mit zu frieden sein, und der ebenfals die Arbeit thun Kan, und der es Kaufft oder der es an Tritt von Sohn, oder Tochter Man, soll denen andern Matten geben Zum ein Tritt fünff und Siebzig Mark Lübsch.

Zum Fünfften, (Einigung bei Wiederheirat)

So einer von unß vier Matten mit Tode abginge und erließe eine Wittwe nach, und Sie Lust hat wieder zu Heyrahten so soll Sie ein Gnaden oder Thrauer Jahr haben, und selbe Jahr soll von unß andern Matten, Ihr nicht Disportiret werden, Allein sie soll in daß Gnaden Jahr einen Man halten, der vor Ihr arbeitet und den soll Sie wie im dritten Artikel geschrieben stehet, mit Bey sein der Matten Lohnen, wan Sie freyet in das Gnaden Jahr wie den Auch geschehen soll, So soll Sie einen Gutten Ehrlichen Man freyen der sein, oder die Arbeit thun Kann, Auch daß die andern Matten mit Ihm in allen friedlich sein, und nichts auf Ihm zu sagen wißender Selbe der die Wittwe Heyrathet, soll denen andern Matten geben Zum ein Tritt fünff und Siebzig Mark Lübsch.

Zum Sechsten, (Eintritt bei Tod der Wittwe)

Wan einer von unß vier Matten mit, oder, in Tode wäre verblichen, und erließe eine Wittwe, und Kinder nach, die Wittwe aber Stürbe in daß von Ihren Matten vergönneten Gnaden Jahr, die Kinder aber so danan noch in Lebent und Männiglich erwachsen sindt, und solche Ihres Seel. Elters stelle vertretten wollen, und Können, sollen von denen andern dreyen Matten nicht vor sich, Sondern mit allen Ernst und Eyffer, vor allen andern so nach daß Quartier stehen, zu Sie gezogen werden, Auch Mit vorbeding der Dreyen Matten daß ein Jeder sein, oder die Arbeit thun Kan, und Sie in allen mit Sie friedl. sein, der selbe der es antritt soll denen andern Matten geben Zum ein Tritt fünff und Siebzig Mark Lübsch.

Zum Siebten (Verkauf bei fehlenden Erben)

Beschließen wier vier Matten, so unten Benandt sind unter unß, daß wan einer von uns sollte mit Tode abgehen, und erließe eine Wittwe allein nach, die Wittwe aber Saß in den genuß des Gnaden Jahr, und Stürbe auch, ließ aber Keine Kinder nach, so soll daß Quartier nicht die Matten, sondern denen Negsten Erben zu verkauffen zu gelaßen werden, Jedoch an einen solchen Man es zu verkauffen mit dero Matten Hülff und Willen, der die Arbeit thun Kan, und die Matten mit Ihm friedl. Sein, derjenige der es Kaufft soll geben zum ein Tritt denen anderen Matten fünff und Siebzig Mark Lübsch,

Zum 8ten (Bei Nichterscheinen)

Ist von unß vieren als endesbenandte Matten, verabredet, und bewilliget worden, daß Keiner von unßern Keller, da wier unßer Quartier, liegen, oder in haben, über die Gebürde, des Tage soll ausbleiben Es sein den eine Nohtwendige Sache als Hochzeit gehen, gefatter stehen, oder sonsten Begrabnißen bey zu wohnen, Auch wo er in seiner Freundschafft etwas Noth wendiges zu verrichten hat, Solches alles soll Ihm erlaubet und frey gegeben werden, Jedoch der Jenige so solche Sachen zu verrichten hat, soll Schuldig sein, Seinen andern Matten zu sagen, oder Es sagen zu laßen daß wan Arbeit Kömpt Sie sich danach richten Können, Begebe es sich aber daß einer, oder der andere von unß Vieren so endesbenandt sind, solte Auß frevel Muth oder sonsten seines eigenes gefallen Auß Bliebe, oder sonsten seines eigenes Thuns abwarten würde, so soll der selbe, der außen Bleibet und Gaar nicht zu rechter Zeit, bey unßern Keller, oder dawier unßer Quartier haben Kömmt, Von den Verdienten Lohne nichts zugerechnet werden, Sondern zur Straffe, Wo Vier auch verdienet, es von denen andern Matten Ihm abgezogen werden.

Dies alles haben wier vier Matten unß Belieben Laßen, als einer vor allen, und alle vor einen, zur festen Haltung, mit Gottes willen, eigenhändig unter geschrieben.

---

I E Josias Ehlers = Johann Köster = Jochim Zingerlmann = I F V Jochim Friedrich Vormerling (Sein eigenes gezogen M) = Jochim Dürkop = Hanß Gollehr = Jürgen Jochim Fick = Franz Jochim Hauschild = Hochim Sebastian Graumann = Hanß Jacob Wulf (unleserlich gemacht: Ist ein Schelm geworden) = Christoffer Hocker = Hans Peter Grewe = Claas Hoops = Hinrich Döscher = Hans Jacob Höltig = Georg Christoph Sievers = Johann Jacob Haberland = Alexander Barthold von Gevern Todt 1847 = Johan Schulenburg = Wilhelm Ludewig Kähler = Gottfried Hinrich = Andreas Gätgens = Gerlieb Conrad Casper Roggemann gest. 1851 = Hans Friederich Philipp Albers gest. 1847 = Johann Christoph Heinrich Pfeiffer = Johann Rudolph Gätgens Ano 1843 = Heinrich Martin Ferdinand Bötger 1846 = Peter Alexander Heinrich Lange 1848 gest. 1854 = Carl Georg Heinrich Ockelmann 1852 = Johann Christian Theodor Sötebehr 1858 = C. W. Heinrich Ockelmann 1876 = J. H. F. Beuck 1879 = A. C. H. Muhly 1883 = Eduard L. A. Ockelmann 1883 = Theodor C. W. Ockelmann 1891

Die meisten Name sind durchgestrichen mit dem Zusatz »thodt« versehen. »Matten« gleich Genossen (Maat).

Erste Veröffentlichung im Hamb. Correspondenten, 17.03.1907.

(Rabe, 1913, S. 52)

# *Ökelnamen der Hamburger Quartiersleute*

nach Rabe, 1913 und 1922, S. 59 ff., gem. J.D.J. Pingel, 1880, und
Vortrag von Emil Hagen, Juni 1913, Daten nach Dr. Ranck & Obst, 1930, S. 14, und V. H. Q.

| | | |
|---|---|---|
| | J. Heinrich G. Ahrens | 1879 |
| De Harborgers | Albrecht & Cons. | |
| | Amann & Kneesch | 1904 |
| Dat Judenspann | Ascher & Cons. | |
| De lütten Roden | Assmus & Cons. | |
| De Wustmokers | Baark & Bendt (Stapelfeld) | 1894 |
| De Krahnlüüd | Badenstedt & Cons. (Quitzau) | |
| De Graden / Groden Hamborgers | Bargstädt & Cons. | |
| Scheeven un Graden | Bargstedt & Genoss. | |
| De Wullkosaken | Beuck & Cons. (Gebel) | |
| | Betke & Hiller | 1901 |
| De Krahntreckers | Bodenborg & Cons. | |
| Dat Armenspann / De Krahnlüüd | Bodenstein & Cons. a + o unklar Badenstein – Badenstedt? | |
| | Carl Block | 1869 |
| De Müs/Theebuern | Braasch & Cons. (Schaper) | |
| De Höhnerplückers / De Solospelers | Brandt & Cons. (Martini) | |
| | John Bruhn | 1873 |
| | Bruhns & Cons. | 1895 |
| | Bruhns & Köster | 1902 |
| 1950 in Werner Bruhns und Köster & Cons. geteilt | | |
| | Werner Bruhns | 1950 |
| De Bück | Burmeister & Cons. | |
| | Clausen & Cons. | 1860 |
| | Controll- & Lagerhaus GmbH&Co. | |
| De Nadelmakers | Cordes & Cons. | |
| De Storchen | Cords & Cons. (Gechter) | 1867 |
| | H.D. Cotterell (GmbH&Co) | |
| De Fienen | Dammann & Lewens (Grotklaß) | |
| De Planckenhauers | Dehlmann & Cons. (Stöver) | |
| | Aug. Dello & Borchers | 1893 |
| De Korfmakers | Dencker & Cons. (Meyer) | |
| De Schultenhöbers | Deutzenberg & Cons. | 1874 |
| De Eseltreckers | Dreyer & Cons.(Hoppe) | |
| | A. C. Dröscher | 1812 |
| De willen Swien | Dürkopp & Cons. (Opitz) | |
| | Eichholz & Cons. St.An.U. | 1932 |
| | Eichholz & Behn Gotenstr. | 1936 |

| | | |
|---|---|---|
| De Veerkantigen / Veereckten | Ellerbrock & Cons. | |
| De witten Hunn | Escherich & Cons. (Parbst) | |
| De Swienen | Ferk & Cons. | 1873 |
| De Uhrmokers | H. Franke & Cons. | 1893 |
| De Kugelers | Fesefeld & Cons. | |
| De Kaffeebrenners | Gädgens & Cons. (Lienau) | 1833 |
| De Wullkosacken | I.H. Gebel & Cons. (Beuck) | 1848 |
| | Ab 1896 Carl Wolter | |
| De Tünbüdels später De Storchen | Gechter & Cons. (Cords) | |
| De Wullmüüs | Geffken & Cons. (Glimmann) | |
| De Knupprigen | H. Glimmann & Cons. | |
| De Wullmüüs | Mathias Glimmann (Geffken) | |
| De Fienen | Grotkaß & Cons. (Dammann) | |
| De bunten Heuhner | Groth & Cons. | 1853 |
| Lagerhus | HFLG später HHLA | 1885 |
| De Engelschen | L. Harm & Cons. (Martens) | 1829 |
| | 1898 an Johs. Uckermann | 1929 |
| | Renck + Ritter | |
| De Trübsinnigen | Hasenbalg & Cons. (Moritz) | 1790 |
| De Kulers | Heeger & Klindworth | |
| De Buntbüxen | L. Hecht & Cons. | |
| De Blootarmen | Hein & Cons. | 1901 |
| | 1988 an Adolf Tiede Söhne | |
| | Ad. Heinsen & Cons. | 1891 |
| De Hollanders / dreugen Franzosen | Helmers & Cons. | |
| De lütten Magern | Hellmann & Cons. | |
| | Heitmann & Kratzmann | 1901 |
| De 4 spännigen Rotten | Hidde & Cons. | |
| De Coldorpers | Hinrichs & Cons. (Weiske) | |
| Luus & Floh | D. Hinsch & Cons. (Volmer) | 1843 |
| De Schinners | N.H.L. Hinsch & Cons. | 1820 |
| | 1989 an Kaffee-Lagerei G.m.b.H. | |
| Vader un Söhn | Hinsch & Krüger | |
| De Eselstrecker | Hoppe & Cons. (Dreyer) | |
| | W. Hoppe | 1900 |
| De Bullenmelkers | Hüls & Cons. | 1893 |
| De Isern Arm | Daniel Jessen | |

| | | |
|---|---|---|
| De Kreihers | Jürgens & Cons. | |
| De Spunjers | | |
| De Lüttschnuten | Kabeler & Cons. | |
| | Kaffee-Lagerei G.m.b.H. | 1956 |
| Ab 1989 Kaffee-Lagerei N.H.L. Hinsch & Cons. | | |
| De ohlen Hasen (Hosen) | F. Kesler & Cons. | 1881 |
| De Franzosen | Kleen & Cons. (Tuchtfeld) | |
| De Sackneiers | Klindworth & Cons. (Wendt) | |
| | Ad. Koch Jr. | 1889 |
| De Puttlüd | Koch & Cons. 1873 an J. Bruhn | |
| De Heligen | Koch & Block (Stöver) | |
| De Blickern | Köhncke & Cons. | |
| De Sagenfielers | Köster & Cons. | 1950 |
| De Fielers | Krohn & Schröder | 1878 |
| De Lüttsnuten | | |
| De Bullenmelkers | Kruse & Cons. | |
| Friedr. Leinau Söhne | | 1818/1884 |
| De Rotten | Leßmann & Cons. | |
| De Kaffebrenners | Lienau & Cons. (Gädgens) | |
| De finen Hollanders | Lüders & Cons. (Röpcke) | |
| De Baiern | Lührs & Cons. | |
| De Leuwen | Lüssenhof & Cons. | |
| De Trübseligen | Lütten & Cons. (Hasenbalg) | |
| De Seelenkinner | G. Martens & Cons. | 1767 |
| | 1974 an N.H.L. Hinsch & Cons. | |
| De Engelschen | H. Martens & Cons. (Harm) | 1820 |
| De Schottschen | J. Martens & Cons. | |
| De verlornen Solospelers | Martini & Cons. (Brandt) | 1870 |
| De Kutschers | Meiners & Cons. | |
| De Slaagders | Membach & Cons. (Nimbach) | |
| De Melkers | Meyn & Cons. | |
| De Wotermelkers | Meyn & Lodders | |
| De Korfmakers | S.A./H.W./J.A.H. Meyer & Cons. (Dencker) | 1850/1888/1904 |
| De Smökers | Wilh. Meyer & Cons. (Schulz) | 1840 |
| De Kutschers | Meiners & Cons. (Reusch) | |
| Scheev & Liek | D. Möller & Cons. | |
| De Gröhlmöllers | J. Möller & Cons. | 1865 |
| De Trübseligen | Moritz & Cons. (Hasenbalg) | |
| De Spring um'n Stenner | Müller & Pflughaupt | |
| dito | M. Müller & Cons. | |
| De Finnenkiekers | Neddermann & Cons | 1806 |
| De Brummers | H. Niemann & Cons. | |
| De Stohlbinners | Ockelmann & Cons. | 1720 |
| De Stohlmokers | | |

| | | |
|---|---|---|
| De Slachters | Nimbach & Cons. (Mimbach) | |
| De Plackenhauers | Oelmann & Cons. (Stöver) | |
| | Offen & Cons. | 1870 |
| De willen Swien | Opitz & Cons. (Dürkopp) | |
| De Witten Hunn | Parbs & Cons. (Escherich) | |
| De Schosters | Peters & Cons. | 1893 |
| | J. Pieper & Cons. | 1895 |
| De (lütten) Manschestern | Adolf Prignitz & Cons. | 1891 |
| De Manschestern | H. Prignitz & Cons. | 1855 |
| De Krindlers | Pingel & Peters (Willers) | |
| De scheewen Hamburger | Pohlmann & Cons. | ca. 1800 |
| | Quast & Cons. | |
| De Krahnlüüd | Quitzau & Cons. (Badenstein) | |
| | Rauch & Cons. | 1884+93 |
| De Jägers | Rehse & Cons. | 1892 |
| De Hasen | Reinstorf & Voß | |
| De Veilchenblauen | Rethwisch & Cons. | |
| De Kutschers | Reusch & Cons. (Meiners) | 1731 |
| De groten Manschestern | Rose & Cons. | |
| De fienen Hollänner | Röpcke & Cons. (Lüders) | 1884 |
| De Teebuurn | Schaper & Cons. (Brasch) | 1843 + 1870 |
| De Gnadderigen | Scheeberg & Cons. | |
| | W. Schleu & Cons. | 1901 |
| | Schlöh & Ulfert | 1881 |
| De Smökers | J. Schulz & Cons. (Meyer) | 1874 + 1901 |
| De Löwen | | |
| De Grotsnuten | Schwarze & Cons. | 1844 |
| De Botterbuern | Siemers u. Röpke | |
| De Heiligen, Placken-, oder Bültenhauers | Stöver & Lembcke (Koch + Oelmann + Dehlmann) | 1878 |
| De Magern | Suhl & Cons. | |
| De Dodtsmieters | Suhr & Cons. (Thiel) | 1827 |
| De Dacklünken | Spellerberg & Cons. | 1860 |
| Schilling oder 4 (Pfennig) Lüüd | Storz & Cons. | 1878 |
| De Wustmakers | Stapelfeld & Cons. (Baark) | |
| De Kugelers | Steenströhm & Cons. | 1885 |
| | Adolf Tiede Söhne | 1876 |
| De Dodtsmieters | Thiel & Cons. (Suhr) | |
| De engelschen Bück | Trier & Cons. | |
| De Franzosen | Tuchtfeld & Cons. (Kleen) | |
| De Wanzen | Uetzmann & Cons. | 1800 |
| | Unland & Cons. | 1886 |
| Seute Jungs | Bernhard Uhde | |
| | Berthold Vollers GmbH | |

| | | |
|---|---|---|
| Luus & Floh | Volmer & Cons. (Hinsch) | |
| De Möden | G. Voß & Cons. | 1804 |
| | L. Warncke & Cons. | 1879+81 |
| | Weber & Möller | |
| De Coldorpers | Weiske & Cons. (Hinrichs) | 1781 |
| De Krindlers | Willers & Cons. (Pingel) | |
| De Sackneihers | Wendt & Klindworth (Klindworth) | |
| De Blickern | Wilkenling & Cons. | |
| | Carl Wolter | 1896 |
| | Incl. I.H. Gebel | 1846 |
| | Wulff & Ludwig | 1892 |
| De Bayern | H. Zimmer & Cons. | |
| | (Lührs) | 1849 + 1885 + 1893 |

Ich habe versucht, alle erreichbaren Informationen festzuhalten. Diese Liste ist sicherlich unvollständig, ungenau, und hat Doppelnennungen (in Klammern) durch Firmenzusammenschlüsse oder Trennungen. Z.B. Aus den Melkers werden die Rohm-, Water- und Bullenmelkers.

## *Offene Ökelnamen*

Altnaers
Ängstlichen
Bäckers
Barmherzigen
Kaptein Blitz
Blauen
Böhnhasen
Böhnmeisters
Büttenbinners
Bullenbergers
Demokraten
Doben
Dreespann
Dreegespann
Holten Dragoners
Drögen
Duhnsuupen
Dunkis
Eisele und Beisele
Fielers
Fledigen
Garbers
Hein Granat
Grotmonarchen
Gemütlichen Hamburgers
Hebammen
Stolze Heringsküper
Hering un Tran
Höllenjägers
Imm
Imkers
Kantüffelschellers
Kaptein
Blauen Kreihn
Kreihers
Küpers
Kupplers
Kaptein Lebberwust
Lohndeeners
Lütten Roden
Millionmeier
Minschenschinners
Möhlenbrückers
Nagelbüdel
Pankoken
Kaptein Piep
Püttjers
Rechtschaffen & Breetfoot
Rohmmelkers
Groten Rotten
Sackjuden
Schaap
Schimmels
Schragebuck
Seilmakers
Siedenpudel
Stallbuern
Stratenkpters
Strebsamen
Swienhunn
Teinpennkerls
Verlopen - Wullkosacken
Watermelkers
Wie's heißen tut un so den Kram
Woddelkrut
Wolkenschubers
Zegenmelkers

# *Verein Hamburger Quartiersleute von 1886 e.V.*

Aufgrund der Settinghe (Satzungen) der Ämter und Zünfte im Mittelalter ist nicht auszuschließen, daß sich eine Berufsgruppe zu 4 Personen »quattuor« zusammenschloß, vielleicht Quartiersleute genannt, welche feste Quartiere, Keller oder Lager hatten, »quartarius«. Das Amt der Böttcher gab es seit 1321.

**Vorläufige Vereinigungen der Quartiersleute**

1848 wird eine Totenlade zur Unterstützung der Witwen verstorbener Mitglieder genannt.

1859 Eine Abbildung des Schillerfests zeigt viele Quartiersleute mit ihrem Rollwagen und zwei Flaggen: »Gott mit uns« und das Hamburger Stadtwappen mit Löwen, dies könnte die Flagge der Totenlade von 1848 sein. Die weitere Flagge mit der Hamburger Burg und den Buchstaben D und P konnte ich nicht zuordnen.

1863 Eine Bild mit 9 Quartiersleuten der Totenlade, Gedenkbuch und Stander davor, Datum 10. März 1863, sowie die Abbildung einer Person auf einer (Toten-) Kiste sitzend. »Die vereinigten Quartiersleute«.

**Verein Hamburgischer Quartiersleute von 1886 e. V.**

1885 findet eine Interessenvertretung unter dem Dach der Handelskammer statt.
»Konsortium der Quartiersleute« tritt an die Ausführungskommission heran und will Baugrund für Speicher oder 80% der Böden von der Lagerhausgesellschaft mieten.

1886 **1. Juni Gründung des Vereins Hamburgischer Quartiersleute von 1886 e. V.**
Zweck: Vertretung der Interessen der Quartiersleute bei der HFLG und der Ausführungs-Kommission wegen der neuen Speicherstadt. Der heutige Stander wird genäht.

1886 Vorsitzender: C. F. A. Gefcken
Geschäftsführer: nicht bekannt
Verein der Quartiersleute wird zum bevorzugten Mieter und Gesprächspartner der HFLG.

1889 »Zweck unseres Vereins ist die Besprechung und Vertretung der Interessen unserer Corporation sowie besonders die Stellungnahme dem Reichsunfallversicherungs-Gesetz gegenüber«, Schlichtung bei Arbeits- und Lohnfragen.

1890 Eintritt in den Arbeitgeberverband von Hamburg-Altona
Forderungen nach weiteren Speicherböden, Bauphasen 1891–96, 1899–1907 + 1926–27.

1892 Vorsitzender: O. H. Schaper
Geschäftsführer: nicht bekannt

1904 Eintrag in Hamburger Vereinsregister.
Diskussion mit HFLG über Kraftversorgung der Speicher. Forderung der vielen kleinen familiären Quartiersmannsfirmen nach weiteren Böden durch das enge Verhältnis zur Kaufmannschaft. HFLG kann dieser Vertrauen noch nicht aufbauen.

1906 Vorsitzender: G. M. H. Ulfert
Geschäftsführer: J. G. J. Baark
W. Röpke
Hr. Bürkner
Vorsitzender: G. Wittstock

1924 Geschäftsführer: Dr. G. W. Olsen

1925 554 Lagerbetriebe in Hamburg, einschließlich der Quartiersleute

1935 Vorsitzender: C. Röpke i. Fa. Röpke & Cons.

1937 Vorsitzender: W. König

1937 Verein geht auf in: Reichsgruppe Spedition und Lagerei, Fachgruppe Lagerei
Ortsgruppe Hamburg (Lagerhalter und Quartiersleute)

1941 Vorsitzender: C. Röpke i. Fa. Röpke & Cons.

1946 Wiedereinrichtung des »Vereins Hamburgischer Quartiersleute von 1886 e. V«. mit den alten Statuten durch die Arbeitsgemeinschaft Hamburger Hafenfachverbände e. V. (Gerlach)
Vorsitzender: weiterhin C. Röpke i. Fa. Röpke & Cons.
Vetr.: nicht bekannt, Geschäftsführer: Dr. G. W. Olsen weiterhin

1958 88 Mitglieder

1966 Geschäftsführer: Dr. W. Voss

1968 Vorsitzender: H.-J. Siebert i. Fa. Ockelmann & Cons.
Vertr.: H. Krüger i. Fa. Ad. Heinssen & Cons. + H. Köster i. Fa. Köster & Cons.

1972 Vorsitzender: H. Dorbandt i. Fa. Hans Dorbandt
Vertr.: H. Krüger i. Fa. Ad. Heinssen & Cons. + K. Dittmann i. Fa. Adolf Tiede Söhne

1976 Vorsitzender: H.-J. Siebert i. Fa. Ockelmann & Cons.
Vertr.: H. Krüger i. Fa. Ad. Heinssen & Cons. + A. H. Buß i. Fa. Rehse & Cons.

1982 Vorsitzender: H. Krüger i. Fa. Ad. Heinssen & Cons. Vertr.: H.-J. Siebert i. Fa. Ockelmann & Cons.+ A. H. Buß i. Fa. Rehse & Cons.

1986 Vorsitzender: H. Krüger i. Fa. Ad. Heinssen & Cons. Vertr.: H.-J. Siebert i. Fa. Ockelmann & Cons. + E. Steinberg i. Fa. Schloessmann & Scheffler GmbH

1989 70 Firmen sind Mitglieder

1990 Vorsitzender: H. Papenhagen, Kaffee-Lagerei N.H.L. Hinsch & Cons. OHG (GmbH & Co.)

Vetr.: Frau M. Cotterell i. Fa. H.D. Cotterell + J. Schönfelder, HHLA

1996 Geschäftsführer: Ass. H. Ritzke

1997 Vorsitzender: H. Papenhagen, Kaffee-Lagerei N.H.L. Hinsch & Cons. OHG (GmbH & Co.)
Vetr.: Frau M. Cotterell i. Fa. H.D. Cotterell + H. Pohl Fa. Berthold Vollers GmbH

1999 30 Mitglieder

2003 Vorsitzender: H. Papenhagen, Kaffee-Lagerei N.H.L. Hinsch & Cons. OHG (GmbH & Co.)
Vetr.: T. Cotterell i. Fa. H.D. Cotterell + M. Krüger i. Fa. Adolf Tiede Söhne GmbH
Geschäftsführer: Ass. H. Ritzke
Vereinszweck: »Die hamburgischen Quartiersmannsfirmen sind nach Maßgabe dieser Satzung im Verein Hamburgischer Quartiersleute von 1886 zusammengeschlossen. Der Zweck des Verein ist die Wahrnehmung und Vertretung der wirtschaftlichen Interessen der Mitglieder. Ein wirtschaftlicher Geschäftsbetrieb ist ausgeschlossen. Der Verein hat seinen Sitz in Hamburg.«

**Heutige Mitglieder (2003)**

Firma Carl Block,
Firma Werner Bruhns Lagereigesellschaft mbH,
Firma H. D. Cotterell (GmbH & Co.)
Firma Controll- und Lagerhaus GmbH & Co.
Firma Eichholtz & Cons. GmbH.
Firma Hamburger Hafen- und Lagerhaus-AG
Firma Hüls & Cons. (GmbH & Co.)
Firma Kaffee-Lagerei N.H.L. Hinsch & Cons. (GmbH & Co.)
Arnold Koch Jr. GmbH
Wilh. Meyer & Cons. GmbH
Quast & Cons. GmbH & Co.
Schwarze & Consort. GmbH
SGS Controll-Co. m.b.H.
Adolf Tiede & Söhne GmbH
Berthold Vollers GmbH Znl. Hamburg
Weber & Möller GmbH
Carl Wolter GmbH

*Gruppe der Quartiersleute zum Schillerfestzug 1859. Dieser Umzug war so bedeutend, daß alle daran teilnahmen und es viele Abbildungen davon gibt.*
*Quelle: MHG*

# *Geschichten über Quartiersleute*

sowie Hausküper, Speicher, Fleete und Kaufmannshäuser

**Gaedechens schreibt ca. 1880 auf Seite 50 ff.:**

Der älteste Typus des Hamburger Kaufmannshauses ist unmittelbar aus dem altsächsischen Bauernhause hervorgegangen. Durch eine breite Tür gelangte man auf die Diele, in der vorn an der Straße je nach der Breite des Hauses auf einer oder auf beiden Seiten ein niedriges Zimmer mit Alkoven lag. Der ganz hintere Raum war Diele, nur der Feuerherd war wohl durch eine Bretterwand abgesondert. Hinter den Vorderzimmern führte eine Treppe zu dem Boden im hohen Giebel oder bei höheren Häusern zu den Wohnzimmern an der Straßenfront im Obergeschoß. Die Diele ging durch alle Stockwerke und von hier wurden die Waren durch eine Winde zum Boden befördert. Die am Wasser liegenden Häuser hatten schon 1268 hölzerne Balkons oder Lauben, die wenigstens drei Ellen über dem Wasser liegen mußten und nicht auf Pfählen gebaut sein durften. Auf der Diele war und blieb der eigentliche Betrieb, in der Mitte wurden die Waren empfangen und gewogen, verpackt oder sonstwie bearbeitet und nach dem Boden oder nach dem hinterwärts gelegenen Speicher geschafft.

An das Mittelhaus, das die Hälfte des Grundstücks einnahm, schloß sich der die ganze Breite beanspruchende hohe Speicher, dessen Hinterfront unmittelbar an das Fleet grenzte. In den mittlerweile reich ausgestatteten Kaufmannshäusern nahm natürlich auch das gute Leben und die Geselligkeit üppige Formen an.

*Ein Diele im Grimm, leider zerstört, festgehalten in dieser Zeichnung von T. Riefesell von 1894. Die Dezimalwaage, Kisten, Fässer, die Seile der Haspelwinde, die Luke in den Keller und die Galerie der Wohnung, alles ist vorhanden.*
*Quelle: MHG*

**Amsinck schreibt 1886 bei Koppmann, S. 215, über die Situation der Zuckersieder 1690:**

Es mögen damals wohl an 8000 Menschen in Hamburg vom Zuckerhandel, Zuckersieden und den damit zusammenhängenden Gewerben gelebt haben. Da waren nicht nur die Kaufleute und die Zuckermakler, die den eigentlichen Zuckerhandel betrieben, die Sieder mit ihren Knechten und Leuten, die den Zucker raffinierten, die Krahnzieher, die Quartiersleute und Ewerführer, die die Ware brachten und holten; auch die Tischler verdienten ein schönes Stück Geld, indem sie das haltbare hell gelbe

*Kleidertrachten von Morasch: 1. Steinkohlen-Messer, 2. Bürgermeister-Diener, 3. Weinküper, 4. Quartiersmann, hier als Helfer der Zuckersieder. Auch in seiner angestammten Tracht hilft er beim Tragen der Zuckerhütchen. Trotz seiner Hafennähe wird er mit den anderen Berufen gezeigt.* *Quelle: MKG*

Holz … verarbeiteten. Da waren die Reepschläger, die viel Tauwerk für die großen Winden im Speicher … zu liefern hatten. Küper, die Fässer und Formen banden …

**Ilse Frapan schreibt in »Hamburger Bilder für Kinder«, 1910, Seite 126:**

Da war vor uns eine große offene Diele, ganz ohne Decke, voll von Kisten und Ballen und Fässern; und in der Mitte war ein großer Baumstamm, beinahe wie die Korallenbäume sah er aus, die Onkel Hein früher mitgebracht hatte.

»Was ist das?« fragte ich. »Das ist die Winde, die geht nach dem Speicher oben«, sagte Onkel, und damit gingen wir auf den verglasten Ausbau los, der hinten auf der Diele war.

Ich stellte mich an das Fenster vom Ausbauer und guckte hinaus. Da war unten das Fleet, aber man konnte beinahe gar kein Wasser sehen, denn das ganze Fleet krimmelte und wimmelte von Schuten und Böten.

*Eine Zeichnung und die entsprechende Geschichte der Quartiersleute, liebevoll gesammelt, aufgezeichnet und 1913 veröffentlicht durch Johs. Rabe in seinem Speicherbüchlein.*
*Quelle: Buch. Johs. Rabe*

*Das Nikolaifleet zwischen Holzbrücke und Reimerstwiete. Im Hintergrund die Katharinenkirche. Das Fleet ist von Kaufmannshäusern umstanden und voll mit beladenen und leeren Schuten. Ein Eindruck von der Wichtigkeit der Ewerführer und dieses Transportmittels zu den Speichern und Quartiersleuten.*
*Quelle: MHG*

Und die Schuten waren ebenso voll von Kisten, Ballen und Fässern, wie die Frachtwagen auf der Straße und die große Warendiele. Und die vielen, vielen Leute, die da arbeiteten und riefen und die Fässer und Kisten umluden oder die Güter an dicken Tauen in die Höhe zogen! Überall hingen Kräne an den obersten Speicherluken, und man sah Ballen in der Luft schweben und Hände, die sich aus den Luken streckten, und sie oben herein zogen. Ich hätte stundenlang aus dem Fenster gucken können …

Herr Köhnke – er ist der Hausküper – ging mit uns hinauf. Es war ordentlich neblig auf der Diele. Die großen Steine des Fußbodens waren feucht und ausgetreten. Auch die Treppenstufen waren ganz ausgehöhlt. Wir gingen in den zweiten Stock, wo früher die Familie des Kaufmanns gewohnt hatte, und wo jetzt meistens Lagerräume waren. Es waren große breite Stuben, mit braunen Balkendecken, die Fensterscheiben waren ganz klein und von grünem Glas. Wieder guckte ich in das Fleet hinunter. Es war jetzt, als guckte ich in einen Abgrund. Das grüngelbe Wasser, der graue Nebel, die schwarzen nassen Hauswände gegenüber, das alles sah eigentlich traurig aus. Aber die Leute auf den Schuten unten, die da beluden und entlöschten und hin- und herfuhren, hatten rote Gesichter, und ihr Rufen und Lachen war hier oben noch viel lauter und lustiger zu hören.

**Beneke schreibt 1886 in seinen »Geschichten und Denkwürdigkeiten« auch über die Speicher. Auf Seite 5 lesen wir aus dem Jahre 1307:**

Während der Zurüstung des Mahles treten sie selbander durchs Hinterhaus auf den Altan über'm Wasser, den man in Hamburg Laube heißt, besehen sich da die mancherlei Bequemlichkeiten, und wundern sich mächtig ob solcher Trefflichkeit. Blicken auch unter sich auf's Fleth und rings umher, und gewahren an jedem der Häuser und Speicher rechts und links solche Lauben. Und es muthet sie gaar ergötzlich an, allhier zu sitzen, sich zu lüften und zu sonnen, der schönen Aussicht zu genießen auf's grüngelbe Fleth auf die Schuten und Kähne, die bei den hohen Speicher die Waarenballen ab- und aufladen, … Und sie

*Binnenhafen mit den Außenkajen gesehen vom Steinhöft, ein Foto von G. Koopmann: Vorne liegen die vollen Schuten mit Kohle und hinten die Ewer mit eingeholten Segeln. Einige Ewerführer haben sich für dieses frühe Foto aufgereiht. Im Hintergrund die Außenkajen, wo die Bäume stehen.*
*Quelle: Sammlung F. Salamon*

*Sichere Kerzen waren im Speicher wichtig wegen der Gefahren. Wie schreibt Johs. Rabe in seinem Speicherbüchlein?: »Fenster waren im Speicher nicht allzu reichlich vorhanden und die kleinen Scheiben waren trübe. Sie wurden vermutlich nur sehr selten geputzt, die Hausfrau verstieg sich nicht hierher.«*
*Quelle: MKG*

*Ein kleine pittoreske Zeichnung über die Situation in den Büros, dicke Bücher, keine Maschinen und Stehpulte. Aus dem Text geht hervor, daß der Quartiersmann wegen einer Nachfrage im Büro erscheint, das war aber kein Grund zu Pause!*
*Quelle: Buch, Singer*

blicken rechts das Fleth hinunter, wo der große Binnenhafen ist mit den tausenden Masten und Segeln aus allen Landen und Meeren.

**Auf Seite 54 wird aus dem Jahre 1505 berichtet** …

… wo's Noth that, da halfen sie sich aus, in herzlicher Liebe oder um der Familie willen. Die Kinder spielten und tummelten sich auf dem etwas düsteren Steinhof oder in den Speicherräumen dahinter, – lauter Winterspiele. –

**Aus dem Jahr 1662 erfahren wir auf Seite 137:**

Dazu bediente er (der Dieb) sich einer derjenigen Feuerleitern, die an öffentlichen Orten, z. B. dem Kornhause zu hängen pflegten. Mit solcher Leiter klomm er 4–5 Stockwerke hoch. Wenn sie nicht reichte, so stellte er sich auf eine Fensterbrüstung und legte sie höher hinauf … Ertappt wurde er im Januar 1662 auf der Laube eines Hauses am Dovenfleth, die er vom Eise des Canals aus bestiegen hatte.

**Über das große Feuer 1676 notiert er auf Seite 230:**

… am 4. August 1676 entstand bei heißem Wetter, Nachmittags 4 Uhr, ein Feuer im Cremon, in Gerd Harmensen Backer's Keller, wo ein Junge unvorsichtig mit dem offnen Lichte unter Thranfässern gewirthschaftet … Es lagerten in den Speichern des Cremon's große Massen von Thran, Oel, Pech, Theer, Flachs und Hanf, Korn und Malz, welche feuerfangende Dinge den Brand rasch verbreiteten, … und im Fleth nur weniges und schlammiges Wasser war. In dreieinhalb Stunden brannten 30 Capitalhäuser mit aller Habe nebst gefüllten Speichern und Packräumen bis auf den Grund ab, … Die im Flethe wegen niedrigen Wasserstandes festliegenden Ever, Schuten und Kähne wurden theils durch die bloße Glut … entzündet und verzehrt.

**Über die Möglichkeiten der Kinder und Lehrlinge seit 1561 erzählt er auf Seite 419, 449 und 451:**

Als aber die Gewässer innerhalb der Stadt zu Gunsten des Handels in Flethe und Canäle verwandelt und mit Häusern und Speichern bebaut wurden, da richtete diese Beschränkung des Spielraums das Auge der werflustigen Knaben auf andere Zielpunkte, zunächst auf die verlockend blanken Fensterscheiben. Er war regelmäßig ein schlanker hübscher Bursch, fix und ferm, gewandt und graziös in allen seinen Bewegungen. Er konnte an den Tauen der Radwinden über den Flethen hinauf klettern wie ein Matrose ...

Und das ganze zahlreiche Comptoir-Personal, vom Principal bis zum jüngsten Burschen, die gerade anwesenden Hausküper und Quartiersleute einbegriffen, bricht in ein so unauslöschliches Gelächter aus, daß zwei eintretende Makler sich des Todes verwundern über diese dem Comptoirernste wildfremde Lustigkeit.

**Rath zitiert C. Klötzel über Erfahrungen als Lehrling im Jahre 1907 bei Spellerberg und Consorten auf Seite 294:**

Die riesigen Quartiersmänner waren eine Rasse für sich und in ihrer Art sehr aristokratisch ... Der alte Spellerberg jedenfalls hatte gewisse Angewohnheiten, die man nur mit jenem Gemisch von Großmut und Willkür vergleichen

*2 würdige Quartiersleute beherrschen dieses Bild von 1909 und prüfen ein Muster im Lichte der geöffneten Luke. Da die Winde durch ein Tau gesteuert wird und an den Luken keine Schiebetüren vorhanden sind, handelt es sich um einen alten Speicher, welcher nicht im Freihafen neugebaut wurde.*
*Quelle: Photographische Staatssammlung A. Bruhn im MHG*

*Die Herren Adolf und Karl Tiede von der Quartiersmannsfirma Adolf Tiede Söhne haben ihre Tracht über den Krieg gerettet und stellen sich 1947 dem Fotografen. Sie halten an der Tradition fest, wie auch Hein Hoff von Amann & Kneesch, der sich 1953 eine Jacke mit Silberknöpfen bei Nagel anfertigen ließ.*
*Quelle: VHQ*

kann, mit dem absolute Herrscher ihre Gnadenbeweise zu erteilen pflegen. Eine dieser Angewohnheiten war für mich von großer Bedeutung. Wir wurden abwechselnd von Zeit zu Zeit zu Spellerberg und Consorten geschickt, um die Monatsrechnung zu bezahlen, die selten unter tausend Mark war. Der alte Spellerberg wünschte in Gold bezahlt zu werden. Man mußte es nun so einrichten, daß sich in dem Ledersack ... mindestens ein Zehnmarkstück ... befand. Der alte Spellerberg zählte die Summe bedächtig ab ... Kam er an das letzte Zehnmarkstück, so winkte er dem Überbringer stumm. Der wußte schon, was er zu tun hatte und hielt dem Alten die Stirn hin. Spellerberg spuckt auf das Goldstück und klebte es dem Boten, Lehrling oder wer es sonst war auf die Stirn ...

**Ausgiebig berichtet Rabe in seinem Speicherbuch aus der Zeit vor 1900 auf den Seiten 7, 12, 15, 19, 21, 27 und 41.**

In der Mitte der Decke fand sich ein durch aufklappbare Luke geschlossener Ausschnitt, dat Winnlock, das sich durch alle Stockwerke bis an die Haspelwinde des Spitzbodens fortsetzte und das Auf- und Abwinden der Waren mittels der endlosen Windetaue, de Löper, ermöglichte . An anderer Stelle hing die Wagschale, de Bummelschaal, von der Decke herab. Es war noch im 19. Jahrhundert das

*Die Haspelwinde war über Jahrhunderte das Werkzeug zum Heben, im Speicher, beim Bauen, am Wasser. Ein Endlosseil bewegt »das Röd«, mit dem die untersetzte Achse mitgenommen wurde und das Hubseil aufwand. Die Untersetzung war ca. 10fach. Quelle: Kulturhist. Mus. Stralsund, Mönchstr.*

*Auf dem obersten Boden stand die Winde über dem »Winnlock«, welches durch alle Stockwerke führte. Dies führte auch zur guten Durchlüftung des Speichers. Quelle: Kulturhist. Mus. Stralsund, Mönchstr.*

*Die Wasser- oder Fleetseite des Speichers der Quartiersleute N.H.L. Hinsch & Cons.* *Quelle: MHG*

Vorrecht des »Großbürgers«, mit der »großen Schale« zu wägen, wie auch nur dieser ein eigenes Konto bei der Girobank führen und Waren »auf Transitozettel deklarieren« durfte.

Die Löpers waren natürlich durch alle Böden hindurch von den Knacken freizuhalten, wenn gewunden werden sollte. Im Sommer dehnten sie sich und schleiften dann im Raum, dem untersten Boden, während der Windearbeit in tollen Kapriolen auf dem Fußboden hin und her. Paßte man in der herrschenden Dunkelheit nicht auf, so hatte man die schönste Gelegenheit, sich darin verstrickt zu sehen und stranguliert zu werden. Die Finsternis in sämtlichen Speichern pflegte undurchdringlich zu sein, wenn die Luken geschlossen waren, denn die aufgestapelten Waren nahmen das bißchen Tageslicht weg, das durch die Fenster Einlaß fand. Dies um so mehr, als die Speicher häufig schmal und sehr tief waren. Man hielt das der Erhaltung der Waren zuträglicher, als wenn Licht und Luft Zutritt hatten, auch konnte man häufiger feststellen, daß die Partien das Gewicht, daß sie vielleicht während der Reise eingebüßt hatten, bei längerer Lagerung wiedergewannen. Aus diesem Grunde schüttelte manch alter Praktiker den Kopf, als er die größere Breite und viel geringere Tiefe sah, die man den neuen Speichern im Freihafen gegeben hatte.

Das Hauptarbeitsgebiet der Quartiersleute lag innerhalb der Speicherräume ihrer Kunden … Für Bestellungen suchte man sie in ihrem Quartier auf. Fand man die Tür verschlossen, so sah man auf der schwarzen Tafel, die daneben hing und in einer kleinen Lade Schwamm und Kreide barg, vielleicht die tröstliche Versicherung, »Gleich wieder« oder »10 Uhr wieder hier«, oder sonst die Angabe der Arbeitsstelle, wo sie beschäftigt waren – (Das hieß dann: »He hat sick verschreben«). Nicht immer hatte man die Gewißheit, sie dort noch anzufinden. War man nach Jakobsons Speicher, dritter Boden hinaufgeklettert, so wurde man vielleicht nach dem vierten Boden einer andere Stelle weiter verwiesen, wenn nicht gar nach der großen Elbstraße in Altona. Verließen sie diese Stelle, so fanden die Fuhrleute der Eisenbahn und die Ewerführer dort neuen Nachweis. Hier besonders gingen sie nur unter ihrem »Ökelnamen«, die jeder kennen mußte, der nach ihnen herumfragte. Diese Ökelnamen wurden niemals als Spott aufgefaßt …

Heizvorrichtungen fehlten im Speicher, ebenso zuweilen Aborte. Wo man diese für nötig hielt, fügte man sie nach der Fleetseite im Erdgeschoß als Ausbau an, mit einer viereckigen Holzröhre, die ziemlich weit hinunter ins Fleet reichte, immerhin nicht tief genug, daß sich nicht bei niedrigem Wasserstand eine Schute gerade noch darunter schieben konnte. – … Die gefrorenen Exkremente bildeten im Winter einen recht unerfreulichen Anblick. Im Sommer, wenn anhaltender Ostwind die Fleet leerlaufen ließ, kamen Gerüche hinzu, die nicht selten jede Lüftung der Zimmer verhinderten.

Fenster waren im Speicher nicht allzu reichlich vorhanden und die kleinen Scheiben waren trübe. Sie wurden vermutlich nur sehr selten geputzt, die Hausfrau verstieg sich nicht hierher. Braucht man für die Arbeit Tageslicht, so öffnete man die Luken, doppelte breite und hohe Holztüren, neben denen eiserne Griffe in die Mauer eingelassen waren, damit man sich beim Ausgucken festhalten konnte … Der Markputt ist ein eimerförmiges kleines Holzgefäß, das der Hausküper selbst anzufertigen pflegte, gefüllt mit flüssiger schwarzer Masse, die aus Leckbrannt-

*Quartiersmann um 1890 dienstlich, diesmal mit dem Markpott und dem Auftrag in der Hand. Der Zylinder wurde durch den Elbsegler ersetzt und die Schürze paßte wohl nicht mehr. Zeichnung von C. W. Allers.* *Quelle: MHG*

*Eine Lithographie von Jessen, 1847, eine frühe Darstellung der Quartiersleute bei der Arbeit, beim Marken oder Markieren auf dem Speicherboden. Vorsichtig und sauber werden die Buchstaben und Symbole auf die Kiste gemalt, Schablonen waren noch unbekannt. Links der Rollwagen und rechts die schmale Speicherkarre.* *Quelle: MHG*

wein und Kienruß hergestellt wurde und zum Zeichnen (Marken) der Packungen diente. Den Leck lieferte der Kömkaaker umsonst. Das Marken wurde mit großer Schnelligkeit in meistens schräg liegenden lateinischen Buchstaben sowie arabischen Ziffern von schlanker, besonders deutlicher Form vorgenommen.

Zuweilen wurde bei Ablieferung von Waren die Bedingung »Geld bi de Schaal« vorgeschrieben, in Fällen, wo man dem Käufer nicht traute. Es herrschte sonst der Gebrauch, daß am Tage nach Empfang Zahlung durch die Bank erfolgen mußte. Die Rechnung wurde in solchem Falle gleich ausgestellt und war bar zu begleichen, bevor die Gewichtstücke heruntergenommen waren, bei hängender Schale. –

Wurden die Schalen nicht gebraucht und waren sie für die Arbeit im Wege, so hakte man sie los und stellte sie beiseite, ebenso wenn man besonders große Kolli ohne Schale wog, indem man sie an Ketten direkt an den Wagebalken hängte. Jetzt sieht man diese Wägevorrichtung fast gar nicht mehr, da überall Dezimalwagen angewendet werden …

Alleinherrscher im alten Kaufmannsspeicher war der Huusküper, meistens wirklich ein gelernter Küper (Böttcher).

*Eine Zeichnung von C. Schildt um 1885, Quartiersmann und Speicherarbeiter, wieder wird der Unterschied hervorgehoben.* *Quelle: MHG*

In älterer Zeit kannte man als Packungen für die Waren, neben geschnürten Ballen, vorzugsweise Fässer oder Tonnen, wie auch in einem Lehrbuche des angehenden Kaufmanns vom Jahre 1715 die Überwachung des Zeichnens von Ballen und Fässern dem Lehrling als seiner Arbeit vorgeschrieben wird … Von Kisten ist nie, von Säcken nur selten die Rede.

*Es gab viel zu tun in der geschäftigen Stadt Hamburg. Selten sieht man, wie viele Leute in den Speichern arbeiteten. Frühe Fotos wurden so gestellt.* *Quelle: MHG*

**Bröcker berichtet uns 1910 aus den Kaufmannshäusern und Speichern auf den Seiten 55 bis 57:**

In Hamburg dagegen windet sich der Fleet an den Hinterseiten der Häuser, an den Speichern entlang. So daß hier zwei Straßen mit den Hinterseiten am Fleete liegen. Das holländische Stadtbild des hamburgischen Brooks und auf dem Rödingsmarkte kannte deshalb große hölzerne Kräne an den mit Bäumen bestandenen Ufern als hervorragendste Hebewerkzeuge für die Entlöschung der Schuten; der echte hamburgische Fleet hat statt dessen vornehmlich die unmittelbar nach dem Fleete sich öffnenden Luken der Speicher mit den Winden. Im holländischen Hamburg brachte man die Waren vom Wasser über die Straße ins Haus; beim Hamburg der Cremoninsel und des verwandten Gebietes, dem aus niederländischer Siedlung unter niedersächsischer Einwirkung hervorgegangen, brachte man die Ware unmittelbar in den Speicher.

Wir stehen jetzt im Cremon. Überall sehen wir die ehrwürdigen Giebel der alten Kaufmannshäuser auf uns niedersehen, die eben jene Nachkommen der Bauernhäuser sind. Sie stehen dicht an dicht, denn die ehemaligen Wiesen sind alle bebaut. Aber schon, wenn ihr manches

*Ein Schnitt durch das Kaufmannshaus in der Katharinenstraße. Ein Binnendeichshaus: Links das Wohnhaus mit der großen Diele und der Winde, rechts der Speicher am Wasser mit der zweiten Haspelwinde. Im größten Bereich, dem Lager, war der Hausküper oder Quartiersmann tätig.* *Quelle: MHG*

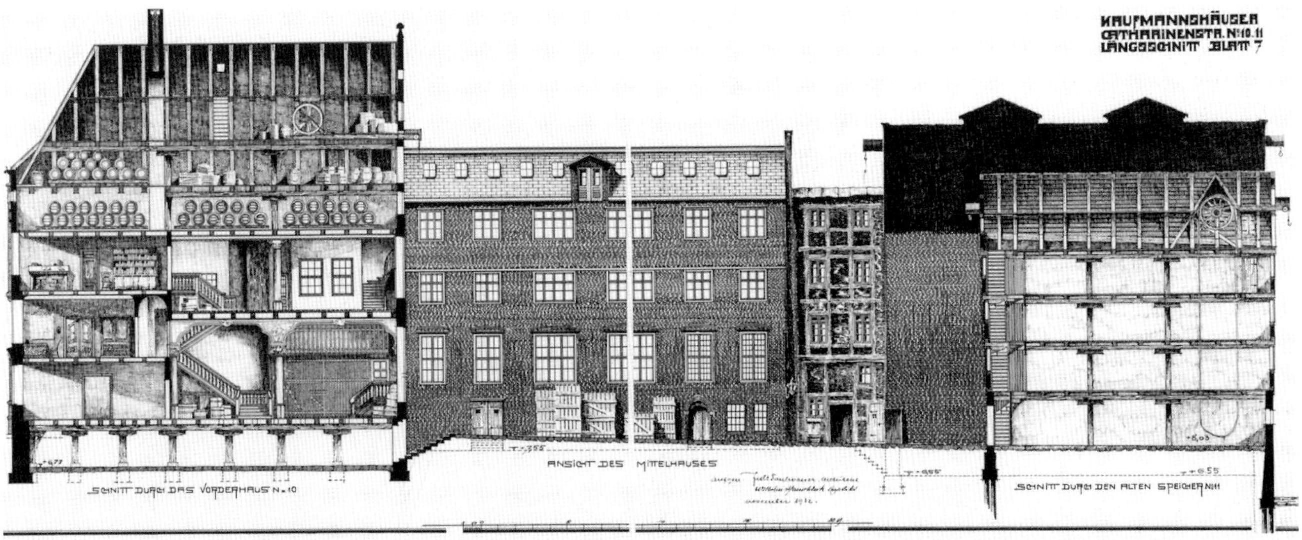

*Das Reichenstraßenfleet 1888 gezeichnet von T. Riefesell. Winden und offene Luken führen zum Wasser. Deutlich sind die kleinen Schuten zu erkennen und wie die Ewerführer (vorne links) in ihre Schuten gelangen. An hygienische Einrichtungen darf man nicht denken.*
*Quelle: LMZ*

der alten Kaufmannshäuser hier in unserem erhalten gebliebenen Hamburg betretet und in die geräumige Warendiele hineinkommt, dann sagt ihr gewiß, daß ihr auf weitere Beweise beinahe verzichten könntet. Denn die Diele selber erinnert auf den ersten Blick an die Grootdeel des Bauernhauses. Der Mittelbau und der Speicher des Cremonhauses sind als hinzugekommene Zweckbauten anzusehen, die mit dem Vorhandenen organisch verbunden wurden. Ähnlich beim Cremonhaus, auch hier erforderte der neue Zweck mit der Zeit Nebengebäude, Speicher, und schließlich wurden auch Wohngebäude notwendig. Seht euch doch so einen alten Speicher an, wie er dort hinten in ebenbürtiger Gesellschaft am Fleet entlang steht … Möglicherweise ist die einfachere Bauart des Speichers ebenso eine Wiederholung einer früher auch beim Kaufmannshause angewandte Bauweise, wie die Nebengebäude unserer Bauernhäuser in ihrer schlichteren Weise an die urtümliche Bauart erinnern.

So heißt der untere Warenraum einfach »Raum«; die Lagerräume in den Oberstockwerken heißen einfach »Boden«, ganz wie beim Bauernhause und sinngemäß auch bei dem Kaufmannshause der älteren Zeit, in der die oberen Stockwerke noch nicht wie heute Wohnräume, sondern nur Lagerräume enthielten.

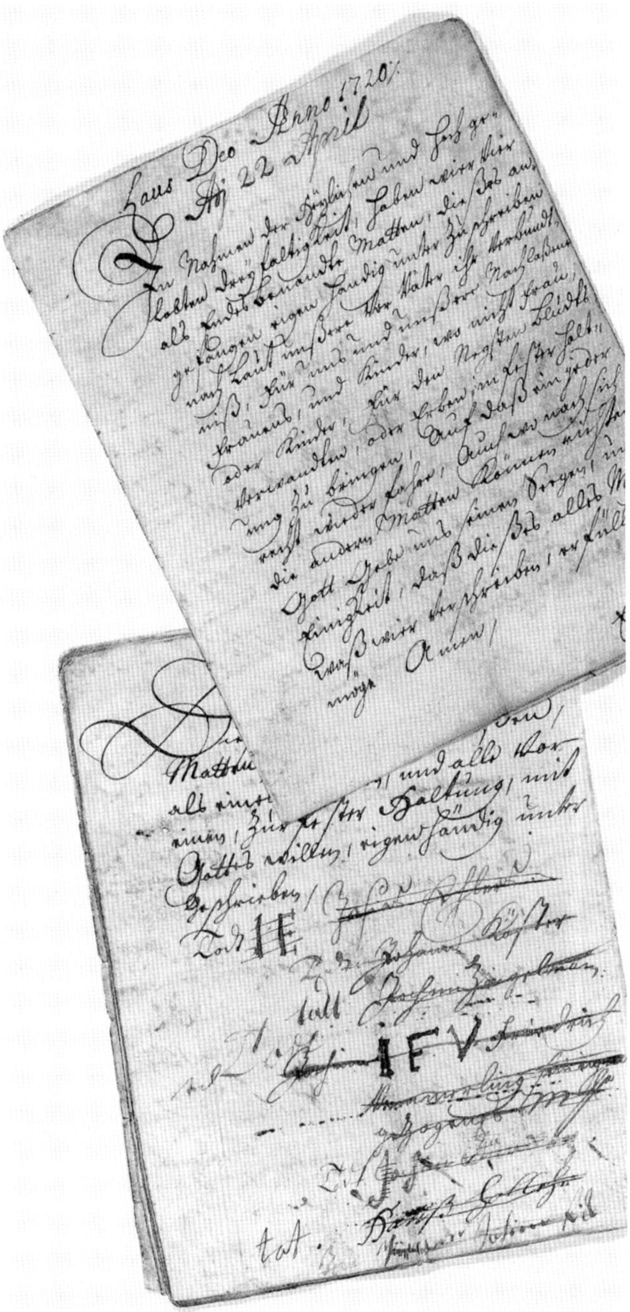

*Teil des sog. Ockelmann-Vertrages von 1720. Das Original ist verschollen. Hier sind der Text der 1. und 13. Seite wiedergegeben. Auf der letzten Seite sind die Namen der Matten, der neuen oder ausgeschiedenen durch Streichen oder Datum festgehalten. Der vollständige Text ist in diesem Buch abgedruckt.*
*Quelle: VHQ*

**Will berichtet uns 1961 aus der damaligen Zeit der Quartiersleute auf den Seiten 21–28:**
**»Bei den Quartiersleuten«, Band V »Im Hafen«**

Zuletzt verweilen wir noch im Kontor der Firma. Bilder aus dem Alt-Hamburg schmücken den Raum, eine eiserne Handwaage früherer Tage hängt an der Wand. Der Chef der Firma zeigt uns ein ehrwürdige Dokument in Schreibheftform, ein Kontrakt aus dem Jahre 1720: »Im Nahmen der Heylichen und Hochgelobten Dreyfaltigkeit, haben wier vier als Endes –Benandte Matten, dieses angefangen eigen händig unter Zu schreiben … (Siehe Abdruck) Es folgen 8 Paragraphen, die Rechts- und Arbeitsverhältnisse der Matten (Maat=Mitarbeiter) regeln. Unterschrieben haben vier Mann: Josias Ehlers, Johann Köster, Jochim Zingelmann. Der vierte konnte offenbar nicht schreiben und unterzeichnete ungelenk mit den Blockbuchstaben I F V. Dann werden die nachfolgenden Inhaber der Firma der Reihe nach aufgeführt. War Einer gestorben, wurde der Name durchgestrichen und mit dem Vermerk »thodt« versehen. Einmal muß einer der vier Matten ein unlauteres Verhalten gezeigt haben, er wurde aus der Firma ausgestoßen. Sein Name wurde unkenntlich gemacht und die Bemerkung hinzugefügt: »Ist ein Schelm geworden.«

Nur ungern verlassen wir den Raum, der uns so sinnfällig ins vergangene zurückversetzt. Beim Weggehen fällt der Blick noch auf ein Bild, das den Quartiersmann in schwarzer Tuchjacke mit silbernen Knöpfen und einem ledernen Schurzfell darstellt. Diese eigenständige Tracht ist gefallen, geblieben ist die alte Aufgabe, die der Quartiersmann im Warenverkehr unserer Stadt zu leisten hat.

**Bauinspektor W. Melhop berichtet 1908 in seiner »Alt-Hamburgische Bauweise« auf der Seite 262:**

Die Dielen der Brauhäuser waren groß und hoch, um Braupfannen und Bottiche von erheblichem Umfange zweckmäßig übereinander anordnen zu können. Oberhalb dieser Dielen befanden sich dann noch im Dachboden mehrere niedrige Stockwerke, die Lagerräume für Korn und Malz abgaben. Bis ins XVI. Jahrhundert hatte fast jedes Haus in Hamburg die Braugerechtigkeit.

**Über Kranzieher und Quartiersleute schreibt F. G. Buek auf Seite 422 im »Handbuch der hamburgischen Verfassung und Verwaltung von 1828« unter Absatz X. Frachtfuhrwesen**

**Teil 3.**

Zum Auf= und Abwinden der zu Wasser ankommenden oder abgehenden Waaren sind zwei Krahne in der Stadt, der alte bei der Börse, der neue an der hohen Brücke. Bei jedem ist ein Krahnmeister angestellt, der sich nach der revidirten Krahn- und Pfünderordnung vom 25. Mai 1736 richtet (Mand. III. 1259) und danach seine Gebühren erhebt. Bei dem alten Krahn kann Jeder seine Waaren auf

*Hamburger Kleidertrachten von Morasch. Die Kiste wurde durch den Kran auf den Wagen geladen, und nun warten der Quartiersmann und seine 3 Arbeitsleute auf eine neue Heuer oder Arbeit, Zeit zum Rauchen. Quelle: MKG*

der Rathswaage wägen, bei dem neuen pfünden lassen. Die Gebühr für das Wagen steht Mand. VI. 290. Jeder darf sich übrigens seiner eigene Winde, deren sehr viele in der Stadt sind, zum Aufwinden seiner Waaren bedienen, auch seinen Nachbarn dies verstatten. Niemand aber soll seine Winde um bloßen Eigennutzes will und zum Nachtheil der ye ganz entfernt Wohnenden leihen. Beide Krahne stehen unter der Wedde. Alle Waaren nun, welche die Krahne auf- oder abwinden, werden durch die Krahnzieher in der Stadt an Ort und Stelle geschafft, entweder nach dem Speicher oder nach dem Krahne. Sie bedienen sich dazu großer zweirädriger Karren, vor welche sie sich spannen und dann zugleich das Aufspeichern besorgen. Diese Krahnzieher bilden eine Brüderschaft unter einem Patrone.

**Teil 4**

Die Quartiersleute und Packer sind Privatvereinigungen von Arbeitern, hinsichtlich deren keine besondere gesetzliche Bestimmungen vorhanden.

**J. H. Hübbe nennt 1824 in seinen Ansichten (Seite 31) die Quartiersleute nur sehr kurz und unsachlich.**

Manche Waaren, wie schon bemerkt, können Nässe nicht vertragen. Seine Quartiersleute (Markthelfer) sind bei der Hand, alles was treiben kann, zu stützen und möglichem Schaden zu wehren. Aber die Bewohner der Keller …

**Senator a. D. Ascan Klée Gobert schreibt sehr zutreffend:**

Die Seele des Speichers war ihr Geruch. Speicher sind – oder waren die Segelschiffe des Festlandes. Diese wie

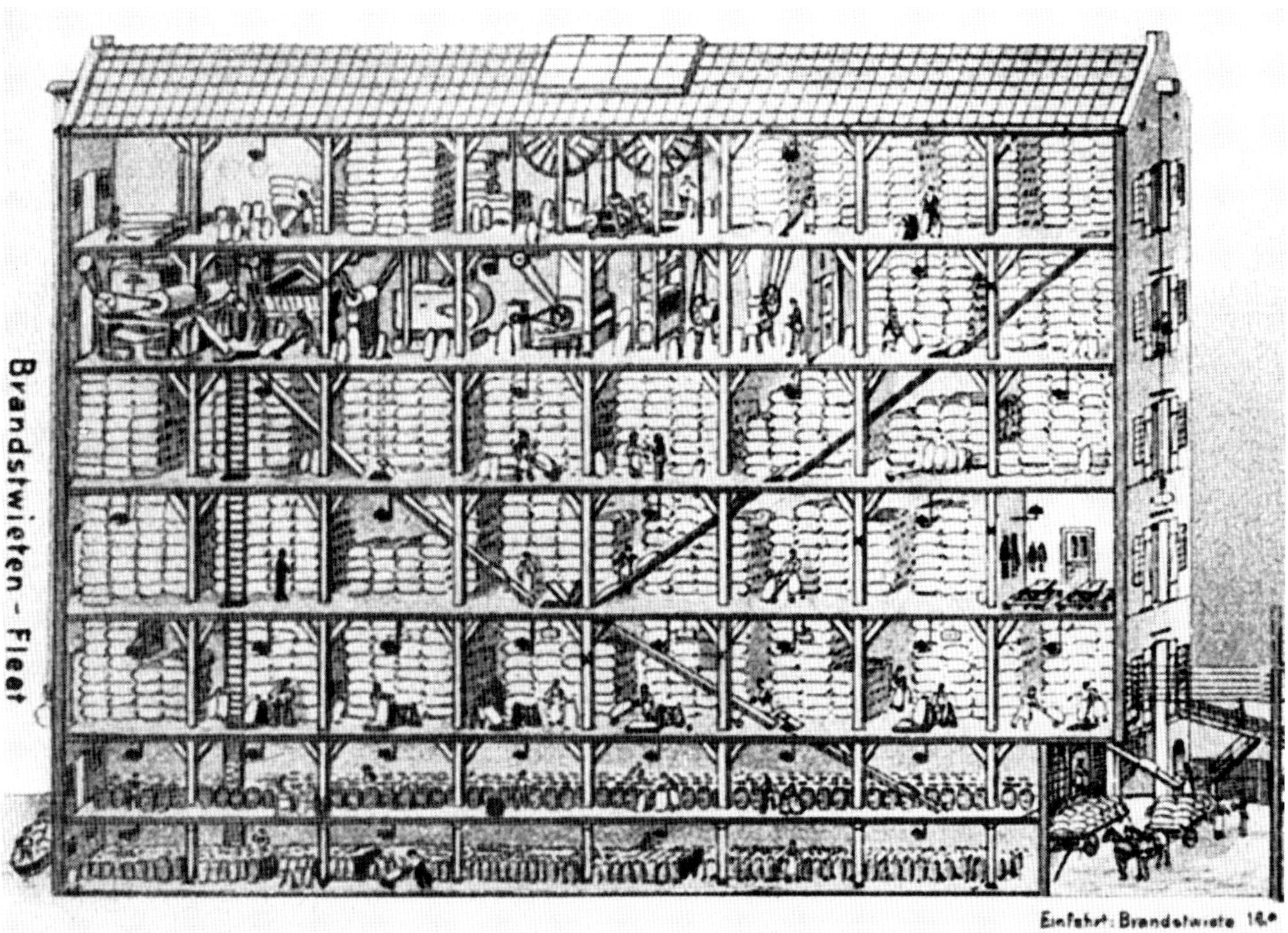


*Ein wohlgefüllter Speicher mit Säcken. Alles im Speicher ist abgebildet: Die Winde, die Schute, Dezimalwaagen, das Füllen der Säcke, Sieben, Reinigen, Karreschieben und die Verladung auf Fuhrwerke und in die Schute. Quelle: Buch, Ernst & von Spreckelsen*

*Hamburger Typen von Mörlin, hier wird der Unterschied zwischen dem Quartiersmann als Treuhänder seines Kaufmannes mit der Schlüsselgewalt und den Speicherarbeitern mit dem Markpott deutlich. Die Sonderstellung des Quartiersmanns wurde herausgehoben. Quelle: MKG*

*Hamburger Volkstypen auf dem Meßberg von B. Mörlins. Der Vierländerin hat man schon ein Denkmal errichtet. Erfurcht heischend steht der Quartiersmann mit dem Schlüsselbund und Auftragsbuch da. Quelle: MKG*

jene waren durchdachte Gebilde aus Holz und Tauwerk. Ihre Leiber rochen nach Teer und Gütern, und ihre Masten und Giebel wiegten sich im Seewind. Ja, wer einmal die Aufrisse der Karavellen zur Zeit der Armada sorgfältig beschaut und den Schiffskörper verdeckt, so daß nur die kunstvoll gegliederten, fensterreichen Aufbauten sichtbar bleiben, wird erstaunt glauben, die Frontzeichnung eines großen Speichers vor sich zu haben. Die jahrhundertealte Seele aber des Speichers war ihr Geruch, dies tief in die Eichenbohlen eingesickerte Gemisch aus Holz, Faß und Sack, Wolle und Leder, Kopra und Sisal, Tabak und Fellen. Dazwischen aber gaukelte der Blumenduft französischen Bordeaux- oder der in Kastanienholzfässern abgelagerte Südwein, das Aroma von Kaffee und Tee und mannigfaltiger Gewürze.

Entnommen aus N. Meyer-Marwitz, 1961, Merkur, Neptun und Hammonia, S. 159.

**Grundlagen des Handelssystemes: Quartiersmann, S. 86, C. A. L. Kegel, 1806, Handel in Hamburg, S. 239**

**III. Von verschiedenen Gewerb- und Hand-Arbeiten, §471 Von den Quartiers:leuten**

Die Arbeits-Leute haben sich in Compagnien verbunden, welche sie ein Quartier nennen. Ein solches Quartier bestehet aus Vier, Sechs oder Acht Mann, nachdem sie mehr oder weniger Kundschaft haben. Im Nothfall haben sie andere Arbeits-Leute an der Hand, die sie zur Hülfe nehmen können. Einer von Ihnen hat die Direction, den sie Baas nennen. Mit diesem Baas allein hat der Kaufmann zu thun, und er muß für die vielen Leute sorgen, als erfordert werden. Ein solch Quartier, denen eine große Anzahl hier sind, hat seine bestimmten Comtoire zu bedienen, der Baas meldet sich täglich bey dem Kaufmann und frägt was zu thun sey. Ihm wird das Waaren-Lager anvertraut, und obgleich er nicht für seine übrigen

*Scenen aus dem Hamburger Volksleben: Vielleicht läßt sich der Lithograph (L. Ens, J. Ch. Fuchs) von der Information von J. H. Hübbe aus dem Jahre 1824 leiten, wenn er den Quartiersmann wie hier zeichnet: »Manche Waaren, … können Nässe nicht vertragen. Seine Quartiersleute (Markthelfer) sind bei der Hand, alles was treiben kann, zu stützen und möglichem Schaden zu wehren.« Quelle: MKG*

*Eine frühe Abbildung von Scheidel 1847, »Bilder aus Hamburg«. Die Männer haben Feierabend und sind nochmals zu ihrer »Ecke« gegangen, unrichtig bezeichnet als Kohlenträger, Küper und Arbeitsmann. Der Quartiersmann fällt auf. Quelle: MKG*

*Jubiläum bei Ockelmann & Cons. am Kehrwieder, Inhaber H. Beuck ist 25 Jahre in der Firma, 1878 bis 1904. Im Ockelmann-Vertrag steht er an 31. Stelle. Rollwagen und Schott'sche Karre sind auch vertreten. Quelle: VHQ*

*Louis Dierks von Firma Krohn & Schröder, Quartiersleute, läßt sich 1933 in Braunschweig zum Tag des Handels fotografieren. Er hält wie nur noch wenige die Tradition mit der alten Tracht hoch.* *Quelle: VHQ*

Mitgehülfen einstehen darf, so ist es doch sein eigner Vortheil, sichere Leute zu seinen Mitgehülfen zu wählen; da er sonst nicht nur seinen Principal verliehren, sondern auch sein Quartier in einen übeln Ruf kommen würde. Man kann daher sowohl von dieser Seite sich auf ihn verlassen, als auch auf die richtige Behandlung der Waare. Ihre Arbeit wird Ihnen stückweise bezahlt, und zwar ohngefehr nach folgendem Maaßstab:

| | | |
|---|---|---|
| Für Aufbringen und | | |
| Einwiegen die | 100 Pfund | 1 1/2 Fl. Mark Banco |
| Caffee und andere Güter | | |
| zu stürzen und zu tarieren | dito | 1 à 1 1/4 Fl. Mark Banco |
| Für abliefern und wiegen | dito | 1/2 à 3/4 Fl. Mark Banco |
| Für empfangen und absetzen | dito | 1 Fl. Mark Banco |
| z. B. für 1 Oxhöft Caffee | | |
| von 700 Pfund Brutto | | 10, 8, 4 und 6 Fl. Mark Banco |

(Fl. Mark Banco= Flämische Mark Banco)

Für Güter, die einzeln bearbeitet werden müssen, wird etwas mehr gerechnet; z. B. für Holz in Stücken; abliefern und wiegen pr. 1000 Pfund 12 Fl. Mark Banco, empfangen und absetzen pr. 1000 Pfund 1 Mark Banco 8 Fl. Mark Banco. Beym Aufbringen macht es für die Arbeits-Leute einen Unterschied, ob die Waare auf den ersten oder vierten Boden gebracht werden, die Böden selbst haben nicht alle gleiche Gemächlichkeit; dies wird aber eins ins andre gerechnet.

**Chrst. Gottfr. Morach schreibt 1798 als Begleittext zu seinen Bildern in: Sechs Blatt Abbildungen karakterlicher Kleidertrachten verschiedener Stände in Hamburg:**

9te. Quartiersleute und Arbeitsleute.

Die Quartiersmänner haben Kooperationen unter sich, und halten sich gewöhnlich zu vieren in gewissen Bierkellern auf, wo man selbige zu seinem Bedarf gleich herausrufen kann, bey schweren Arbeiten bedienen sie sich der Arbeitsleute. Die Derbheit ihrer Hände und die Muskeln ihrer Rücken sichern, ohne Kunst und Geschicklichkeit, einer großen Anzahl dieser Menschen ihren Unterhalt zu, wo der Handelsverkehr ihrer am meisten bedarf, sie tragen, schleppen, ziehen, werfen, klettern, winden, schieben, alles kunstlos und ohne Erfordernis von Genauigkeit; sie haben Kooperationen unter sich, und haben gemeiniglich einen Quartiersmann als Anführer.

*Ein weiteres Foto aus der Photographischen Staatssammlung von 1909. Der Quartiersmann scheint dem Fotografen und dem Auftraggeber für mehrere Bilder wichtig genug zu sein.*
*Quelle: Photographische Staatssammlung, A. Bruhn*

**Percy Ernst Schramm schreibt 1943 in »Hamburg, Deutschland und die Welt«:**

Erst langsam hatte von der Mitte des Jahrhunderts an die Regulierung des Flusses hier Wandel geschaffen; bis dahin stand man dem Hochwasser wie einer gottgegebenen Naturgewalt gegenüber, bei deren Einbruch man tat, was man seit alters zu tun gewohnt war; man ließ sich von Quartiersleuten durch die zu Kanälen gewordenen Straßen bis zu Schwelle des Hauses tragen und wartete dann geduldig, bis die Wasser sich verlaufen hatten.

**Rudolf Singer, Redakteur der Hamb. Börsen-Halle schreibt 1897 auf Seite 15 in »Ein Spaziergang durch Hamburgs City«:**

Gemüthlich und stimmungsvoll waren die alten Speicher mit ihren von Gallerien umgebenen Dielen, von denen

*Einen der Höhepunkte in der Darstellung des Quartiersmannes stellt die Serie der Hamburger Trachten als buntes Lesezeichen dar. Ein Werbegeschenk der Firma Reese & Wichmann, welche keine Quartiersleute sind.* *Quelle: MKG*

man in die Kontore und wohl auch in die Wohnräume gelangte; darüber zogen sich in vielen Stockwerken die Lagerräume hin. Abends erhellte eine Oel- oder später eine Petroleumlampe den Boden. Die Waaren, Kolli und Kisten mussten aus den Schuten durch die Quartiersleute, die hamburgischen Speicherarbeiter, heraufgewunden und hinabgelassen werden. Wie anders die neuen, nach dem Zollanschlusse gebauten Speicher! Architektonisch höchst wirkungsvoll reihen sie sich an den Kanälen des Freihafens in langen Gassen aneinander. Unten Kontore mit allen schon erwähnten Annehmlichkeiten, oben Böden mit den neuesten technischen Einrichtungen; durchweg elektrische Beleuchtung, zum Heben und Absetzen hydraulische Kraft, – Zeit und Arbeit so viel als möglich vermindert. Wie sollten auch die dem Verkehr täglich zuströmenden Gütermassen ohne alle diese technischen Erleichterungen bewältigt werden?

**J. L. von Heß schreibt 1810 auf Seite 200:**

Lager, Speicher, Räume, Böden dienen zur Aufbewahrung der Kaufmannsgüter für Großhändler. Speicher sind die gewöhnlich an den Fleeten stehende Hinterhäuser der Kaufleute, die von oben bis unten zur Hinstellung der Waaren gebraucht werden.

Raum ist das unterste Stockwerk des Speichers, wo die schwersten Güter liegen und gepackt werden. Böden sind die obern Stockwerke der Speicher, und enthalten die weniger schwerer oder schwer gepackten Waaren. Auch gibt es viele Häuser, die solche Waarenböden statt des 2ten und 3ten Stockwerkes haben. Diese sind mitunter außer Gemeinschaft mit dem Hause selbst; eine Treppe führt zu ihnen auf dem Hofe, der neben dem Hause eingeht. So ist es auf dem Kehrwieder, wo diese Böden zum großen Theil als Kornmagazine genutzt werden, weshalb auch von ihnen herab bis über dem Canal hölzerne Rinnen angebracht sind durch welche das zu verschiffende Korn auf eine leichte Weise in die Fahrzeuge gelassen wird. Lager ist der gemeine Name für allen und jeden Raum, der zur Aufbewahrung von Kaufmannsgütern dient.

**Frank M. Hinz stellt 1999 die Probleme des Senators Versmann von 1880 so zusammen, S. 94:**

Versmann stand vor dem Problem, geeignete Standorte für die nachdrücklich verlangten ausgedehnten Speicherquartiere im Freihafengebiet auch nachweisen zu müssen. Besonders der tägliche Gang zur Börse war vielen beinahe heilig. Durch eine Verlegung der Kontore und Speicher an die Peripherie wären aber Börse, Handelskammer und Rathaus nicht mehr zu Fuß erreichbar gewesen. Daß dieser Vorteil bereits in der nahen – schon damals absehbaren – Zukunft durch Telefon, Rohrpost, Straßenbahn usw. bedeutungslos werden würde, wurde ignoriert. Versmann spürte, daß eine Verschiebung der Lagerhäuser aus dem Stadtzentrum gegen den Widerstand der Kaufleute nicht durchsetzbar wäre.

**1875 wird für die Pfingstversammlung des Hansischen Geschichtsvereins auf Seite 59 berichtet:**

Jetzt verfügt die Kaufmannschaft, abgesehen von Privatspeichern, die an allen Fleten die Hinterhäuser der Wohngebäude bilden, … einen Staatsspeicher, der für alle Arten von Waaren auf der Westspitze des Grasbrook aufgeführt ist. Mehr noch als die Speicher haben die Krähne sich vervielfältigt; ursprünglich stand ein einziger, schon 1291 erwähnt, bei der Zollenbrücke, später folgte eine zweiter, in erneuerter Gestalt noch vorhandener, von dem die Strasse »bei dem Neuen Krahn« ihren Namen führt. Jetzt rollen auf den Schienen der Quais bewegliche Dampfkrähne und in den Fleeten werden Dampfwinden in Schuten von Speicher zu Speicher gefahren, während die früher zahlreichen holländischen Winden mit ihren zopfig geschwungenen Dächern mehr und mehr verschwinden.

# Quellen


**Architekten- und Ingenieur-Verein zu Hamburg:**
Hamburg und seine Bauten unter Berücksichtigung der Nachbarstädte Altona und Wandsbek. Hamburg 1890

**Wilhelm Bähr:**
Die Bedeutung des Inhaber-Lagerscheines im heutigen Handelsverkehr unter Berücksichtigung der in Hamburg herrschenden Lagerschein-Verhältnisse.
Diss. Hamburg 1930

**Peter Bartsch:**
Die Entstehung und der Auftrag des Gesamthafenbetriebs (GHB-HBV) und der Gesamthafenbetriebs-Gesellschaft m.b.H (GHBG) und ihre Entwicklung seit 1945.
Jahresbericht der Gesamthafenbetriebs-Gesellschaft m.b.H 1999. Hamburg 1999

**Hans-Peter Baum:**
Hochkonjunktur und Wirtschaftskrise im spätmittelalterlichen Hamburg – Rentengeschäfte 1371–1410
Verein für Hamburgische Geschichte Beiträge Band 11. Hamburg 1976

**Karl-Theo Beer, Arnold Kludas:**
Der Hamburger Hafen auf alten Ansichtskarten 1888–1914. Herford 1988

**Otto Beneke:**
Hamburgische Geschichten und Denkwürdigkeiten.
Hamburg 1886

**Friedrich Böer, G. H. Teetzmann und C. E. Wieschendorf, HFLG:**
Der Hamburger Hafen, anläßlich des 50jährigen Bestehens des Freihafens Hamburg am 15. Oktober 1938.
Hamburg 1938

**Gustav Bolland:**
Hamburg wie es einmal war, an Hand des Kupferstiches von A. Pitersen aus dem Jahre 1644. Hamburg 1952

**Jürgen Bolland:**
Hamburgisches Stadtrecht von 1497.
Verein für Hamburgische Geschiichte 1990

**Jörgen Bracker, Carsten Prange:**
Alster, Elbe und die See. Hamburg 1981

**Paul Bröcker:**
Mein Heimatbuch. Was die hamburgischen Bauten der Jugend und dem Volke von unserer Stammesart erzählen. Hamburg 1910

**F. Georg Buek:**
Handbuch der hamburgischen Verfassung und Verwaltung. Hamburg 1828

**Andreas Burmester:**
1) Situations-Plan der Speicher und Kaufmännischen Waarenläger in Hamburg, Altona, Harburg und Umgebung. Hamburg 1. Auflage 1889, 2. Auflage 1901
2) Die grossen Speicherbauten Hamburg's und Altona's. Eine Sammlung von Ansichten, Grundrissen und Schnitten. Im Einvernehmen mit hochlöblicher Baudeputation und verehrlichem Vorstand der HFLG. Hamburg, 1889

**Maaren Deike, Manfred Mahn:**
Im Reich der Consorten. GEO, Nr. 1, Januar 1985

**Axel Denecke, Peter Stolt, HHLA:**
Das Kirchspiel von St. Katharinen. Hamburg, 2001

**Carl Frhr. V. Döring:**
Der Gesamthafenbetrieb des Hafens Hamburg.
Hamburg, 1936

**Arne Dornquast:**
Die Hamburger Speicherstadt, Gewerbestandort mit Zukunft? Diss. Berlin/Hamburg, 1989

**Jürgen Ellermann, Rainer Postel:**
Stadt und Hafen.
Arbeitshefte zur Denkmalpflege No. 8, Hamburg 1986

**Ernst & von Spreckelsen:**
A History of ye olde scottish Seed Shoppe in Hamburgh, Established 1793. Hamburg, 1948

**Ferdinand Facklam und Carl-Otto Fleischhauer:**
Hamburg einst und jetzt, das historische Kartenbild der Innenstadt. Verein für Hamburgische Geschichte, 1991

**Ernst Finder:**
Hamburgisches Bürgertum in der Vergangenheit.
Hamburg 1930

**Ilse Frapan:**
Hamburger Bilder für Hamburger Kinder.
Hamburg, 1910

**C. F. Gaedechens:**
Historische Topographie der Freien und Hansestadt Hamburg und ihrer nächsten Umgebung. Hamburg, 1880

**Angelika Griem, Richard Fischer:**
Kaufmannsträume, Die Hamburger Speicherstadt.
Heidelberg, 1988

**Angelika Griem, Richard Fischer:**
Rote Stadt am Fleet. ZEITmagazin, Nr. 10, 5. März 1982
**Hamburgischer Staats-Kalender auf das 1782ste Jahr Christi f.f.**
Mit Eines Hochedlen und Hochweisen Raths Special-Privilegio. Hamburg, 1781
**HFLG:**
Die Hamburger Freihafen-Lagerhaus-Gesellschaft 1885 bis 1910.
Denkschrift zum 25jährigen Jubiläum. Hamburg, 1910
**J. L. von Heß:**
Hamburg topographisch, politisch und historisch beschrieben. 3 Bände, Hamburg, 1810
**Frank M. Hinz:**
Planung und Finanzierung der Speicherstadt in Hamburg. Hamburg, 1999
**Hermann Hipp:**
Freie und Hansestadt Hamburg, Gesellschaft, Kultur und Stadtbaukunst an Elbe und Alster. Köln, 1996
**K. J. H. Hübbe:**
Ansichten der Freien und Hansestadt Hamburg und ihrer Umgebung. Frankfurt am Main, 1824
**Gisela Jaacks:**
Festzüge im Hamburg 1696–1913,
Ausstellung aus den Schausammlungen, Heft 2
Museum für Hamburgische Geschichte, Hamburg, 1972
**Gisela Jaacks:**
Mit Ebba Tesdorpf durch Alt-Hamburg. Hamburg, 1978
**Werner Jaerisch:**
Das Arbeitsrecht im Hafen Hamburg einschließlich Ober- und Unterelbe. Hamburg, 1939
**Maximilian Kapsilber:**
Hamburg Kulturhistorische Bilder. Hamburg, ca. 1912
**Carl August Ludolph Kegel:**
Der Handel in Hamburg, Grundlagen des gegenw. allg. Handels-Systems erster Band. Hamburg, 1806
**Ferdinand Kemme:**
Der Hamburger Getreideumschlag von der Mitte des vorigen Jahrhunderts bis heute. Hamburg, 1957
**M. A. Köncke, J. H. C. Brandes:**
1796 bis 1806 Specification sämtlicher Designationen und beendigten und an der Börse affigirten Fallissements.
Hamburg, 1806
**Karl Koppmann:**
Aus Hamburgs Vergangenheit Teil II, Kulturhistorische Bilder aus verschiedenen Jahrhunderten. Hamburg, 1886
**Arnold Kludas, Harry Braun:**
Ewerführer, Auf Hamburgs Wasserstraßen.
Schriften des Deutschen Schiffahrtsmuseums Band 45, Hamburg, 1997
**Arnold Kludas, Dieter Maass, Susanne Sabisch:**
Hafen Hamburg. Hamburg, 1988
**Fritz Lachmund und Rolf Müller:**
Hamburg Seinerzeit zur Kaiserzeit Anno 1888 bis 1914.
Hamburg, 1962
**Fritz Lachmund:**
Die Altstadt Hamburgs in Bilddokumenten.
Hamburg, 1968
**Rolf Lange, Michael Batz:**
Speicherstadt, ein Viertel zwischen Tradition und Vision.
Hamburg, 2002
**J. M. Lappenberg:**
Archivalbericht über den Ursprung und das Bestehen der Realgewerberechte in Hamburg. Hamburg, 1861
**Erich von Lehe und Friedrich Böer, HFLG:**
750 Jahre Hamburger Hafen, anläßlich des Jubiläums am 7. Mai 1939. Hamburg, 1939
**Erich von Lehe, Dietrich Kausche, Heinz Ramm:**
Heimatchronik der Freien und Hansestadt Hamburg.
Köln, um 1958
**Dieter Maass:**
Der Ausbau des Hamburger Hafens von 1840 bis 1910 Entscheidung und Verwirklichung. Hamburg, 1990
**W. Melhop:**
Historische Topographie der Freien und Hansestadt Hamburg. Hamburg, 1895
**W. Melhop:**
Alt-Hamburgische Bauweise. Kurze geschichtliche Entwicklung der Baustile in Hamburg. Hamburg, 1908
**Wilh. Meyer & Cons.:**
Vom Lagerraum zum Terminal 150 Jahre W M C 1840–1990.
Hamburg, 1990
**Bernhard Meyer-Marwitz:**
Hamburgs Weg zum Welthafen. Hamburg, 1960
**Bernhard Meyer-Marwitz:**
Merkur, Neptun und Hammonia, ein hamburgisches »Dokumentarium«. Hamburg, 1961
**Maria Möhring:**
Hamburgische und englische Kaufleute Englandfahrt-Hamburgfahrt.
Darin: Jürgen Bolland: Hamburg, um 1400
Wirtschaftsgeschichtliche Forschungsstelle e.V., Band V.
Hamburg, 1975

**Maria Möhring, Gisela Kühn:**
Der Hamburger Ewerführer im Wandel der Zeiten.
Wirtschaftsgesch. Forschungsstelle e.V., Band 27.
Hamburg, 1965

**Museum für Kunst und Gewerbe:**
Kunstphotographie um 1900. Die Sammlung Ernst Juhl.
Dokumente der Photographie 3. Hamburg, 1989

**Rolf Müller:**
Zwischen Binnenalster und Baumwall 1855 bis 1888.
Hamburg, 1957

**Hans Nirrnheim:**
Das Hamburgische Pfundzollbuch von 1369.
Veröffentlichung aus dem Staatsarchiv Band 1.
Hamburg, 1910

**N. N.**
Flüchtige Ausblicke auf Hamburgs Vergangenheit und Gegenwart.
Für die Mitglieder der Pfingstversammlung des Hansischen Geschichtsvereins. Hamburg, 1875

**N. N.**
Erinnerung an Hamburg.
Hansischer Geschichtsverein Pfingsten 1899
Hamburg, 1899

**G. W. Olsen:**
75 Jahre Verein Hamburgischer Quartiersleute von 1886 e.V. Hamburg, 1961

**G. W. Olsen:**
Der Hamburgischer Quartiersleute.
Hamburg o. J., um 1925

**Volker Plagemann, unter Mitw. zahlreicher Autoren:**
Industriekultur in Hamburg. Des Deutschen Reiches Tor zur Welt. München, 1984

**Johs. E. Rabe:**
Von alten hamburgischen Speichern und ihren Leuten.
Quickborn-Bücher Band 2. Hamburg, 1913

**Johs. E. Rabe:**
Von alten hamburgischen Speichern und ihren Leuten.
Quickborn-Bücher Band 2. Hamburg, 1922

**Ranck, Arthur Obst:**
Das Buch der alten Firmen der Freien und Hansestadt Hamburg. Leipzig, 1930

**Jürgen Rath:**
Arbeit im Hamburger Hafen, eine historische Untersuchung.
Wirtschaftsgeschichte der Universität Hamburg.
Hamburg, 1987

**Martin Reißmann:**
Die hamburgische Kaufmannschaft des 17. Jahrhunderts in sozialgeschichtlicher Sicht.
Verein für Hamburgische Geschichte, Beiträge Band 4, Hamburg, 1975

**Caesar Röpcke, Harald Röpcke:**
75 Jahre Röpcke & Cons. 1878–1958. Hamburg, 1958

**Wolfgang Rudhard:**
Das Bürgerhaus in Hamburg.
Das Deutsche Bürgerhaus Nr. XXI. Tübingen, 1975

**Otto Rüdiger:**
Die ältesten Hamburgischen Zunftrollen und Brüderschaftsstatuten. Hamburg, 1874

**Fred Salamon:**
Anmut des Nordens, Wilhelm Heuer und sein graphisches Werk. Neumünster, 1996

**Manfred Sack:**
Die Hamburger Speicherstadt. Berlin, 1990

**Carl Schellenberg:**
Das alte Hamburg. Leipzig, 1936

**Reinhard Schindler:**
Ausgrabungen in Alt Hamburg. Hamburg, 1957

**Dirk Schubert, Hans Harms:**
Wohnen am Hafen, Leben und Arbeiten an der Wasserkante. Hamburg, 1993

**Rudolf Singer:**
Ein Spaziergang durch Hamburgs City.
Illustrationen von C. Schildt. Hamburg, 1897

**Erik Verg:**
Das Abenteuer das Hamburg heißt. Der weite Weg zur Weltstadt. Hamburg, 1977

**L. Wendemuth, W. Böttcher:**
Der Hafen von Hamburg. Hamburg, 1927

**Henny Wiepking:**
Chronik des Grimm. Hamburg, 1953

**Carl Will:**
Hamburg, eine Heimatkunde.
5. Teil, Im Hafen. Hamburg, 1961

**Willi Wolf:**
Sondernummer des Transport-Dienstes, zum 790jährigen Bestehens des Hamburger Hafens am 7. Mai 1979.
Hamburg, 1979

**H. Zerniko:**
Hamburg in Wort und Bild mit 138 Illustrationen verschiedener Künstler. Hamburg, um 1900

# Anhang

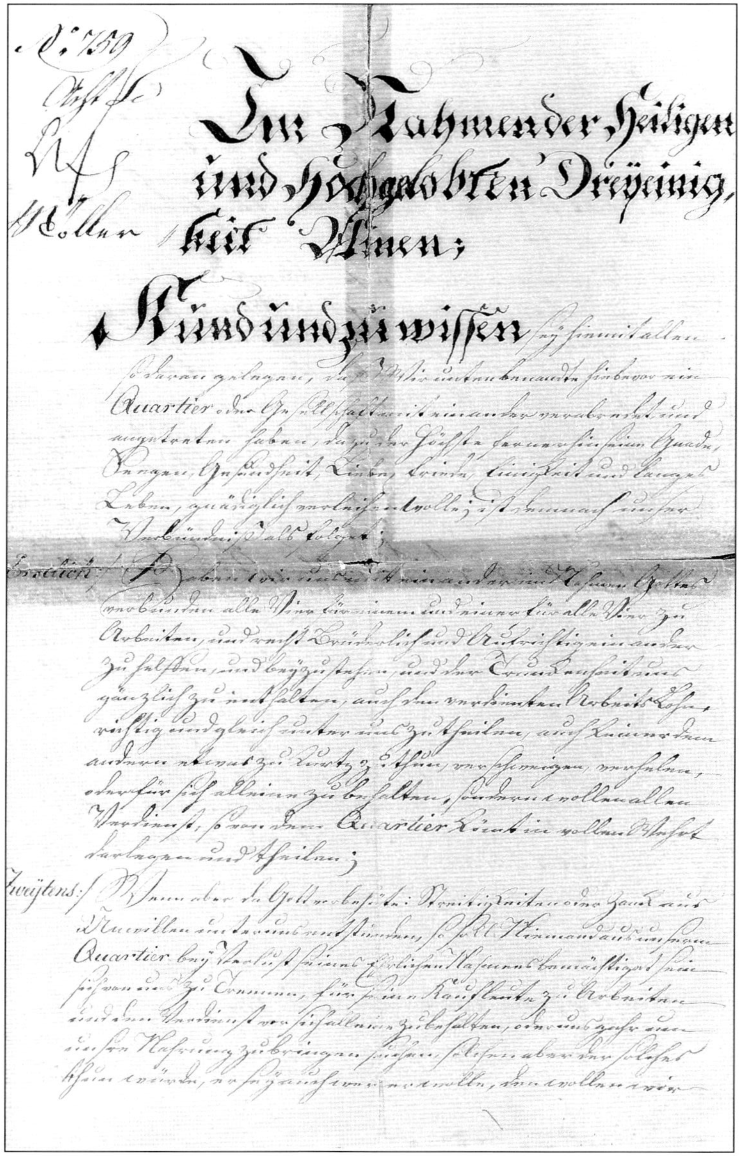
Im Nahmen der Heiligen und Hochgelobten Dreyeinigkeit Amen;
Kund und zu wissen

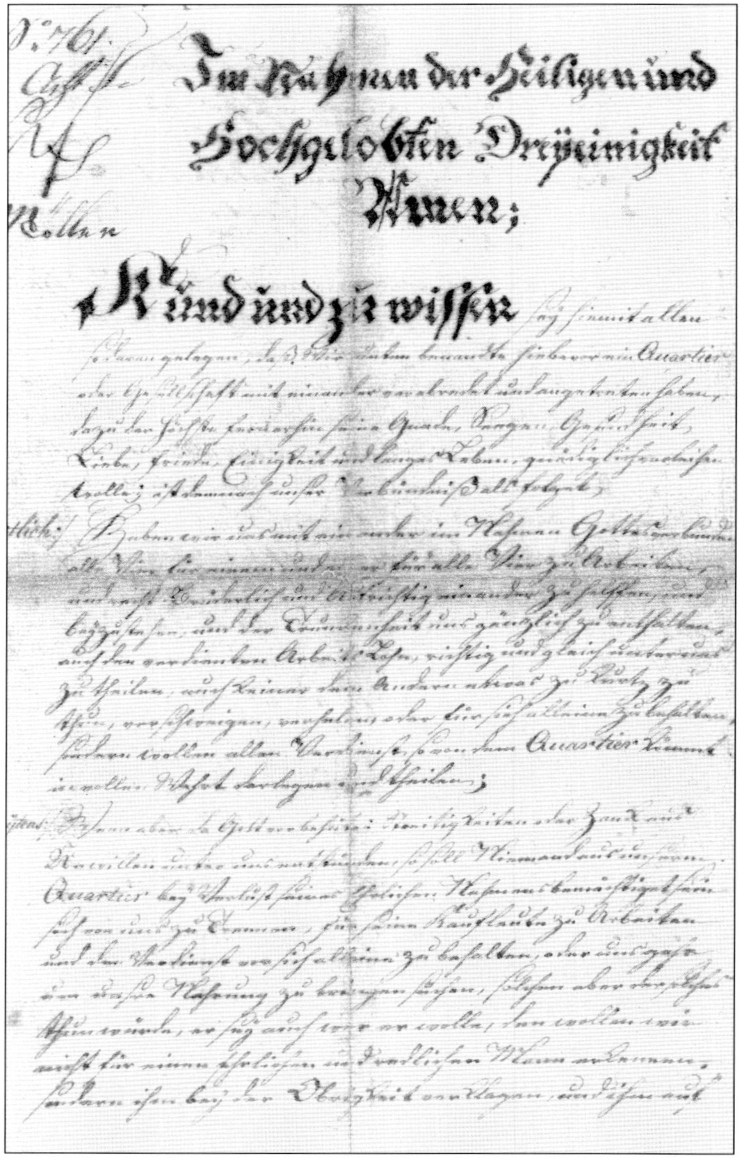
Im Nahmen der Heiligen und Hochgelobten Dreyeinigkeit Amen;
Kund und zu wissen

*Quartiersmannsvertrag von 1804 der Firma G. Voss & Cons. Der Vertrag trägt links oben die Nr. 759 und der anschließende beigefügte Vertrag die Nr. 761, mit gleichem Text und gleichen Unterschriften. Die Eintritte wurden durch Hinzufügen der Unterschrift und das Ausscheiden eines Mitgliedes durch Streichen oder*

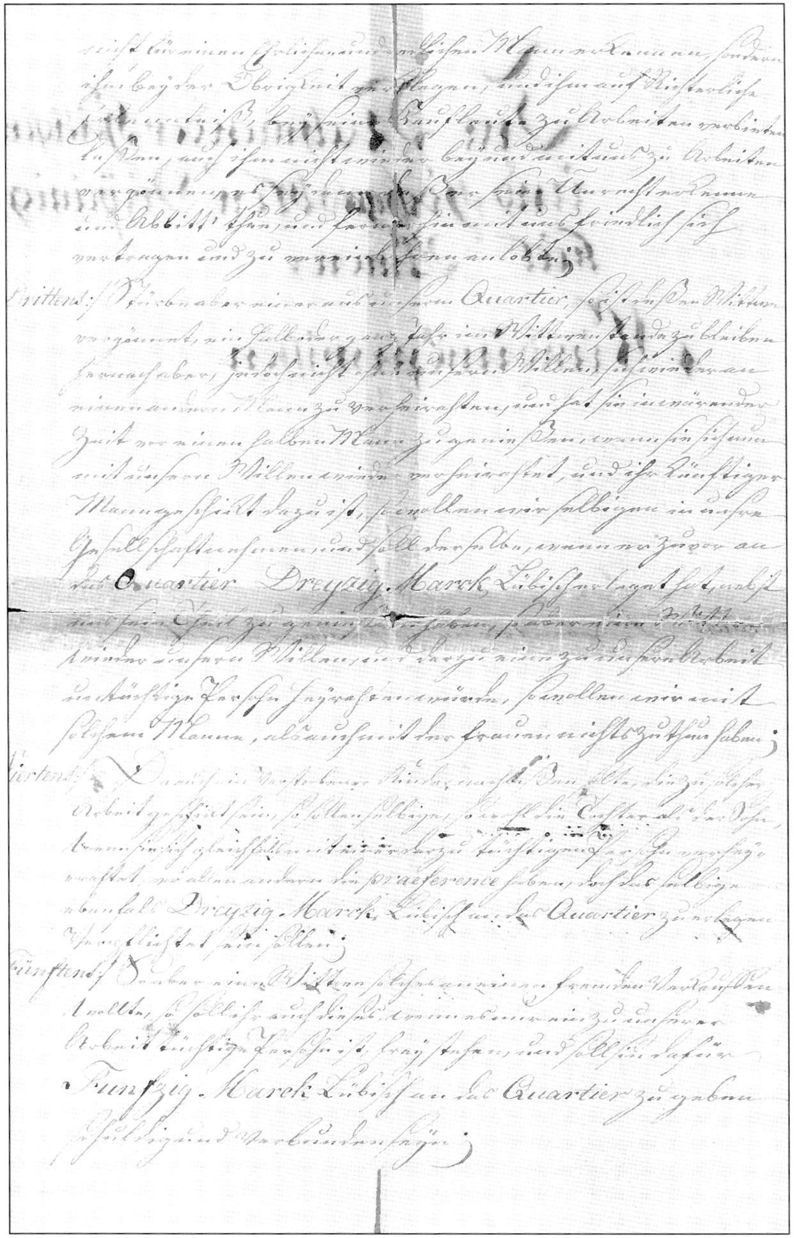

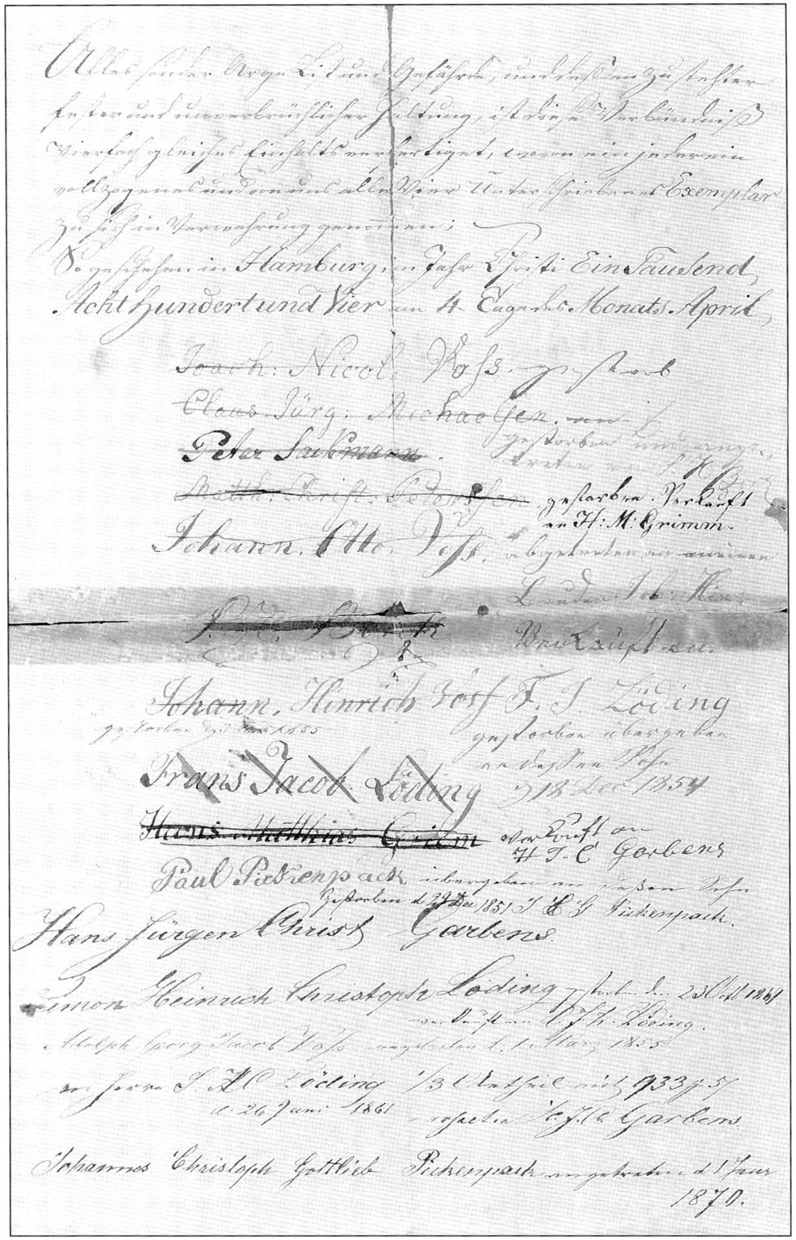

Datum vermerkt. Die erste Unterschrift am 4. April 1804 stammt von Jacob Nicol. Voss, ein G. Voss taucht erst um 1850, als das Handelsgesetzbuch eine lebende Person als Namensgeber forderte. Bis dahin reichte der Ökelname »De Möden« für die wechselnden Inhaber. Quelle: Werner Bruhns, Quartiersmann

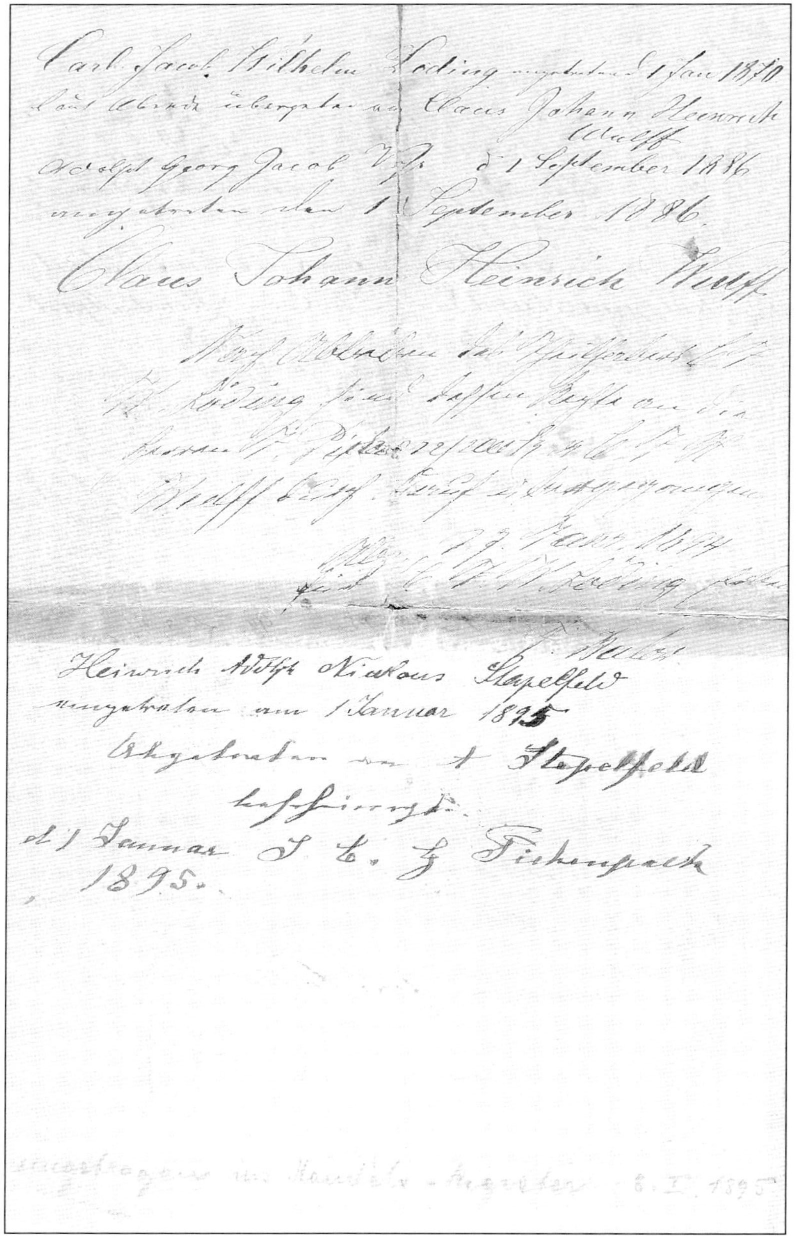

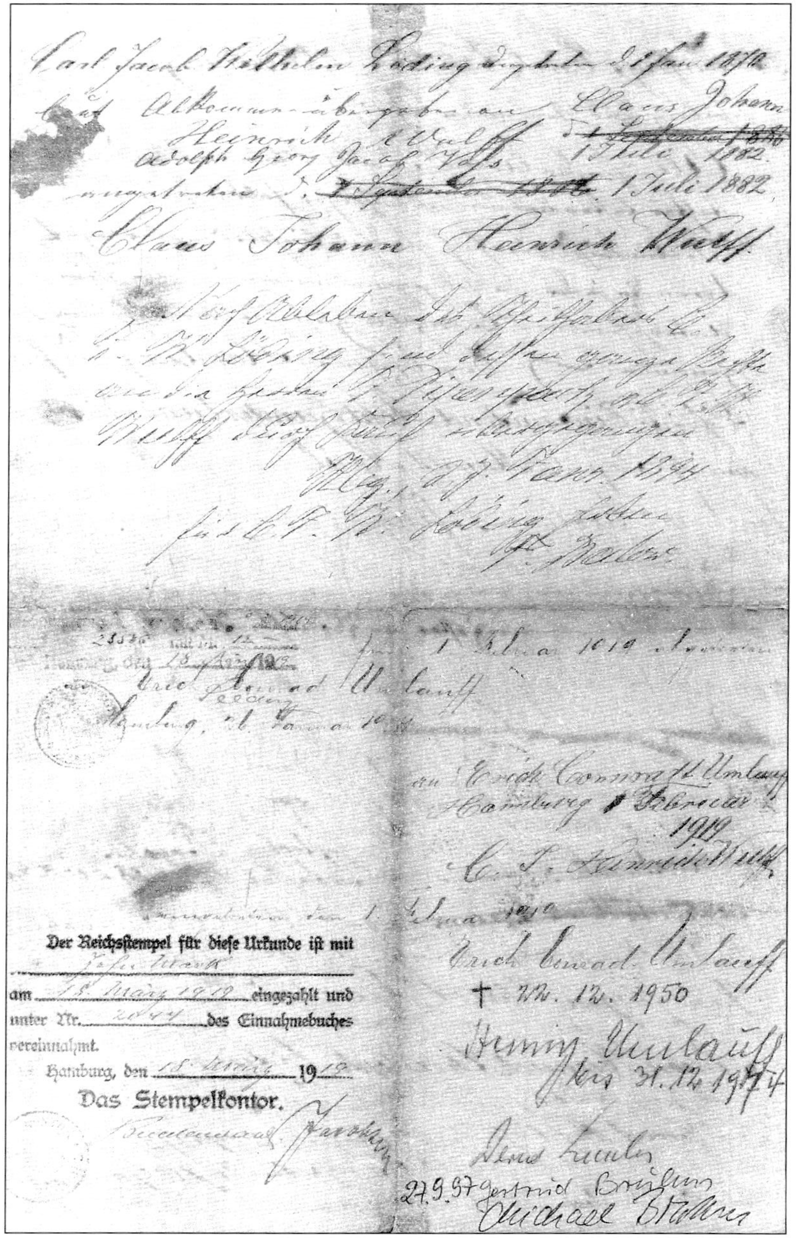


*Die 2. Ausfertigung mit der Nummer 761, es sind 4 Ausfertigungen vorhanden für die 4 Matten oder Quartiersleute, wie der Text schreidbt. Wer diese laufenden Nummern vergab ist nicht bekannt. Dieser Vertrag ist durch die Unterschriften auf der letzten Seite bis heute gültig. Quelle: Werner Bruhns, Quartiersmann*

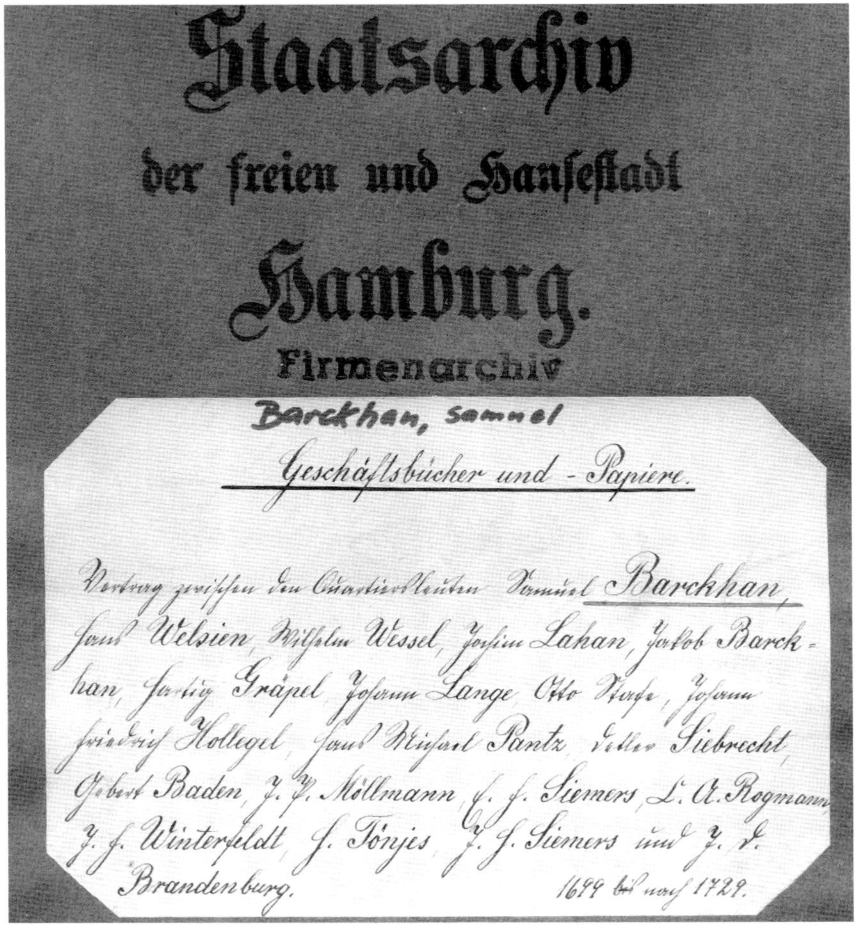


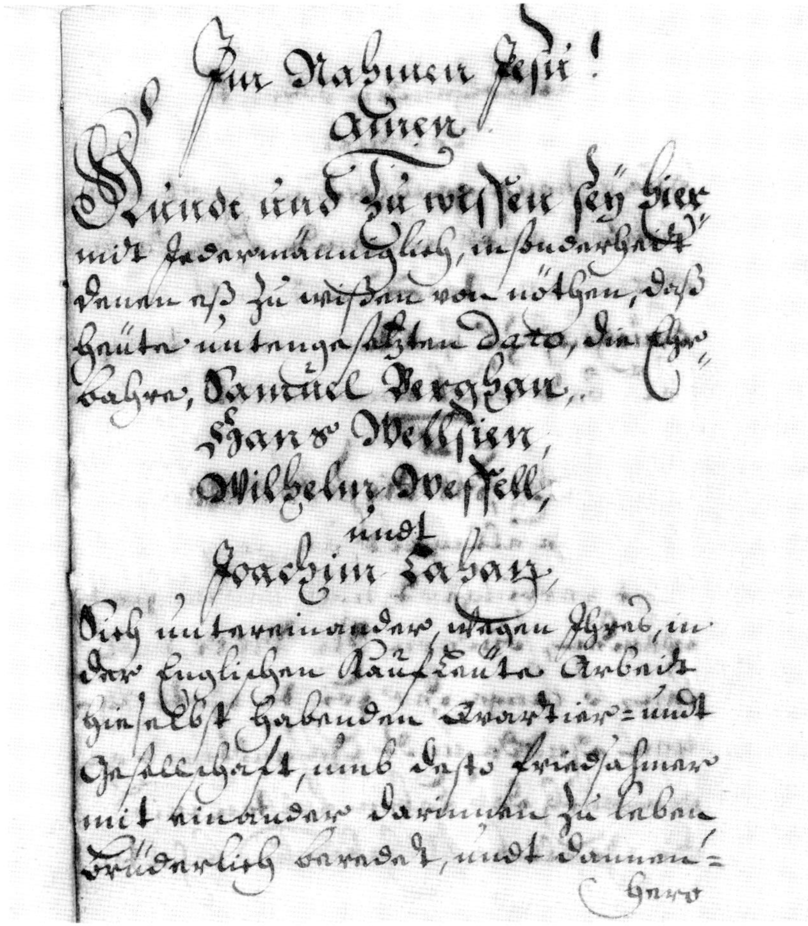

*Quartiersmannsvertrag vom 1. Januar 1699 geschlossen von den Matten S. Barckhan, Welzien, Wessel, Lahan, J. Barckhan, Gräpel, Lange, Strache, Hollegel, Pantz, Liebrecht, Baden, Möllmann, Siemers, Rogmann, Winterfeldt, Tönjes, Siemers und Brandenburg. Scheinbar existierte die Firma nur bis 1729. Danach müßte sie auf der Liste der Falliten, siehe 1806, erscheinen. Den Vertrag erhielt ich vom Staatsarchiv Hamburg, als ich nach dem Vertrag von 1720 suchte. Der Vertrag liegt im Nachlaß zur Firma Samuel Barckhan.*
*Quartiersmannsverträge sind uns bisher bekannt aus den Jahren 1693, 1699, 1716, 1720, 1750 und 1804.*

*Quelle: STAH*

*(auch S. 158 f.)*

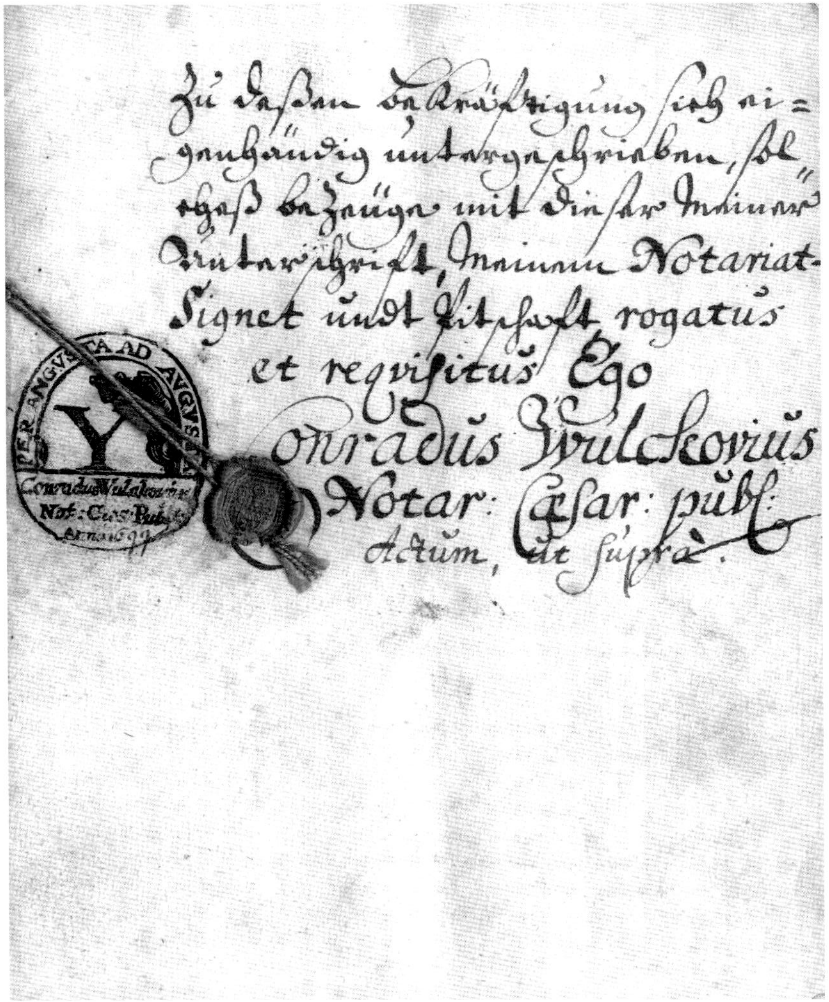
Zu dessen bekräftigung sich ei=
genhändig untergeschrieben, sol-
ches bezeüge mit dieser meiner
Unterschrift, meinem Notariat-
Signet undt Pitschaft rogatus
et requisitus Ego
Conradus Wulckovius
Notar: Caesar: publ:
Actum, ut supra.

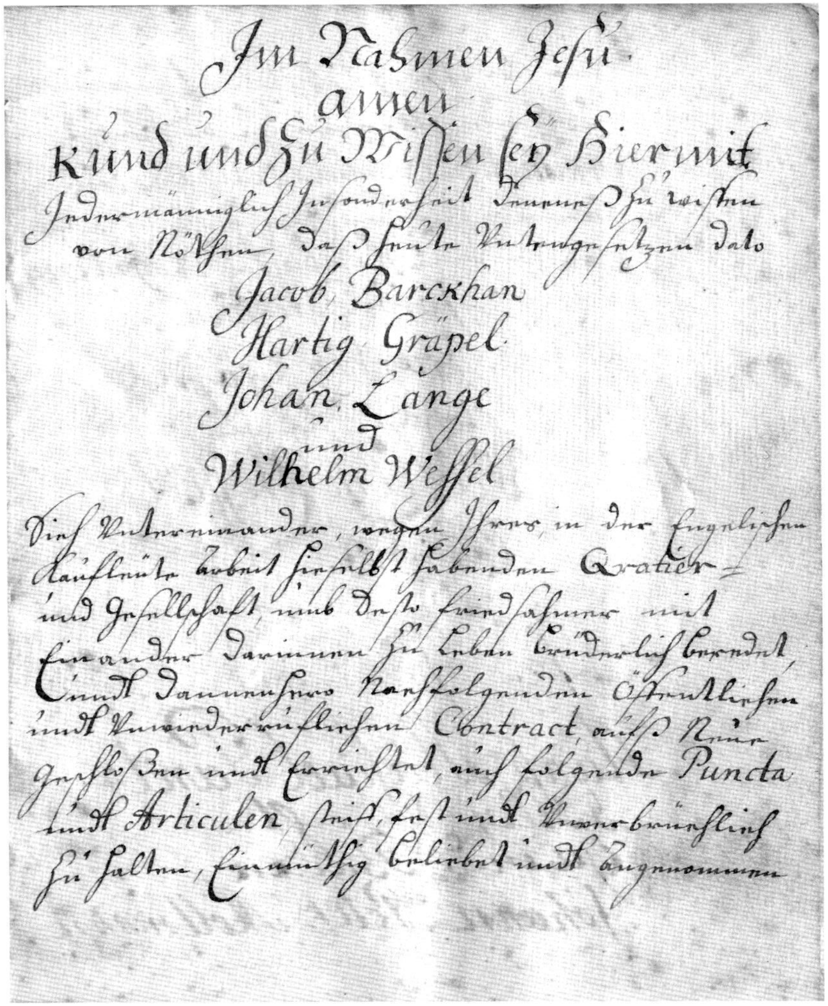
Im Nahmen Jesu
amen
Kund undt zu Wissen sey Hiermit
Jedermänniglich insonderheit denen es zu wissen
von nöthen, daß heute untengesetzten dato
Jacob Barckhan
Hartig Gräpel
Johan Lange
und
Wilhelm Wessel
Sich untereinander, wegen ihres in der englischen
Kaufleüte [illegible] hieselbst habenden Quartier
und Gesellschaft, umb desto friedsahmer mit
einander darinnen zu leben brüderlich beredet,
Undt dannenhero nachfolgenden öffentlichen
undt unwiederrüflichen Contract auffs Neüe
geschloßen undt errichtet, auch folgende Puncta
undt Articulen stets, fest undt unverbrüchlich
zu halten, einmüthig beliebet undt angenommen

Hamburg d. 28 April 1729.

Jacob Barckhan

Eggert Friedrich Siemers

Casper Adam Rogmann

Joachim Friederich Winterfeldt

Hinrich Jönjes

Johann Hinrich Siemers

Johann Daniel Brandenburg

*Dieser sogenannte Barckhan-Vertrag umfasst 20 Seiten, von denen ich nur acht abgebildet habe, besonders die 16 Mitglieder dieser Quartiersmannsfirma.*

*Quelle: STAH*

Eingetragen in die Anlernrolle der Industrie- und Handelskammer unter Nr. 0363
Hamburg, den 5. SEP. 1941
Industrie- und Handelskammer Hamburg

# – L E H R V E R T R A G –

Zwischen der unterzeichneten, ins Handelsregister eingetragenen Firma . **Eichholtz & Behn K.G. Hamburg 11** . . . . . . . . . . . und Herrn . **Wilhelm Bretzmann**, . **Hamburg**, . **Hammerbrookstr. 77** als gesetzlichem Vertreter des minderjährigen . . . . . . . . . **Heinz Bretsmann** . . . . . . . . . ist heute folgender Lehrvertrag verabredet, beschlossen und unterschrieben worden.:

§ 1

Der Lehrherr nimmt den am . . **6. Dez. 26** . . . . geborenen . **Heinz** . **Bretzmann** . . . . als . . **Quartiersmanns** . . . – Lehrling in sein Geschäft auf. Der Eintritt hat am . **1. April 41** . zu erfolgen, ist am . . . . ---------- . . er erfolgen, ist am . . ---------- . . . erfolgt.

§ 2

Die Lehrzeit beträgt 3 Jahre. Die Probezeit beträgt 3 Monate. Während der Probezeit darf das Lehrverhältnis beiderseits ohne weiteres und ohne gegenseitige Entschädigung wieder gelöst werden.

§ 3

Der Lehrherr verpflichtet sich, den Lehrling in allen praktischen Arbeiten auszubilden, die innerhalb seines Betriebes verrichtet werden.

§ 4

Der Lehrherr zahlt dem Lehrling

im 1. Lehrjahr monatlich RM. 25.--
im 2. Lehrjahr monatlich RM. 35.--
im 3. Lehrjahr monatlich RM. 45.--

Eine Kürzung der Vergütung während des Besuches der Berufsschule innerhalb der Dienstzeit soll nicht stattfinden.

§ 5

Dem Lehrling sind jährlich im 1. Jahr 15
2. Jahr 12
3. Jahr 1o
aufeinander folgende Arbeitstage unter Fortzahlung der ihm jeweils gewährten Vergütung als Urlaub zu gewähren. Der Urlaub soll möglichst mit den Ferien der Berufsschule zusammenfallen.

§ 6

Der Lehrling ist verpflichtet:

1.: Dem Lehrherrn oder dessen Vertreter Gehorsam und Achtung zu erweisen, die im Geschäft bestehende Ordnung genau innezuhalten, die ihm übertragenen Arbeiten treu und gewissenhaft auszuführen und sich eines gesitteten Betragens zu befleissigen.

2.: Die Interessen des Geschäfts nach jeder Richtung hin treu zu wahren und über alle Geschäfts-und Betriebsvorgänge strengste Verschwiegenheit zu beachten.

3.: Die vorgeschriebene Berufsschule ist während der ganzen Dauer der Lehrzeit pünktlich zu besuchen x).

§ 7

Der Firma . Eichholtz & Behn K.G. . . . steht das Recht zu, den Lehrling ohne vorhergehende Kündigung zu entlassen, wenn einer der im § 123 der Gewerbeordnung vorgesehenen Fälle auf ihn Anwendung findet. –

§ 8

Von Seiten des Lehrlings bezw. des gesetzlichen Vertreters des Lehrling kann das Lehrverhältnis nach Ablauf der Probezeit nur aufgelöst werden, wenn

1.: Einer der im § 124 unter Ziff. 1,,3 bis 5 der Gewerbeordnung vorgesehenen Fälle vorliegt.

2.: Der Lehrherr seine gesetzlichen Verpflichtungen gegen den Lehrling in einer die Sittlichkeit und die Ausbildung des Lehrlings gefährdeten Weise vernachlässigt, oder das Recht der väterlichen Züchtigung missbraucht oder zur Erfüllung der ihm vertragsmässig obliegenden Pflichten unfähig wird.

Hamburg, d. 11. März 1941 . . . . . . . . .

Eichholtz & Behn K.G. . . . . . . . . . .
Der Lehrherr

Wilhelm Bretzmann . . . . . . . . . .
Der gesetzliche Vertreter des Lehrlings

Heinz Bretzmann
Der Lehrling

x) Anmerkung: die Gebühr trägt der Lehrherr.

*Lehrvertrag aus dem Jahre 1941 für eine Lehrstelle als Quartiersmann bei Eichholtz & Behn. Die Ausbildung zum Quartiersmann begann erst gegen 1925 und Prüfungen fanden ab 1937 statt. Scheinbar hatte die Deutsche Arbeitsfront alle Ausbildungen neu organisiert.*
*Quelle: H. Bretzmann*

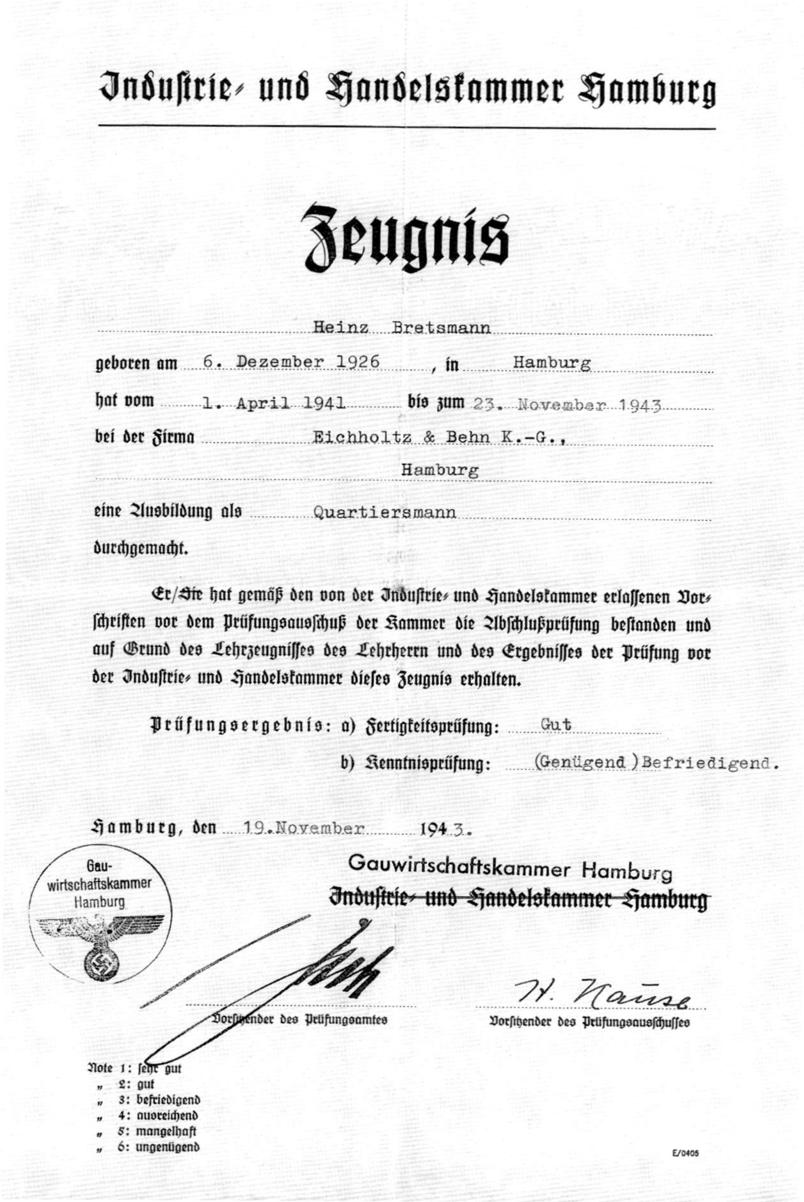

**Industrie- und Handelskammer Hamburg**

# Zeugnis

Heinz Bretsmann

geboren am 6. Dezember 1926, in Hamburg

hat vom 1. April 1941 bis zum 23. November 1943

bei der Firma Eichholtz & Behn K.-G., Hamburg

eine Ausbildung als Quartiersmann

durchgemacht.

Er/Sie hat gemäß den von der Industrie- und Handelskammer erlassenen Vorschriften vor dem Prüfungsausschuß der Kammer die Abschlußprüfung bestanden und auf Grund des Lehrzeugnisses des Lehrherrn und des Ergebnisses der Prüfung vor der Industrie- und Handelskammer dieses Zeugnis erhalten.

Prüfungsergebnis: a) Fertigkeitsprüfung: Gut

b) Kenntnisprüfung: (Genügend) Befriedigend.

Hamburg, den 19. November 1943.

Gauwirtschaftskammer Hamburg

~~Industrie- und Handelskammer Hamburg~~

Gau-wirtschaftskammer Hamburg

Vorsitzender des Prüfungsamtes

H. Nause

Vorsitzender des Prüfungsausschusses

Note 1: sehr gut
" 2: gut
" 3: befriedigend
" 4: ausreichend
" 5: mangelhaft
" 6: ungenügend

E/0405

*Zeugnis der Industrie- und Handelskammer Hamburg über die erfolgreiche Ausbildung zum Quartiersmann aus dem Jahre 1943.*

*Quelle: H. Bretzmann*

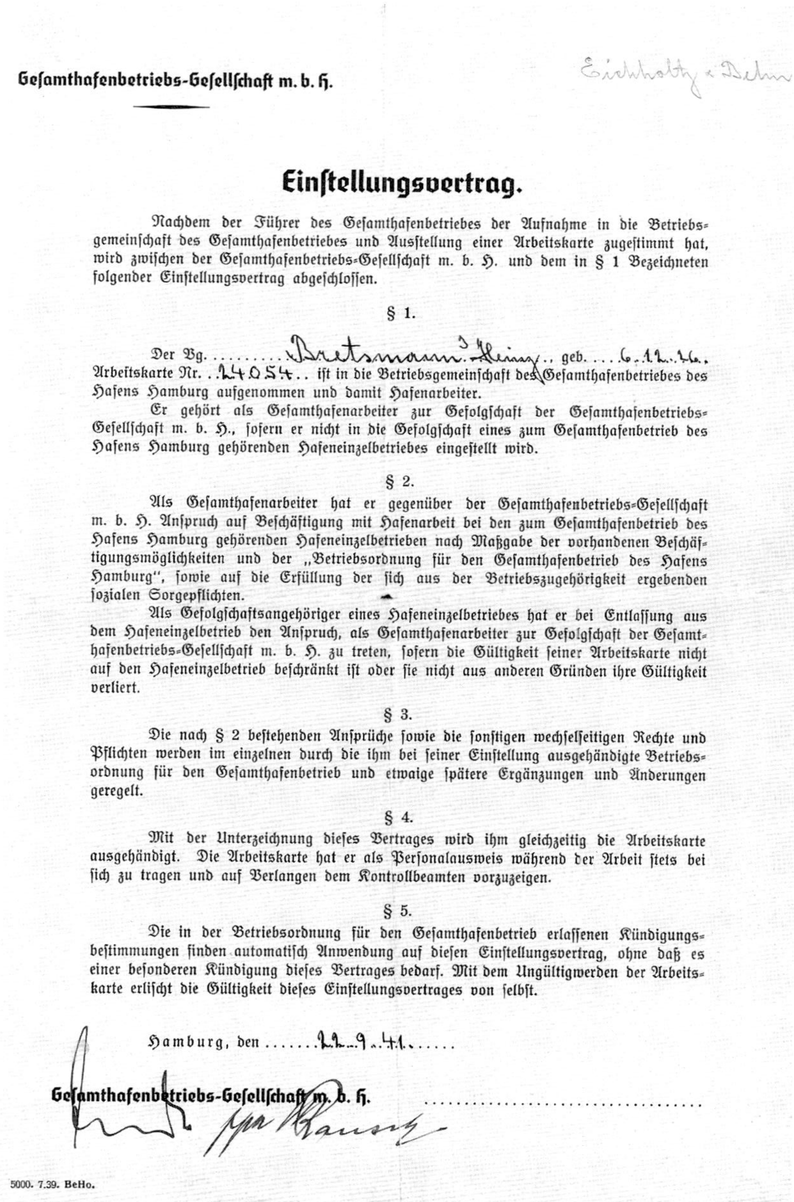

Gesamthafenbetriebs-Gesellschaft m. b. H.

Eichholtz & Behn

## Einstellungsvertrag.

Nachdem der Führer des Gesamthafenbetriebes der Aufnahme in die Betriebsgemeinschaft des Gesamthafenbetriebes und Ausstellung einer Arbeitskarte zugestimmt hat, wird zwischen der Gesamthafenbetriebs-Gesellschaft m. b. H. und dem in § 1 Bezeichneten folgender Einstellungsvertrag abgeschlossen.

§ 1.

Der Vg. Bretsmann, Heinz geb. 6.12.26. Arbeitskarte Nr. 24054 ist in die Betriebsgemeinschaft des Gesamthafenbetriebes des Hafens Hamburg aufgenommen und damit Hafenarbeiter.

Er gehört als Gesamthafenarbeiter zur Gefolgschaft der Gesamthafenbetriebs-Gesellschaft m. b. H., sofern er nicht in die Gefolgschaft eines zum Gesamthafenbetrieb des Hafens Hamburg gehörenden Hafeneinzelbetriebes eingestellt wird.

§ 2.

Als Gesamthafenarbeiter hat er gegenüber der Gesamthafenbetriebs-Gesellschaft m. b. H. Anspruch auf Beschäftigung mit Hafenarbeit bei den zum Gesamthafenbetrieb des Hafens Hamburg gehörenden Hafeneinzelbetrieben nach Maßgabe der vorhandenen Beschäftigungsmöglichkeiten und der „Betriebsordnung für den Gesamthafenbetrieb des Hafens Hamburg", sowie auf die Erfüllung der sich aus der Betriebszugehörigkeit ergebenden sozialen Sorgepflichten.

Als Gefolgschaftsangehöriger eines Hafeneinzelbetriebes hat er bei Entlassung aus dem Hafeneinzelbetrieb den Anspruch, als Gesamthafenarbeiter zur Gefolgschaft der Gesamthafenbetriebs-Gesellschaft m. b. H. zu treten, sofern die Gültigkeit seiner Arbeitskarte nicht auf den Hafeneinzelbetrieb beschränkt ist oder sie nicht aus anderen Gründen ihre Gültigkeit verliert.

§ 3.

Die nach § 2 bestehenden Ansprüche sowie die sonstigen wechselseitigen Rechte und Pflichten werden im einzelnen durch die ihm bei seiner Einstellung ausgehändigte Betriebsordnung für den Gesamthafenbetrieb und etwaige spätere Ergänzungen und Änderungen geregelt.

§ 4.

Mit der Unterzeichnung dieses Vertrages wird ihm gleichzeitig die Arbeitskarte ausgehändigt. Die Arbeitskarte hat er als Personalausweis während der Arbeit stets bei sich zu tragen und auf Verlangen dem Kontrollbeamten vorzuzeigen.

§ 5.

Die in der Betriebsordnung für den Gesamthafenbetrieb erlassenen Kündigungsbestimmungen finden automatisch Anwendung auf diesen Einstellungsvertrag, ohne daß es einer besonderen Kündigung dieses Vertrages bedarf. Mit dem Ungültigwerden der Arbeitskarte erlischt die Gültigkeit dieses Einstellungsvertrages von selbst.

Hamburg, den 22.9.41.

Gesamthafenbetriebs-Gesellschaft m. b. H.

ppa. Krause

5000. 7.39. BeHo.

*Einstellungsvertrag auch für die Lehrlinge in einem Hafeneinzelbetrieb (Privatfirmen) durch die Gesamthafenbetriebs-Gesellschaft m.b.H. und die Ausstellung einer Arbeitskarte.*

*Quelle: H. Bretzmann*

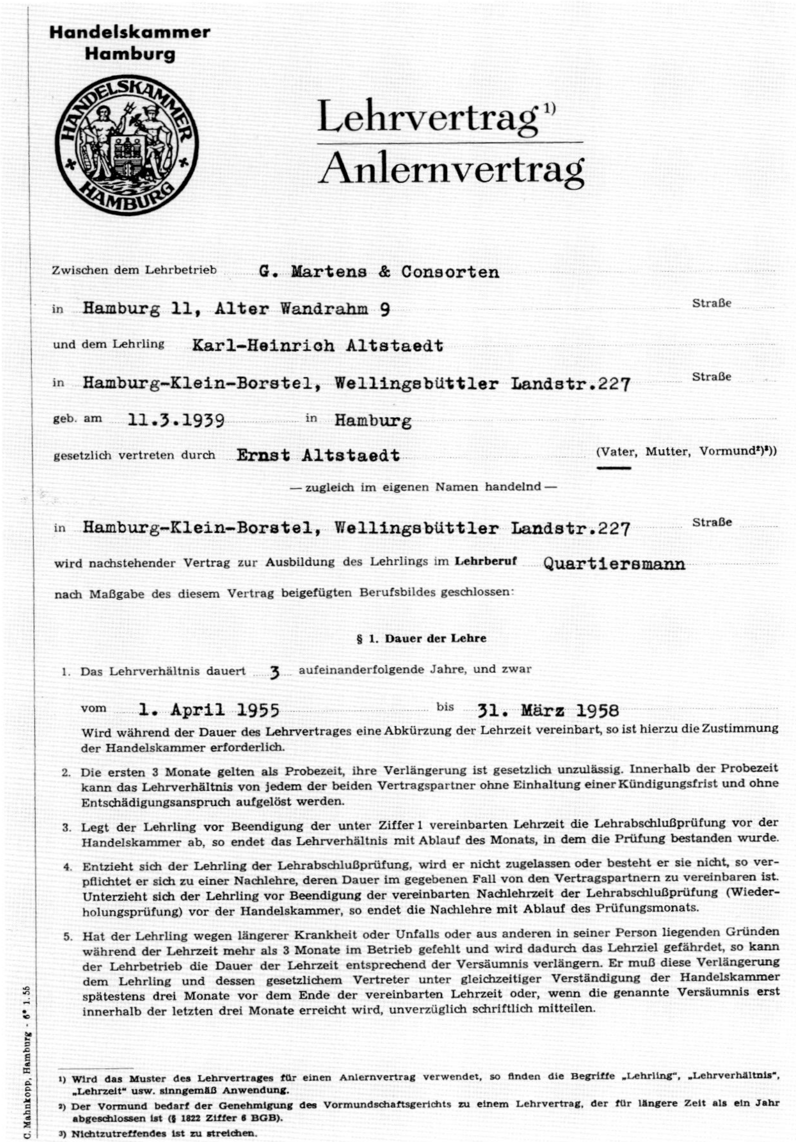

**Handelskammer Hamburg**

# Lehrvertrag [1)]
# Anlernvertrag

Zwischen dem Lehrbetrieb G. Martens & Consorten

in Hamburg 11, Alter Wandrahm 9 Straße

und dem Lehrling Karl-Heinrich Altstaedt

in Hamburg-Klein-Borstel, Wellingsbüttler Landstr.227 Straße

geb. am 11.3.1939 in Hamburg

gesetzlich vertreten durch Ernst Altstaedt (Vater, Mutter, Vormund[2)][3)])

— zugleich im eigenen Namen handelnd —

in Hamburg-Klein-Borstel, Wellingsbüttler Landstr.227 Straße

wird nachstehender Vertrag zur Ausbildung des Lehrlings im **Lehrberuf** Quartiersmann

nach Maßgabe des diesem Vertrag beigefügten Berufsbildes geschlossen:

**§ 1. Dauer der Lehre**

1. Das Lehrverhältnis dauert 3 aufeinanderfolgende Jahre, und zwar

   vom 1. April 1955 bis 31. März 1958

   Wird während der Dauer des Lehrvertrages eine Abkürzung der Lehrzeit vereinbart, so ist hierzu die Zustimmung der Handelskammer erforderlich.

2. Die ersten 3 Monate gelten als Probezeit, ihre Verlängerung ist gesetzlich unzulässig. Innerhalb der Probezeit kann das Lehrverhältnis von jedem der beiden Vertragspartner ohne Einhaltung einer Kündigungsfrist und ohne Entschädigungsanspruch aufgelöst werden.

3. Legt der Lehrling vor Beendigung der unter Ziffer 1 vereinbarten Lehrzeit die Lehrabschlußprüfung vor der Handelskammer ab, so endet das Lehrverhältnis mit Ablauf des Monats, in dem die Prüfung bestanden wurde.

4. Entzieht sich der Lehrling der Lehrabschlußprüfung, wird er nicht zugelassen oder besteht er sie nicht, so verpflichtet er sich zu einer Nachlehre, deren Dauer im gegebenen Fall von den Vertragspartnern zu vereinbaren ist. Unterzieht sich der Lehrling vor Beendigung der vereinbarten Nachlehrzeit der Lehrabschlußprüfung (Wiederholungsprüfung) vor der Handelskammer, so endet die Nachlehre mit Ablauf des Prüfungsmonats.

5. Hat der Lehrling wegen längerer Krankheit oder Unfalls oder aus anderen in seiner Person liegenden Gründen während der Lehrzeit mehr als 3 Monate im Betrieb gefehlt und wird dadurch das Lehrziel gefährdet, so kann der Lehrbetrieb die Dauer der Lehrzeit entsprechend der Versäumnis verlängern. Er muß diese Verlängerung dem Lehrling und dessen gesetzlichem Vertreter unter gleichzeitiger Verständigung der Handelskammer spätestens drei Monate vor dem Ende der vereinbarten Lehrzeit oder, wenn die genannte Versäumnis erst innerhalb der letzten drei Monate erreicht wird, unverzüglich schriftlich mitteilen.

1) Wird das Muster des Lehrvertrages für einen Anlernvertrag verwendet, so finden die Begriffe „Lehrling", „Lehrverhältnis", „Lehrzeit" usw. sinngemäß Anwendung.
2) Der Vormund bedarf der Genehmigung des Vormundschaftsgerichts zu einem Lehrvertrag, der für längere Zeit als ein Jahr abgeschlossen ist (§ 1822 Ziffer 6 BGB).
3) Nichtzutreffendes ist zu streichen.

C. Mahnkopp, Hamburg - 6* 1.55

*Lehrvertrag aus dem Jahre 1955 übert eine Lehre bei G. Martens & Cons. zum Quartiersmann. Inzwischen hat die Handelskammer alles unter ihre Fittiche genommen, die praktische und theoretische Ausbildung. 20 Jahre später findet nur noch eine Ausbildung zum Seegüterkontrolleur für alle Hafenfachberufe statt.* *Quelle: KHA*

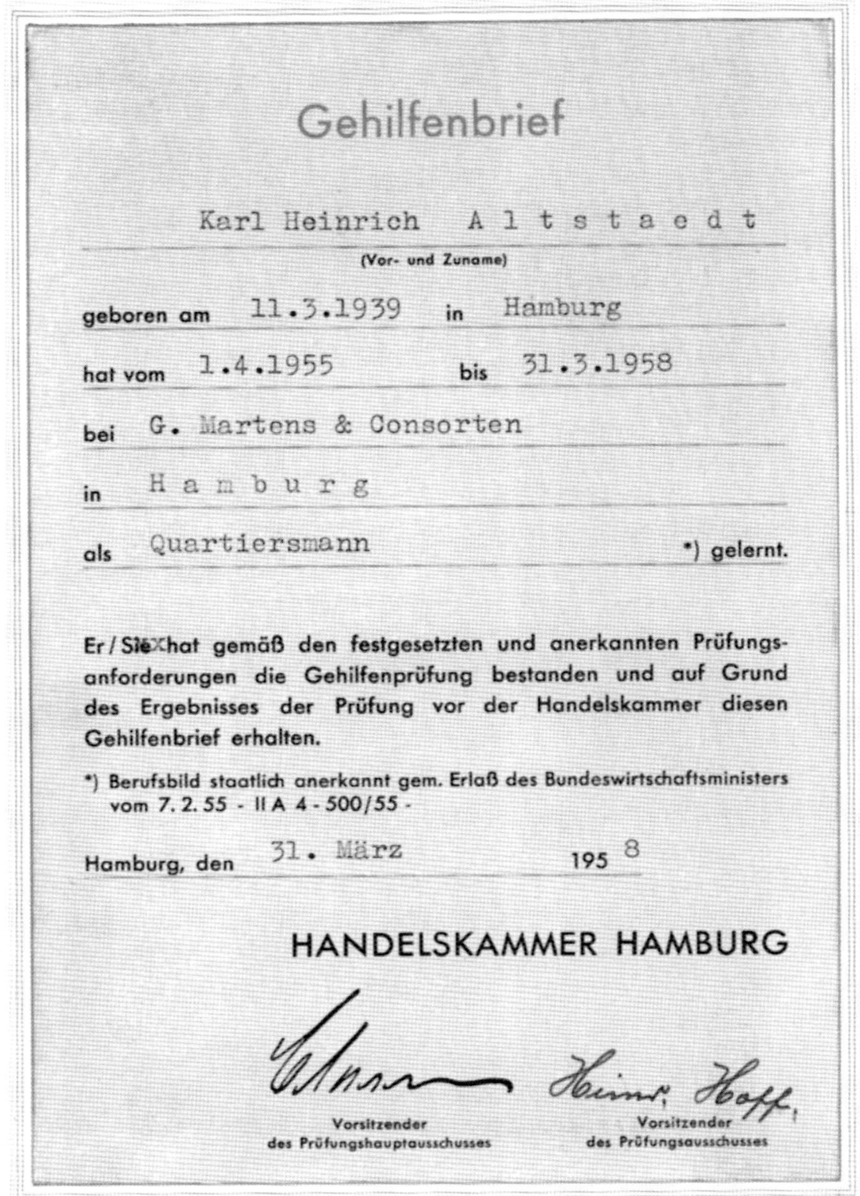

# Gehilfenbrief

Karl Heinrich Altstaedt
(Vor- und Zuname)

geboren am 11.3.1939 in Hamburg

hat vom 1.4.1955 bis 31.3.1958

bei G. Martens & Consorten

in Hamburg

als Quartiersmann *) gelernt.

**Er/~~Sie~~ hat gemäß den festgesetzten und anerkannten Prüfungsanforderungen die Gehilfenprüfung bestanden und auf Grund des Ergebnisses der Prüfung vor der Handelskammer diesen Gehilfenbrief erhalten.**

*) Berufsbild staatlich anerkannt gem. Erlaß des Bundeswirtschaftsministers vom 7. 2. 55 - II A 4 - 500/55 -

Hamburg, den 31. März 1958

**HANDELSKAMMER HAMBURG**

Vorsitzender des Prüfungshauptausschusses

Heinr. Hoff, Vorsitzender des Prüfungsausschusses

*Gehilfenbrief aus dem Jahre 1958 für die Ausbildung zum Quartiersmann.* *Quelle: KHA*

**Lohntafel** Gültig ab 1. Oktober 1959

**Speicher-, Lagerhaus-, Kornumstecherei-, Wäge- und Kontrollbetrieb** **4**

| | Monat DM | Woche DM | Einfache Schichten: I. Schicht DM | Mittelschicht DM | II. Schicht DM | III. Schicht montags bis freitags DM | III. oder IV. Schicht sonnabends DM | I. oder II. Sonntagsschicht DM | III. oder IV. Sonntagsschicht DM |
|---|---|---|---|---|---|---|---|---|---|
| Speicherarbeiter, Lagerarbeiter, Kornumstecher | | | 18,15 | 20,87 | 21,78 | 24,50 | 22,69 | 23,60 | 27,23 |
| | | | — | — | 3,63 | 6,35 | 4,54 | 5,45 | 9,08 |
| Getreidekontrolleure, Kranführer, Vorarbeiter, Handwerker ............ | | | 20,55 | 23,63 | 24,66 | 27,74 | 25,69 | 26,72 | 30,83 |
| | | | — | — | 4,11 | 7,19 | 5,14 | 6,17 | 10,28 |
| Vorleute im Getreidekontrollbetrieb ......... | | | 24,66 | 28,36 | 29,59 | 33,29 | 30,83 | 32,06 | 36,99 |
| | | | — | — | 4,93 | 8,63 | 6,17 | 7,40 | 12,33 |
| Jugendliche unter 18 J. . | | | 14,52 | | | | | | |
| | | | — | | | | | | |

| | Doppel- oder Anschlußschichten, werktags: I. als Doppelschicht DM | II. als Doppelschicht DM | III. als Doppelschicht montags — freitags DM | III. oder IV. als Doppelschicht sonnabends DM | sonntags: I. oder II. als Doppelschicht DM | III. oder IV. als Doppelschicht DM |
|---|---|---|---|---|---|---|
| Speicherarbeiter, Lagerarbeiter, Kornumstecher | 21,78 | 26,14 | 29,40 | 27,23 | 28,32 | 32,68 |
| | — | 3,63 | 6,35 | 4,54 | 5,45 | 9,08 |
| Getreidekontrolleure, Kranführer, Vorarbeiter, Handwerker ...... ..... | 24,66 | 29,59 | 33,29 | 30,83 | 32,06 | 37,— |
| | — | 4,11 | 7,19 | 5,14 | 6,17 | 10,28 |
| Vorleute im Getreidekontrollbetrieb ......... | 29,59 | 35,51 | 39,95 | 37,— | 38,47 | 44,39 |
| | — | 4,93 | 8,63 | 6,17 | 7,40 | 12,33 |
| Jugendliche unter 18 J. . | | | | | | |

Über Aufschlag für Postenleute und namentlich angeforderte Vormänner siehe Sonderbestimmungen für den Speicher-, Lagerhaus-, Kornumstecherei-, Wäge- und Kontrollbetrieb, Abschnitt III. **Überstunden siehe Rückseite!**

*Lohntafel für Speicher-, Lagerhaus-, Kornumstecherei- Wäge- und Kontrollbetrieb gültig ab 1. Oktober 1959.*
*Quelle: Weber & Möller, Quartiersleute*

Überstunden

| | montags bis freitags: I. Schicht 1 Std. DM | I. Schicht 2 Std. DM | I. Schicht 3 Std. DM | Mittelschicht 1 Std. DM | Mittelschicht 2 Std. DM | II. Schicht 1 Std. DM | II. Schicht 2 Std. DM | II. Schicht 3 Std. DM | III. Schicht 1 Std. DM | III. Schicht 2 Std. DM | III. Schicht 3 Std. DM |
|---|---|---|---|---|---|---|---|---|---|---|---|
| Speicherarbeiter, Lagerarbeiter, Kornumstecher | 3,63 | 7,26 | 13,07 | 4,17 | 8,34 | 4,36 | 8,72 | 14,70 | 4,90 | 9,80 | 14,70 |
| | — | — | — | 0,36 | 0,72 | 0,48 | 0,96 | 3,18 | 0,85 | 1,70 | 2,55 |
| Getreidekontrolleure, Kranführer, Vorarbeiter, Handwerker ............ | 4,11 | 8,22 | 14,80 | 4,73 | 9,46 | 4,93 | 9,86 | 16,65 | 5,55 | 11,10 | 16,65 |
| | — | — | — | 0,41 | 0,82 | 0,55 | 1,10 | 3,60 | 0,96 | 1,92 | 2,88 |
| Vorleute im Getreidekontrollbetrieb ......... | 4,93 | 9,86 | 17,75 | 5,67 | 11,34 | 5,92 | 11,84 | 19,97 | 6,66 | 13,32 | 19,98 |
| | — | — | — | 0,49 | 0,98 | 0,66 | 1,32 | 4,32 | 1,15 | 2,30 | 3,45 |
| Jugendliche unter 18 J. . | | | | | | | | | | | |

| | sonnabends: I. Schicht 1 Std. DM | I. Schicht 2 Std. DM | I. Schicht 3 Std. DM | II. Schicht 1 Std. DM | II. Schicht 2 Std. DM | II. Schicht 3 Std. DM | III. od. IV. Schicht 1 Std. DM | III. od. IV. Schicht 2 Std. DM | III. od. IV. Schicht 3 Std. DM | sonntags: I. u. II. Schicht 1 Std. DM | I. u. II. Schicht 2 Std. DM | I. u. II. Schicht 3 Std. DM | III. u. IV. Schicht 1 Std. DM | III. u. IV. Schicht 2 Std. DM | III. u. IV. Schicht 3 Std. DM | Vorfeiertagsarbeit 12[30]-18[00] je Std. DM | Vorfeiertagsarbeit 18[00]-5[00] je Std. DM |
|---|---|---|---|---|---|---|---|---|---|---|---|---|---|---|---|---|---|
| Speicherarbeiter, Lagerarbeiter, Kornumstecher | 4,54 | 9,08 | 13,62 | 5,45 | 10,90 | 16,35 | 5,67 | 11,34 | 17,01 | 5,90 | 11,80 | 17,70 | 6,81 | 13,62 | 20,43 | 6,44 | 7,43 |
| | — | — | — | — | — | — | 1,36 | 2,72 | 4,08 | 1,51 | 3,02 | 4,53 | 2,12 | 4,24 | 6,36 | 2,15 | 2,48 |
| Getreidekontrolleure, Kranführer, Vorarbeiter, Handwerker ............ | 5,14 | 10,28 | 15,42 | 6,17 | 12,34 | 18,51 | 6,42 | 12,84 | 19,26 | 6,68 | 13,36 | 20,04 | 7,71 | 15,42 | 23,13 | 7,29 | 8,41 |
| | — | — | — | — | — | — | 1,54 | 3,08 | 4,62 | 1,71 | 3,42 | 5,13 | 2,40 | 4,80 | 7,20 | 2,43 | 2,80 |
| Vorleute im Getreidekontrollbetrieb ......... | 6,17 | 12,34 | 18,51 | 7,40 | 14,80 | 22,20 | 7,71 | 15,42 | 23,13 | 8,02 | 16,04 | 24,06 | 9,25 | 18,50 | 27,75 | 8,74 | 10,09 |
| | — | — | — | — | — | — | 1,85 | 3,70 | 5,55 | 2,06 | 4,12 | 6,18 | 2,88 | 5,76 | 8,64 | 2,91 | 3,36 |
| Jugendliche unter 18 J. . | | | | | | | | | | | | | | | | | |

*Rückseite der Lohntafel für Überstunden.* *Quelle: Weber & Möller, Quartiersleute*

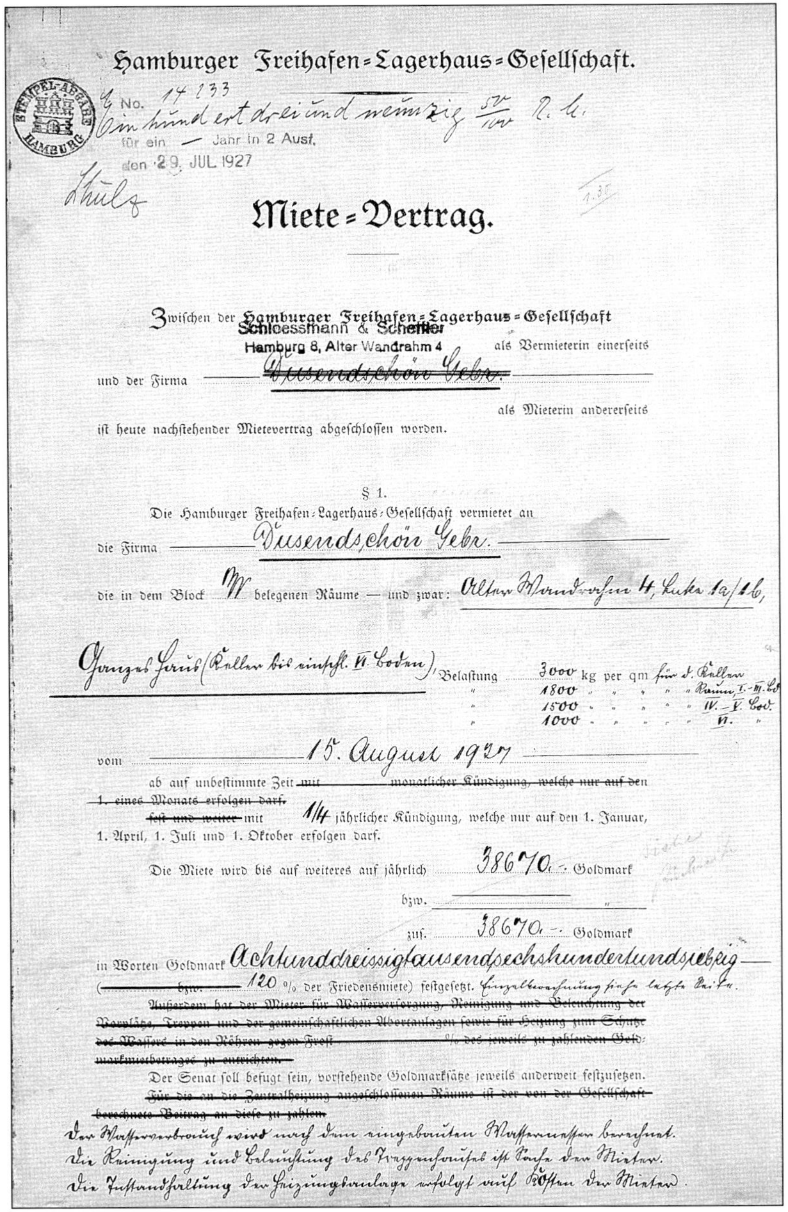

Hamburger Freihafen=Lagerhaus=Gesellschaft.

No. 14133
Einhundertdreiundneunzig 50/100 R. M.
für ein — Jahr in 2 Ausf.
den 29. JUL 1927

# Miete=Vertrag.

Zwischen der ~~Hamburger Freihafen=Lagerhaus=Gesellschaft~~ Schloessmann & Scheffler Hamburg 8, Alter Wandrahm 4 als Vermieterin einerseits

und der Firma ~~Dusendschön Gebr.~~ als Mieterin andererseits

ist heute nachstehender Mietevertrag abgeschlossen worden.

§ 1.

Die Hamburger Freihafen=Lagerhaus=Gesellschaft vermietet an

die Firma Dusendschön Gebr.

die in dem Block W belegenen Räume — und zwar: Alter Wandrahm 4, Lucke 1a/1b,

Ganzes Haus (Keller bis einschl. VI. Boden), Belastung 3000 kg per qm für d. Keller
" 1800 " " " " Raum I.–III. Bd.
" 1500 " " " " IV.–V. Bod.
" 1000 " " " " VI. "

vom 15. August 1927

ab auf unbestimmte Zeit ~~mit monatlicher Kündigung, welche nur auf den 1. eines Monats erfolgen darf.~~
~~fest und weiter~~ mit 1/4 jährlicher Kündigung, welche nur auf den 1. Januar, 1. April, 1. Juli und 1. Oktober erfolgen darf.

Die Miete wird bis auf weiteres auf jährlich 38670.– Goldmark

bzw. —

zus. 38670.– Goldmark

in Worten Goldmark Achtunddreissigtausendsechshundertundsiebzig

(~~bzw.~~ 120 % der Friedensmiete) festgesetzt. Einzelberechnung siehe letzte Seite.

~~Außerdem hat der Mieter für Wasserversorgung, Reinigung und Beleuchtung der Vorplätze, Treppen und der gemeinschaftlichen Abortanlagen sowie für Heizung zum Schutze des Wassers in den Röhren gegen Frost ... % des jeweils zu zahlenden Goldmarkmietbetrages zu entrichten.~~

Der Senat soll befugt sein, vorstehende Goldmarksätze jeweils anderweit festzusetzen.

~~Für die an die Zentralheizung angeschlossenen Räume ist der von der Gesellschaft berechnete Beitrag an diese zu zahlen.~~

Der Wasserverbrauch wird nach dem eingebauten Wassermesser berechnet.
Die Reinigung und Beleuchtung des Treppenhauses ist Sache der Mieter.
Die Instandhaltung der Heizungsanlage erfolgt auf Kosten der Mieter.

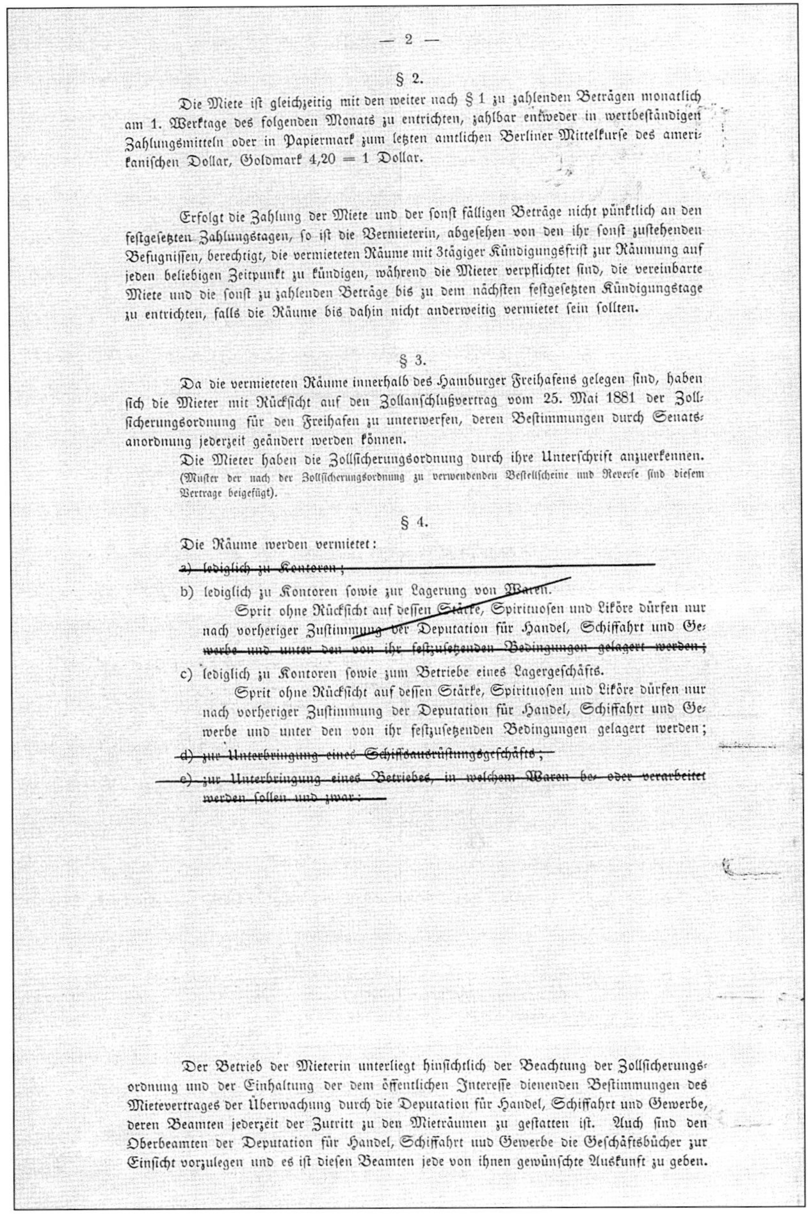

— 2 —

§ 2.

Die Miete ist gleichzeitig mit den weiter nach § 1 zu zahlenden Beträgen monatlich am 1. Werktage des folgenden Monats zu entrichten, zahlbar entweder in wertbeständigen Zahlungsmitteln oder in Papiermark zum letzten amtlichen Berliner Mittelkurse des amerikanischen Dollar, Goldmark 4,20 = 1 Dollar.

Erfolgt die Zahlung der Miete und der sonst fälligen Beträge nicht pünktlich an den festgesetzten Zahlungstagen, so ist die Vermieterin, abgesehen von den ihr sonst zustehenden Befugnissen, berechtigt, die vermieteten Räume mit 3tägiger Kündigungsfrist zur Räumung auf jeden beliebigen Zeitpunkt zu kündigen, während die Mieter verpflichtet sind, die vereinbarte Miete und die sonst zu zahlenden Beträge bis zu dem nächsten festgesetzten Kündigungstage zu entrichten, falls die Räume bis dahin nicht anderweitig vermietet sein sollten.

§ 3.

Da die vermieteten Räume innerhalb des Hamburger Freihafens gelegen sind, haben sich die Mieter mit Rücksicht auf den Zollanschlußvertrag vom 25. Mai 1881 der Zollsicherungsordnung für den Freihafen zu unterwerfen, deren Bestimmungen durch Senatsanordnung jederzeit geändert werden können.

Die Mieter haben die Zollsicherungsordnung durch ihre Unterschrift anzuerkennen. (Muster der nach der Zollsicherungsordnung zu verwendenden Bestellscheine und Reverse sind diesem Vertrage beigefügt).

§ 4.

Die Räume werden vermietet:

~~a) lediglich zu Kontoren;~~

b) lediglich zu Kontoren sowie zur Lagerung von ~~Waren~~.
Sprit ohne Rücksicht auf dessen ~~Stärke~~, Spirituosen und Liköre dürfen nur nach vorheriger ~~Zustimmung der~~ Deputation für Handel, Schiffahrt und Ge~~werbe und unter den von ihr festzusetzenden Bedingungen gelagert werden;~~

c) lediglich zu Kontoren sowie zum Betriebe eines Lagergeschäfts.
Sprit ohne Rücksicht auf dessen Stärke, Spirituosen und Liköre dürfen nur nach vorheriger Zustimmung der Deputation für Handel, Schiffahrt und Gewerbe und unter den von ihr festzusetzenden Bedingungen gelagert werden;

~~d) zur Unterbringung eines Schiffsausrüstungsgeschäfts;~~

~~e) zur Unterbringung eines Betriebes, in welchem Waren be- oder verarbeitet werden sollen und zwar:~~

Der Betrieb der Mieterin unterliegt hinsichtlich der Beachtung der Zollsicherungsordnung und der Einhaltung der dem öffentlichen Interesse dienenden Bestimmungen des Mietevertrages der Überwachung durch die Deputation für Handel, Schiffahrt und Gewerbe, deren Beamten jederzeit der Zutritt zu den Mieträumen zu gestatten ist. Auch sind den Oberbeamten der Deputation für Handel, Schiffahrt und Gewerbe die Geschäftsbücher zur Einsicht vorzulegen und es ist diesen Beamten jede von ihnen gewünschte Auskunft zu geben.

*Miete=Vertrag der Hamburger Freihafen=Lagerhaus=Gesellschaft mit der Firma Dusendschön Gebr. von 1927, also 39 Jahre nach Eröffnung des Freihafens. Auch hier wurden schon die Einzelheiten der Miete, der Böden, der Veränderungen, des Erlaubten und Verbotenen festgehalten. Die Hochwasserwarnung wurde später mit einer Sonderseite hinzugefügt. Später ging die Firma über an Schloessmann & Scheffler und Weber & Möller.* *Quelle: Weber & Möller, Quartiersleute (auch S. 166 f.)*

### B. Feuergefährliche Stoffe.

**I. Alle selbstentzündlichen Stoffe.**

Dazu gehören unter anderen:

1. Phosphor.
2. Phosphorkalzium, Phosphorstronzium; auf elektrischem Wege hergestelltes Ferrosilizium; Phosphoreisen und ähnliche Verbindungen von Phosphor mit Metallen.
3. Mischungen von amorphem Phosphor mit Harzen oder Fetten.
4. Zinkäthyl, auch in ätherischer Lösung.
5. Gefettete Eisen- und Stahlspäne (Dreh-, Bohrspäne und dergleichen).
6. Mit Fett, Öl oder Firnis getränktes Papier und Fabrikate daraus mit Ausnahme von Linkrusta, z. B. Hülsen und Fliegenpapier.
7. Pyrophorische Metalle.
8. Wolle, Haare, Kunstwolle, Kunstbaumwolle — z. B. Vistrawolle —, Baumwolle, Seide, Kunstseide, Flachs, Hanf, Jute
   a) als Abfälle vom Verspinnen und Verweben sowie als Lumpen oder Lappen,
   b) wenn sie gefettet oder gefirnißt sind.

   Ferner gefettete oder gefirnißte Fabrikate aus diesen Stoffen, wie Seilerwaren, Treibriemen, Weber-, Harnisch- und Geschirrlitzen, Öltuch und Ölzeug.

**II. Hanf, Sisal, Hede, Flachs, Mungowolle, rohe Jute, rohe Baumwolle, Kapok, Heu, Stroh, Holzwolle.**

**III. Ungelöschter Kalk.**

**IV. Schwefel und Schwefelblumen.**

**V. Teer, Pech, Montanpitsch, Kalfaterleim, Fichtenharz (Kolophonium, auch Galipot),/Terpentin, Binitrotoluol, Dinitrochlorbenzol, Rohkampfer, Naphthalin. Ferner raffinierter Kampfer, ausgenommen Mengen bis zu 50 kg, die in Kisten mit Blecheinsatz verpackt sind. Lötarbeiten an Kisten, die raffinierten Kampfer enthalten, dürfen in den Lagerhäusern nicht vorgenommen werden.**

Gummi - Kopal

**VI. Kopra (getrocknete Palmkerne).**

**VII. Zelluloid und Waren, die ganz oder im wesentlichen aus Zelluloid bestehen.**

Die Unterbringung von Zelluloid und Zelluloidwaren ist nur in dem dafür errichteten besonderen Lagerhause gestattet.

**VIII. Nitrate (salpetersaure Salze), Nitrite (salpetrigsaure Salze), Chlorate (chlorsaure Salze) und Perchlorate (überchlorsaure Salze).**

**IX. Folgende brennbare Flüssigkeiten:**

1. Alle Mineralöle mit einem unter 140° C liegenden Entflammungspunkt. Z. B. Rohpetroleum, Rhigolen, Petroleumäther, Gasolin, Petroleumbenzin, Ligroine; Leucht-, Brennpetroleum und andere Lampenöle, wie Kerosin, Astralin, Standard white, water white, Salon- und Kaiseröl, Photogen, Solaröl, Gasöl; Putzöl, Schwerbenzin, Heiz- und Treiböle, Vaselinöle, Paraffinöle; Teeröle, wie Benzol, Toluol, Xylol, Kumol, Solvent-Naphtha.
2. Schwefelkohlenstoff, Methanol, Methylalkohol (Holzgeist), Äthyläther (Schwefeläther), Azeton.
3. Äthylalkohol (Weingeist, Spiritus), Amylalkohol (Fuselöle). Alle alkoholischen Flüssigkeiten mit mehr als 84 Raumteilen Alkohol in 100 Raumteilen der Flüssigkeit bei 15° C (Tralles).

   Das Verschneiden von Wein und Spirituosen und die Aufbewahrung geringer Mengen hierzu benötigten Sprits ist nach vorher einzuholender Genehmigung der Polizeibehörde gestattet.
4. Terpentinöl, Kienöl, Kampfer- und Harzöle, Essigäther, Amylazetat, Fruchtäther, Rumäther.
5. Brennbare Flüssigkeiten, die Stoffe der Gruppen 1 bis 4 enthalten und nach ihrer Zusammensetzung ebenso feuergefährlich wie diese sind, wie Zaponlack oder Zelluloidlack, Terpentinöllacke, Spirituslacke, Naphthafarben, Gummilösung, Tauchfluid, Solution, Kollodium.

# Hamburger Freihafen-Lagerhaus-Gesellschaft.

## Revidierte Bekanntmachung,

betreffend

## die Warnungsschüsse bei zu erwartendem hohen Wasser.

Sobald von Cuxhaven amtlich telegraphiert wird, daß die Flut dort eine Höhe von 6 Meter erreicht hat, worauf hier in der Regel eine Flut von 6,3 Meter (12 Fuß nach altem Pegelmaß) binnen 3 Stunden erfolgt, werden hier von einer jeden der beiden Batterien am „Stintfang" und „Stadtdeich" drei schnell auf einander folgende Kanonenschüsse abgefeuert, und wird dieses Signal bei jeder folgenden Meldung aus Cuxhaven, daß die Flut dort noch um 30 Centimeter höher gestiegen sei, wiederholt.

Wenn jedoch das Wasser der Elbe hier auf 6,3 Meter gestiegen ist, so soll dieser hiesige Wasserstand durch je einen Schuß von einer jeden der beiden oben erwähnten Batterien angezeigt werden, und wird dieses Signal bei einer jeden Steigung des hiesigen Wasserstandes um 30 Centimer wiederholt; während sodann die auf den Wasserstand in Cuxhaven bezüglichen drei Warnungsschüsse nicht weiter abgegeben werden.

Gegeben in der Versammlung des Senats, Hamburg, den 10. August 1887.

Die Mieter der Kellerlokalitäten sind daher verpflichtet, sobald die Flut eine Höhe von + 6,9 Meter in Hamburg erreicht hat, unverzüglich die zum Schutz gegen Hochwasser gelieferten doppelten Bohlenwände für die Kellerluken und die Keller-Eingangstüren einzusetzen und den freien Raum dazwischen mit Lehm fest auszustampfen, um so den Eintritt des Hochwassers in den Keller zu verhindern. Die Oberkante der Schwelle der Kellerluken liegt auf 7,68 Meter.

In denjenigen Fällen, in welchen mehrere Mieter ein und dieselbe Tür oder Luke benutzen, sind dieselben für das rechtzeitige Einsetzen der Bohlenwände solidarisch haftbar. In welcher Weise sie darüber unter sich besondere Vereinbarungen treffen wollen, muß ihnen überlassen bleiben.

**Der Vorstand.**

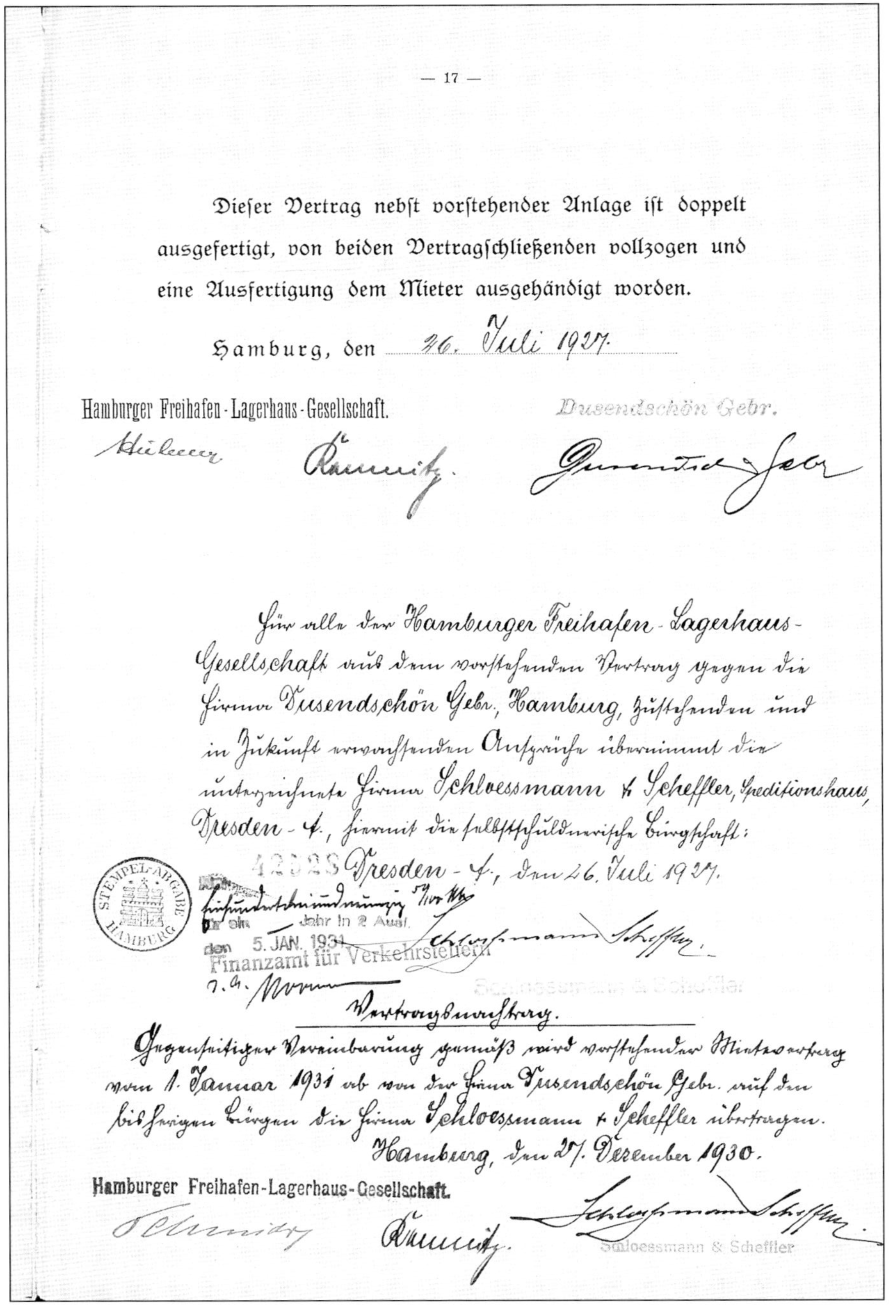

— 17 —

Dieser Vertrag nebst vorstehender Anlage ist doppelt ausgefertigt, von beiden Vertragschließenden vollzogen und eine Ausfertigung dem Mieter ausgehändigt worden.

Hamburg, den 26. Juli 1927.

Hamburger Freihafen-Lagerhaus-Gesellschaft.

Dusendschön Gebr.

Für alle der Hamburger Freihafen-Lagerhaus-Gesellschaft aus dem vorstehenden Vertrag gegen die Firma Dusendschön Gebr., Hamburg, zustehenden und in Zukunft erwachsenden Ansprüche übernimmt die unterzeichnete Firma Schloessmann & Scheffler, Speditionshaus, Dresden-A., hiermit die selbstschuldnerische Bürgschaft:

Dresden-A., den 26. Juli 1927.

5. JAN. 1931

Finanzamt für Verkehrsteuern

Schloessmann & Scheffler

Vertragsnachtrag.

Gegenseitiger Vereinbarung gemäß wird vorstehender Mietsvertrag vom 1. Januar 1931 ab von der Firma Dusendschön Gebr. auf den bisherigen Bürgen die Firma Schloessmann & Scheffler übertragen.

Hamburg, den 27. Dezember 1930.

Hamburger Freihafen-Lagerhaus-Gesellschaft.

Schloessmann & Scheffler

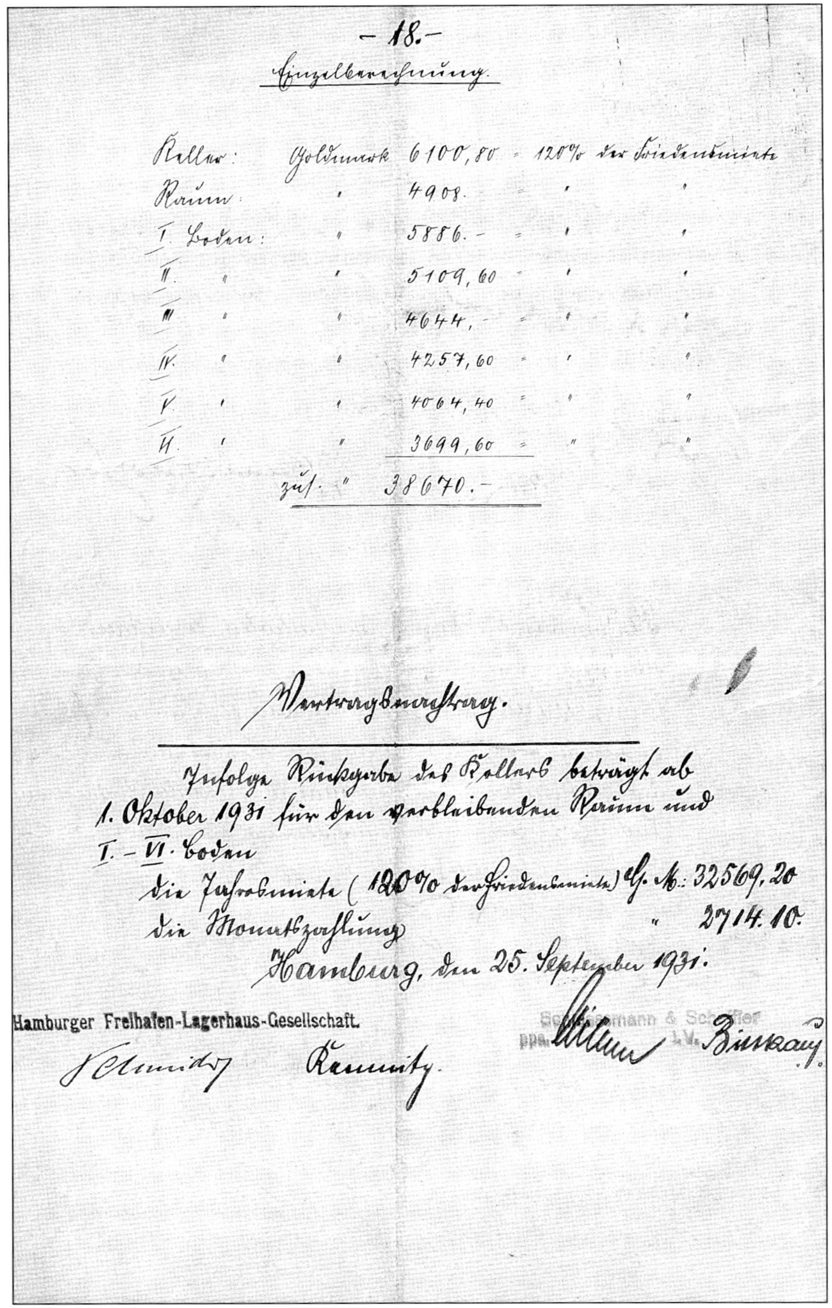

— 18. —

Einzelberechnung.

| | | | |
|---|---|---|---|
| Keller: | Goldmark | 6100,80 | = 120% der Friedensmiete |
| Raum: | " | 4908. | " " |
| I. Boden: | " | 5886.– | " " |
| II. " | " | 5109,60 | " " |
| III. " | " | 4644.– | " " |
| IV. " | " | 4257,60 | " " |
| V. " | " | 4064,40 | " " |
| VI. " | " | 3699,60 | " " |
| zus. | " | 38670.– | |

Vertragsnachtrag.

Infolge Rückgabe des Kellers beträgt ab 1. Oktober 1931 für den verbleibenden Raum und I.–VI. Boden

die Jahresmiete (120% der Friedensmiete) G. M.: 32569,20

die Monatszahlung " 2714.10.

Hamburg, den 25. September 1931.

Hamburger Freihafen-Lagerhaus-Gesellschaft.

Schloessmann & Scheffler

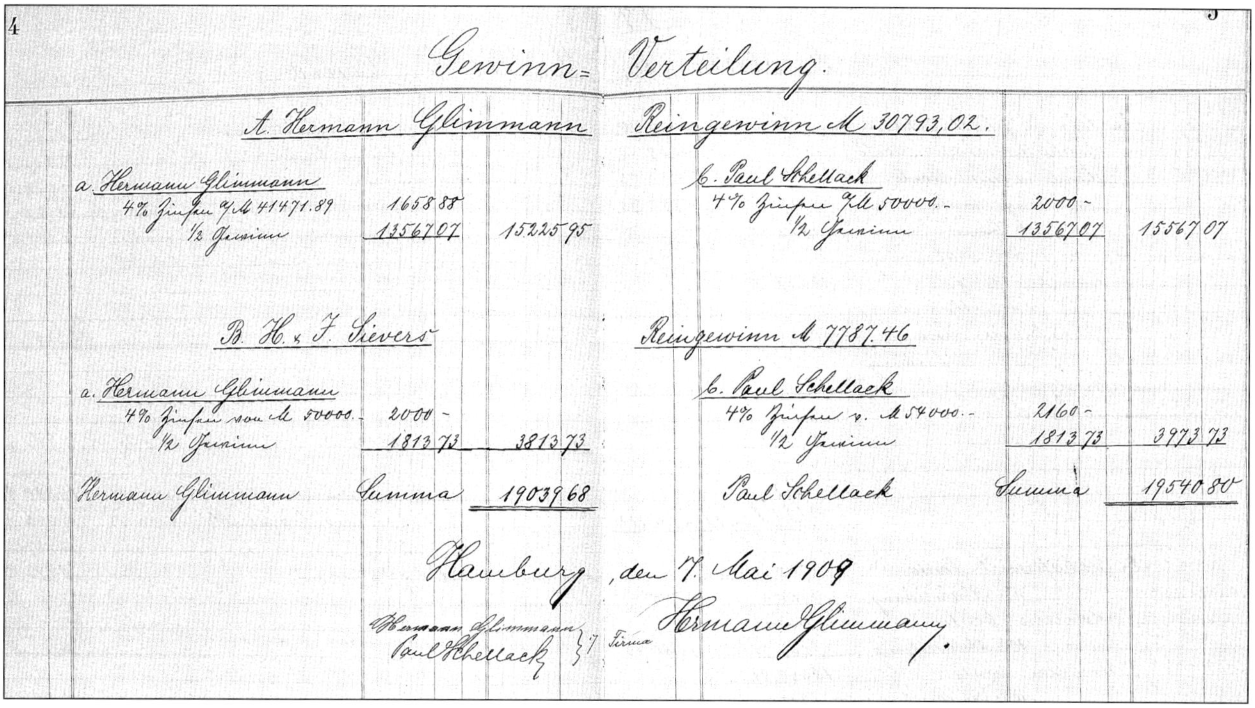

4 — Gewinn-Verteilung. — 5

| A. Hermann Glimmann | | | Reingewinn M 30793,02. | | |
|---|---|---|---|---|---|
| a. Hermann Glimmann | | | c. Paul Schellack | | |
| 4% Zinsen v. M 41471.89 | 1658 88 | | 4% Zinsen v. M 50000.- | 2000 - | |
| 1/2 Gewinn | 13567 07 | 15225 95 | 1/2 Gewinn | 13567 07 | 15567 07 |
| B. H. & F. Sievers | | | Reingewinn M 7787.46 | | |
| a. Hermann Glimmann | | | c. Paul Schellack | | |
| 4% Zinsen von M 50000.- | 2000 - | | 4% Zinsen v. M 54000.- | 2160 - | |
| 1/2 Gewinn | 1813 73 | 3813 73 | 1/2 Gewinn | 1813 73 | 3973 73 |
| Hermann Glimmann | Summa | 19039 68 | Paul Schellack | Summa | 19540 80 |

Hamburg, den 7. Mai 1909

Hermann Glimmann, Paul Schellack } i/Firma Hermann Glimmann.

*Die Gewinn-Verteilung dieser Quartiersmannsfirma bei 2 Inhabern war einfach für Hermann Glimmann und Paul Schellack.*
*Quelle: Weber & Möller, Quartiersleute*

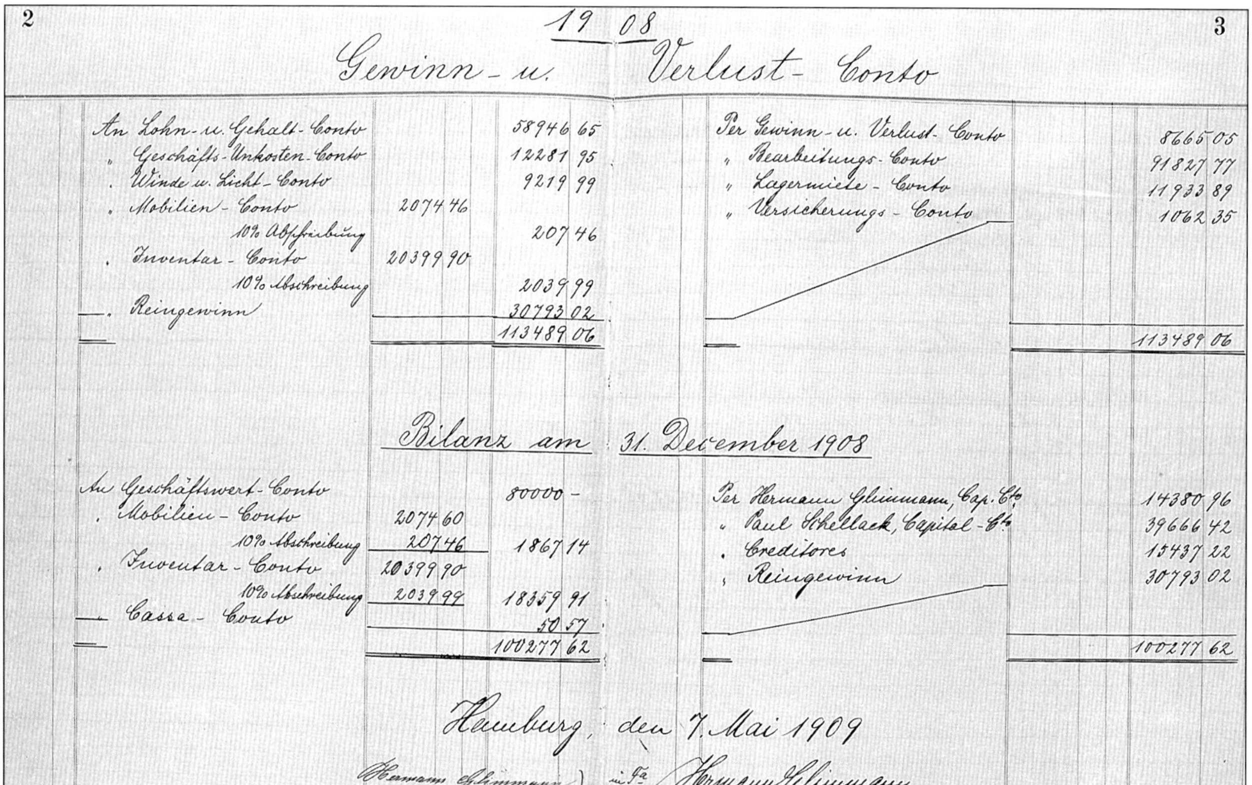

2 — 1908 — 3

Gewinn- u. Verlust-Conto

| | | | | |
|---|---|---|---|---|
| An Lohn- u. Gehalt-Conto | | 58946 65 | Per Gewinn- u. Verlust-Conto | 8665 05 |
| „ Geschäfts-Unkosten-Conto | | 12281 95 | „ Bearbeitungs-Conto | 91827 77 |
| „ Winde u. Licht-Conto | | 9219 99 | „ Lagermiete-Conto | 11933 89 |
| „ Mobilien-Conto | 2074 46 | | „ Versicherungs-Conto | 1062 35 |
| 10% Abschreibung | | 207 46 | | |
| „ Inventar-Conto | 20399 90 | | | |
| 10% Abschreibung | | 2039 99 | | |
| „ Reingewinn | | 30793 02 | | |
| | | 113489 06 | | 113489 06 |

Bilanz am 31. December 1908

| | | | | |
|---|---|---|---|---|
| An Geschäftswert-Conto | | 80000 - | Per Hermann Glimmann, Cap.-Cto | 14380 96 |
| „ Mobilien-Conto | 2074 60 | | „ Paul Schellack, Capital-Cto | 39666 42 |
| 10% Abschreibung | 207 46 | 1867 14 | „ Creditores | 15437 22 |
| „ Inventar-Conto | 20399 90 | | „ Reingewinn | 30793 02 |
| 10% Abschreibung | 2039 99 | 18359 91 | | |
| „ Cassa-Conto | | 50 57 | | |
| | | 100277 62 | | 100277 62 |

Hamburg, den 7. Mai 1909

Hermann Glimmann, Paul Schellack } i/Fa Hermann Glimmann.

*Bilanz, Gewinn- und Verlustrechnung der Firma Hermann Glimmann aus dem Jahre 1908. Da die Böden gemietet waren gab es kaum Immobilien, dafür aber viel Inventar in Form von Arbeitsgeschirren.* *Quelle: Weber & Möller, Quartiersleute*

Carl
Block
Quartiersmann
II.-V. BODEN
N.H.L. Hinsch & Consorten
I. BODEN
H.D. Cotterell
RAUM
Hamburger Hafen -und Lagerhaus- Aktien Gesellschaft
Kontor
Am Sandtorkai 37
5. Boden
1. 3. u. 4. Boden
Hüls & Cons.
Raum u. 2. Boden
Röpke & Cons.
2.-5. Boden
Hüls & Cons.
GmbH+Co.
Raum
Heinrich Alpen
3.-6. Boden
Reusch & Cons
Gegr. 1731
Kontor 3. Boden
3. 4. 5. Boden
Werner Bruhns
Kontor Brook 5
2. Boden
Uetzmann & Cons.
RAUM - BODEN
C Pohlmann
&
Cons
KONTOR - RAUM
5. Boden
Suhr & Cons.
Groth
&
Cons.
Boden
Raum
Keller
B.N.
Spedition +
Bade + Nebe · Lagerung ·
Keller 1.-7. Boden
Adolf Tiede
&
Söhne
Kontor: 1. Boden